不
旁
做
观
者

姜广平 著

海峡出版发行集团　福建教育出版社
THE STRAITS PUBLISHING & DISTRIBUTING GROUP

图书在版编目（CIP）数据

不做旁观者 / 姜广平著. 一福州：福建教育出版
社，2018.3（2019.4 重印）
ISBN 978-7-5334-7875-9

Ⅰ．①不…　Ⅱ．①姜…　Ⅲ．①教育研究
Ⅳ．①G40-03

中国版本图书馆 CIP 数据核字（2017）第 234560 号

Buzuo Pangguanzhe

不做旁观者

姜广平　著

出版发行	**福建教育出版社**
	（福州市梦山路 27 号　邮编：350025　网址：www.fep.com.cn
	编辑部电话：0591－83726908
	发行部电话：0591－83721876　87115073　010－62027445）
出 版 人	江金辉
印　　刷	福州泰岳印刷广告有限公司
	（福州市鼓楼区白龙路 5 号　邮编：350003）
开　　本	710 毫米×1000 毫米　1/16
印　　张	16.5
字　　数	228 千字
插　　页	2
版　　次	2018 年 3 月第 1 版　2019 年 4 月第 3 次印刷
书　　号	ISBN 978-7-5334-7875-9
定　　价	37.00 元

如发现本书印装质量问题，请向本社出版科（电话：0591－83726019）调换。

错位的清醒与美丽（代序）

姜广平

一

每出一本书，人们似乎都要在开头写上一点什么，或作交代，或作说明，或作补充，或以名人之序来做评价，或以友人之文来做推荐。

当然，更多的人，仍然是自己说一些话，夫子自道，自说自话。至于读者是否愿意听，倒也管不了那么多。倒不是因为特别想逞口舌之快，实在是觉得这样会把有些事说清楚，说明白。

所以，这次，我还是自己说。

大学毕业以来，三十多年，一直在教学一线干活，业余时间便码了些文字。是这些文字培养了我的雄心甚至野心，一直想要弄出一系列的书，譬如，教育叙事、教育随笔、教育科研、语文教学等，个个都写上一两本，觉得这才像是一个真正做老师的样儿。做老师，不就一直在手上做着这些吗？

当然，我这方面的成绩不俗。请读者诸君恕我啰嗦，听我一一道来：

2001年，我出版了教育长篇纪实作品《重塑生命》，这本书后来被台湾商务印书馆买走了海外版权。

其后，我与高万祥合作出了一本《高中语文读写新法》（高一卷），受到丛书主编何永康教授与吴非先生的好评，在读者中也颇有赞誉。当然，严格地说，这不是一本著作，只是一本教学辅导资料，以读引写。因而，遴选文章的眼光，文章角度与写法的剖析，就看编著者们的眼力与学养了。吴非先生评价这本书，也无非是说我的眼光与众不同，颇与他相似。记得这本书出来后，吴非先生来过我所在的学校，特地与我长聊了一番。我们在那个400米的标准操场上，至少走了三个来回。你瞧瞧，400米的操场，3个来回，这长度，是不是够长？算得上长聊了吧？

后来，我到南京任《江苏科技报·今日教育》执行主编，与周德藩先生合作出了两本书，全程呈现了他所主持的国家级课题"科学认读——开发儿童少年潜能研究"的推进过程，一本是《打开教育一角——8岁孩子学会阅读的奥秘》，一本是《聆听母亲心声——小学生走向深度阅读的路径》，以报告文学的形式，作为一种课题的结题报告，也算是为课题研究的结题方式给出了一种新的形式。

两本小书，书写了一个课题十年推进的情形，书写了一群追随者对汉语教学的热心与热情。我觉得也应该归入教育叙事类作品范畴。

接着，我出版了《我抓住了两个世界·姜广平教育叙事作品选》一书，收集了二十多年间我自己满意的一些教育叙事作品。

这本书应该差强人意，一来，《中国教育报》三度推荐，很多读者特地写了长文表明阅读的喜悦之情，更有很多学校组织全校教师阅读分享，甚至还有学校安排了在线活动邀请我这个作者与他们的读者互动。

不久前，我完成了《尝试之路——邱学华教育家之路纪略》的长篇。

这样，我就有了六本教育方面的著述了。

六本关于教育方面的著述，对一个普通教师而言，该是很不错的成绩了。而且，这些书，并没有因为时光的推进而被人抛弃，有的还在人们的手上把玩着，这就让我更觉得欣慰了。

但我仍然觉得有些缺憾，因为，这其中，关于我个人的教育科研的专著、语文课程与教学方面的专著，都没有出现。

现在，终于能有一本我自己的关于教育的随笔、短论、笔记等专著，将我几十年来发表的一些长文短章，精选出其中自己满意的，编成了一本小册子，聊充作关于教育科研方面的某种总结吧。这对我而言，算是了却了我的一丝遗憾，怎么说都是一件令人欣慰的事。

2017年，似乎老天特别偏爱我，因为，这一年，我要出三本书，一本长篇小说《蚌蜓河畔的爱情》，一本文学评论集《穿越与抵达》，还有这本书，现在打开在你的面前——《追求与追问——姜广平教育随笔》。

二

这些文章，此前都在媒体上发表过，且大多是在本世纪初期的几年里发表的。

现在重新编辑成集时，却发现有些语境错位，其实就是物是人非、世易时移了，是错位了。

因而，这些文章，读者诸君可以忽略。当然，如蒙青睐，则当视为对作者的鼓励，我是要铭感于心、感激不已的。

其实，我还要说的是，我的写作状态其实并不太理想。很多人意识到我在教育写作与文学研究方面的不易与艰辛。在关于我的百度词条里，提到了我两方面的不易：

> 论者认为，姜广平从1997年开始，将自己的教育人生交付给道路。十多年来（于今正好是20年。姜广平注），姜广平曾在近十家教育单位和基层学校工作过。但就是在这样的历程中，姜广平不但矢志于文学的研究与创造，在教育研究上，也打出了自己的品牌，成为教育界独树一帜的语文教育学者和科研专家。《教师博览》编辑部主任薛农基先生曾说"姜广平的手中握有三支笔"，认为"姜广平追慕上世纪二三十年代的叶圣陶、朱自清等人的榜样，形成了应试教育背景

下高位发展的教育现象"。

无独有偶，目前文学评论界也有人提出了"姜广平现象"。著名文学评论家张宗刚认为，姜广平作为一个目前在国内活跃在一线的著名文学评论家，形成了令人玩味的文学现象：一、姜广平是在文学处于低潮时期的世纪之交开始走上文学评论之路的；二、姜广平缺少学院派评论家的那些高学历和高职称背景；三、姜广平身处近于底层的基层，学术环境与条件极差；长期以来，身处乡村及小城，于当代教育处于应试高峰的年代里，在中学里担任高中语文教师。张宗刚认为，凡此，都是文学评论工作中的负面性因素。然而，姜广平克服了这些常人难以想象的困难，执着而坚定地行走在文学研究与文学创作之路上，并以自己的丰富的成果，赢得了文学界人士与广大读者的认可。

著名作家范小青为我的长篇小说《蚌埠河畔的爱情》作序，她在《用语言安顿我们飘浮的灵魂》一文里也有类似的话：

十多年来，姜广平用自己的声音加上别人的声音，为多声部的文坛合唱又增添了一重富有穿透力的音律，他用自己的文字糅合别人的文字，给繁复丰满的文坛图卷又描画出一道独特的风景线。他和所有的人谈小说，谈诗歌，谈散文，谈文学批评，谈关于文学、关于和文学有关的一切的一切。他出了那么多的题目，他提了那么多的问题，他让那么多的人在问题中思考，思考文学，也思考自己。那都是建立在他读了无数的作品的基础之上，是建立在他对作家、批评家无数的作品之内和之外的更多的了解、理解的前提之下。谁又能想象或统计得出，在十多年坚持做这些对话的过程中，他做了多少的"功课"，他付出了多少的心血。

他的"作家对话"和"文学前沿"专栏，常常是收到刊物者的必读内容，他的非学院派的批评家身份和较低层的批评环境，更是让人刮目相看，就这样，姜广平艰难地行走在文学批评第一线，行走在文学创作的最前沿。

引述这些，其实只是想说我的著述环境不太理想。毕竟，我的主业是教书育人，甚至，还需要为生存打拼。年过半百，是不是有点劬劳？这样一来，能够写作，安安静静地写作，或专职写作，于我而言，就成了一份奢侈的事。虽然我还有很多写书的打算与安排，但也只能慢慢来。

你想想，有谁愿意是这样的生命状态呢？

但是，我愿意！

你看看，慢慢来，其实是可以有更多的成果的。这次再度编辑与整理我的书稿时，我自己有时候也不免要对自己产生敬佩，你瞧，我怎么就写了那么多文章的？我甚至写了一篇《不做旁观者》，谈关于为老师们进行教育培训讲座的事。这样的事，我都能鼓捣出一篇不错的文章来，那么，教学活动，丰富的教学活动，那就可以写出更多更好的文章——而且，每一个老师都可以做到这样！

然而，慢慢来总是让我错位。譬如，在教育叙事热已经过了之后，我却才出版我的教育叙事作品选；现在，又是教育随笔热过了的时候，我则又慢了一拍，考虑出版我的教育随笔作品选。

这种错位人生，使我与很多人、很多事，拉开了距离，使我只能远远地落在人后，远远地看着更多的人走上前去，而我却颇有力不从心、毫无办法之感。好在，尚有一些读者与我同行，愿意看到我的教育随笔集出现在他们的案前或书架上，愿意在浮生清欢之中让我的文字相伴。

人生而能有这样或遥远或相近或相熟或陌生的心灵与慧眼的关心与关注，则不管怎么说，都是一种教育人生的温暖。

其实，我还想说的是，有时候，正因为错位，才有着一份难得的清醒，而因为这一份难得的清醒，也才有着一份难得的美丽。

还有，在这本书中，你会发现，我还有一重美丽的错位，那就是，我，只是一个普通教师，但却时时在考虑中国的教育以及中国教育的发展与方向等重大问题。

这应该也算是一种错位吧，我们本不该去考虑那些大事，那些大事，也本不是我们这样的人来考虑的。

但我记得朱永新先生曾经对我说过一句话，大意是，该说的还得说。如果你也不说他也不说，中国教育的问题，又有谁来言说、谁来发现、谁来改变、谁来推动呢？

这样说来，这种错位的意义与价值，也就自然不言自明了。

2017 年 5 月　于素养学苑

目 录

第一辑 教育作为一种人生事业

第二辑　比智慧更强大

第三辑　不做旁观者

第四辑　阅读形成思想

第五辑　走出高原

第一辑

教育作为一种人生事业

教育：关于信仰与精神

教育信仰与教育精神，当下，无疑已经成为一种稀缺的元素。而教育，诚如朱自清先生在《教育的信仰》中所说的，首先要求的恰恰是教育者先须有健全的人格，其次，于教育，则须有坚贞的信仰……教育者有了这样的信仰，有了这样的人格，自然便能潜移默化受教者。

朱自清先生在《教育的信仰》一文中还说：

> 教育者须对于教育有信仰心，如宗教对于他的上帝一样；教育者须有健全的人格，尤须有深广的爱；教育者须能牺牲自己，任劳任怨。
>
> 我斥责那班以教育为手段的人！我劝勉那班以教育为功利的人！我愿我们都努力，努力成为那以教育为信仰的人！

但我们的教育肯定患了"信仰缺失症"。中国当代教育的功利色彩常常受到人们的诟病，人们也清醒地意识到，中国教育某种意义上说，真的是到了最危急的时刻。

饶有意味的是，我们发现，当年，朱自清先生仍然劝勉那些以教育为功利的人：教育信仰可以是功利的，只要看这样的功利是为了何人何事。在朱自清先生看来，教育的最高境界，应该是指向功利之上的，教育是以人的心灵富足与人格健全为目的的一种自我完善。

教育的目的在于培育一个精神健全、丰富的大写的"人"。倘若我们只把眼光盯住学生的学业成绩，以告慰我们知识传授的付出；以制度的强化、学生的服从来便利我们的管理，确保学校的正常运行，那我们教育的职责仍未尽全尽深，我们愧对学生作为"人"的对象，没有对其人格予以尽心尽力的关爱。

这其实已经是常识层面的东西。

所以，说到底，树立教育信仰、高扬教育精神，说到底，首先要基于常识。或者说，只要基于常识，我们就能够抵达。

《易经》有云："形而上者谓之道，形而下者谓之器。"教育者自当率先承担起教育信仰者的角色，教育者必须有大爱，不仅为自己的生存去教育，也不仅为学生的知识需要去教育，当为其人格、理想，为民族精神的独立、强大而教育。

信仰是人生的力量源泉，它能使人焕发出强大的驱动力。这种驱动力就是心理学上所称的内驱力。人的信仰越坚定，越高尚，他的内驱力就越强大，越持久。信仰作为人的精神支柱和行动指南，它对个人的人生定位和成功有着重要的影响，对个人乃至整个人类的发展都将起到重要的作用。信仰一旦形成，就会对人生实践产生巨大的精神力量和动力。具有信仰的人会因此调动自身的一切知识和能力集中到既定的人生目标上，使内心和精神世界都得到充实和提高，从而推动人的发展和提升。人有了信仰就会感到精神有所寄托，有所期望，有所依赖。

信仰是人的行动指南，信仰是行动之母。而行动则是受思想支配表现于外的活动。一个人的行为从根本上来看往往是受信仰支配的行动，人的信仰则是其行为的基础。信仰在心理上表现为对某种事物的仰慕和向往，在行动上则表现为以某种思想体系为准则去解释和改造世界。一个人有怎样的信仰，他就会在这信仰的支配下行动。信仰可以左右人生，它决定一个人对生活和事业的态度，决定一个人的人格修养和道德品质的锤炼。历史上任何伟大的人物所取得的非凡成就，无一不是由于他们具有崇高的信仰，支撑他们得以在艰苦的环境中造就了灿烂的辉煌。此外，世上许多重要的发明，也无一不是由于信仰启发与支撑。世界上无论何事，绝不是先有知识，后有信仰；而是用信仰去弥补知识的不足，信仰实为知识的前驱，它不是真理的代替，但信仰是达到真理的途径。假使没有信仰，许多真理与发明到今天一定还不会被人类所发现。

信仰问题其实应该成为当今教育中非常重要的一环。作为教育中的信仰与宗教信仰的灌输不同，它需要配合文化的教养，特别是不同传统文化的学习。

中山大学教授龚隽说："健全人格的培养离不开对不同信仰系统的文化理解，而这又必须植根于不同传统的文化（包括宗教）和历史之中才能够落实。正如但丁所说'一切事物中的最深欲求从一开始就是要回到源头'，生命教育的问题就是如何回到不同文化传统的教育当中去。"

目前，生命问题的解决通常停留在一般伦理和心理学的层面来进行，而对于教育中的信仰问题，迟迟没有做出重要的讨论。

著名教育家肖川先生在《我们为何如此平庸》里说："我们之所以如此平庸，最根本的原因恐怕是由于我们缺乏信仰，缺乏勇于承担的宗教情怀，缺乏终极的关怀，缺乏超越性的意向。"

信仰的建立，比任何一种制度的确立都更加艰难，这不是一种仅靠外部行为可以解决的问题。一个人如果不信仰什么，内心世界里将一片荒芜。而这样的内心，是没有力量的。

信仰天然地是一种价值评价和道德标准，它高悬于人们精神世界的上层，是精神的指导和归宿。正确的信仰既是构成当代教育的重要基础，又是当代教育的终极指向。信仰的缺失是造成教育精神倾颓的根本原因。

信仰是人类自我超越的精神活动，是一种来自于现实而又高于现实的健康稳定的价值信仰标准的建构。所以，这就要求人们既要避免沉沦于物质的束缚而不见崇高精神的所谓"实用主义"，又要防止诉求于神圣的彼岸世界的虚无（宗教信仰）而不见属于建立在现实关系之中的追求人的全面自由发展的"应然世界"的必然。

中国传统文化是以儒家思想为主干的注重信仰的文化。儒家文化讲究

"天人合德"，孔孟对"仁"的崇拜、诉求以及艰苦践行，在某种程度上寄予了对"天"的道德崇拜，"天"不仅是"德"的完美的化身，也是道德修养的至高境界，具有道德修养的至上性和正当性。荀子是先秦儒家的集大成者，其思想信仰体系中，终极的价值目标是遵循自然与社会规律的"道"，然后与"礼"相融，成为具有"至高""至大""至全""至粹"特质的"天"。所谓"礼有三本：天地者，生之本也；先祖者，类之本也；君师者，治之本也"。（《荀子·礼论》）循礼而治，则"天地以合，日月以明，四时以序，星辰以行，江河以流，万物以昌"。（《荀子·礼论》）荀子所诉求的信仰目标，本于孔孟之仁，发乎人之心端，超越世俗人伦，是一种关乎宇宙本体的礼。

马克思主义所创设和孜孜不倦追求的共产主义信仰，是以现实关系当中的人为逻辑起点和终级价值目标的，通过批判资本主义制度对人性的摧残和异化，深刻揭露资本主义的罪恶本质，提出人类解放和全面自由发展的价值目标。共产主义信仰，是恢复人之为人的本质的真实的信仰。在共产主义社会中，公平正义的社会制度和和谐的社会关系不再作为异己的力量支配人，人们将在自觉、丰富、全面的社会关系中获得自由、全面的发展。

可以这样认为，中国传统的儒家思想以及马克思主义哲学，皆可视为人们在寻求教育信仰与教育精神过程中所寻到的参照与坐标。

信仰的本质是对生命永恒存在的一种抽象的认定。作为这种永恒性而被抽象地认定的对象是超越一切事物，尤其是超越一切人性的至高无上的指称。

信仰解决的是精神基础和发展动力的问题。一个人，可以通过外化的方式表现出他的精神境界和道德品质，体现出他的所信之"道"与所据之"德"。

因而，随之而来的，是一系列的问题。

我们应该如何理解教育信仰？它是对传统的价值保持忠诚呢，还是热忧地寻找中国文化诗意的栖居以获得某种民族主义的自满和优越感呢？抑或，我们是那种把西方《圣经》或东方佛教典籍置于案头式的信仰，还是保持一种对生命的虔敬、保持一种仰望星空的姿态？我们的教育信仰，是更需要传统文化的培植，还是更需要现代意识的转换能力的培养？

也许，面对这些问题，我们每一个教育人士都会给出不同的答案。

这当然是应该被允许的。我们愿意相信，无论给出什么答案，只要是以一贯的心性、虔诚的姿态、践行的方式来寻求答案的，其过程，必然就符合了教育信仰与教育精神所需要的全部内涵。

过一种幸福而完整的教育生活

过一种幸福而完整的教育生活，是朱永新先生在他的《新教育在线》论坛上打出的口号。

这句口号意味深长。

首先，这句话将教育的第一诉求锁定在"幸福"二字。这让广大教师特别感动。然而，从一些常识或经验出发，往往特别强调的东西可能正是特别缺失的。即如幸福，对教师而言，什么才是真正幸福的教育生活？教师拥有真正幸福的教育生活吗？如果再问一下，是什么样的教师群体在感受着教育的幸福生活呢？也许，一切正如鲁迅所言，很多事情，其实挡不住三问。

笔者还有疑问："教育生活"如何理解？是不是说教育是生活的全部？或者说教育就是生活、生活就是教育？教师要不要将教育等同于生活或者有无必要将生活等同于教育？

教育就是生活，是陶行知生活教育理论的核心。在陶行知看来，教育和生活是同一过程，教育含于生活之中，教育必须和生活结合才能发生作用，他主张把教育与生活完全熔于一炉。"生活即教育"的核心内容是"过什么生活便是受什么教育"。陶行知认为，人们在社会上生活不同，因而所受的教育也不同，"过好的生活，便是受好的教育；过坏的生活，便是受坏的教育，过有目的的生活，便是受有目的的教育"。他还指出："生活教育与生俱来，与生同去。出世便是破蒙；进棺材才算毕业。"

我妄加揣测，朱永新所谈的教育生活，一定与陶行知所讲的生活教育有着很多关联。

但是，这里容易形成认识上的误区。很多人可能都会将教育与生活完全等同，而且会认为这是两位教育家所倡导的一种教育观。其实，陶行知所说的"教育"是指终身教育，它以"生活"为前提，不与实际生活相结合的教育就不是真正的教育。他坚决反对没有"生活做中心"的死教育、死学校、死书本。朱永新则旨在改变现行的教育，倡导一种全新的教育。虽然，在朱永新这里，那种全新的教育内核的哲学底座、价值体系还不够明晰，但总的来说，新教育是基于一种建设与补救，注重教师人文精神的生成。当然，需要注意的是，朱永新强调一种幸福而完整的教育生活，乃是针对教育而言的，而没有指向日常生活的全部。

朱永新对教育的这一论断与界定，我认为乃是关于幸福的教育生活的"完整"的诉求与表达。但是，"完整"我觉得更有必要用以作为"生活"的限定词。因为对任何一个教育工作者而言，教育生活只是他生活中的一部分，他无法也没有必要将他的职业生活当成是他的全部生活。如果是这样，也是对教育真谛的一种误读与误导。选择软弱、选择庸常，都是人的权利，也是人性的需要。人不可能在任何时候在所有场合都坚强、高贵、伟大，英雄之所以是英雄，不在于他永远以一种昂奋的姿态从事着拯救人类的伟业。英雄也要生活，英雄也要吃喝拉撒，英雄也是基于日常的。教育英雄，也应该作如是观。

所以，新教育关于"完整"的描述，注定会与日常生活有着交叉。这样一来，教育生活的温馨与芬芳也随之产生。这样的生活也才是理想的教育生活。

记得当年笔者参加《江苏教育》"新生代教师"专题活动，当时苏州中学的副校长夏炎曾经描述过自己的幸福而完整的教育生活——他希望在一种快乐的教育中教书育人，他希望在教育生活之外有自己的日常空间，譬如，开着跑车带着孩子兜风……

当然，不是所有的教师都可以拥有这样的奢侈想象。时至今日，夏炎的这种理想，也仍然是很多教师所无法企及的。但我们绝不能因为乡村教师或希望工程的存在，就杜绝了像夏炎这样的成功教师拥有跑车。当我们的一些名师可以入住总统套间时，一些教师为什么不可以用自己挣得的钱换一辆跑车提升自己日常生活的品质呢？

因而，幸福而完整的教育生活，是一种纯粹的理想。教师节之际，我更想这样表述：教师们过一种幸福而完整的生活，则更是一种伟大的教育理想。

当然，言及于此，更希望这样的话题，不要仅仅是在教师节之时有人说起，平常之时，也常常有人念叨着并将有关事情真正实现起来，那才有意义。

关于教育的两个比喻

列宁说过一句极为精彩的话：一切比喻都是蹩脚的。这句话用在教育上，更为恰当。很多看来似乎是非常精彩的比喻，其实，认真推敲起来，很成问题。

我们看看第一个比喻：没有种不好的庄稼，只有不会种庄稼的农民。

笔者是在 1998 年接触到这个比喻的。这时，我正接手写作赏识—成功教育倡导者周弘的传记《重塑生命》（北京出版社 2001 年 1 月第一版，即台湾商务印书馆 2002 年 1 月初版《无声的突围》）。在我写作本书时，从尊重传主的角度，我没有否认这种说法。客观上说，周弘确实是用这种心态对待他的聋哑女儿周婷婷的。但是，我清醒地认识到，这种关系不能放到所有的教育者与被教育者之间。周弘和周婷婷的关系，以及周婷婷这样一个聋女的成功，我觉得只能作为一种很特殊的教育个案处理。从周婷婷的受教育过程看，周婷婷不具有学校全日制教育的性质与意义，她更多的是一种家庭教育的成功个案。周弘与周婷婷的关系不能纯粹地看成是教师与学生的关系。

这一比喻的最致命的问题在于将学生喻为庄稼，将教师比作农民。

学生与教师之间的关系，不能理解为庄稼与农民的关系。从教与学的角度看，这两种行为绝不是施以肥料与吸收肥料、侍弄庄稼与庄稼被侍弄的关系。教与学的互动性是很显著的。古人云：教学相长。客观上说，庄稼生长的好坏是由外部因素决定的。而在教与学的关系中，则有很多因素。如家庭、社会、学校、个人阅历、生活感悟、思维品质、素质培养等诸多方面。将教与学的关系理解为农民与庄稼的关系显然是将教育简单化了。

这一比喻的另一个最致命的弱点是，将被教育者物化了。即便是将教师比作农民也有点不妥当。现在有很多作家也很矫情地将自己说成是农民。贾平凹就写过一本书，题目是《我是农民》。排除那些矫情的成分，作家被当作农民，还有可以说得通的地方，他的庄稼就是他的作品。他要怎么收获作品收获庄稼都可以与别人没有关系，一切全都取决于自身状况的优劣。但教师不同，他的教育对象是已知的，他的教育对象也是有血有肉有情有欲的。庄稼的生长与学生的成长完全是两回事。庄稼说到底是一种物，而学生是人。我们的教育，首先要考虑是一种人的教育。

这就是这一比喻的经不住推敲之处。

第二个比喻是：教育学生就像给学生看病一样，小毛病卫生室就能处理，大一点的要送医院，疑难杂症就要看专家门诊。

这一比喻的来头也不小，它来自著名的洋思初中校长蔡林森。《江苏教育》2002 年第一期 A 版上有一篇长文《洋思的魅力》里提到了这句话。和第一个比喻一样，它同样表现了一些教育工作者的苦心孤诣与对教育的忠诚。

很多人对这句话津津乐道。

但我们还是要投反对票。

这里将差生或教不好的学生比成了病人，将学校比作了医院或医务室。这是一个至为蹩脚的比喻。

很明显的，学生不是病人。人无完人，每个人都有这样那样的缺点与不足。从大处讲，每一个人都具有人性的弱点。那么是不是我们要说每一个人都是病人呢？

教育的魅力完全在于它是一种心灵的工程，在于它是一种使人性走向完美的工程。我们承认有所谓的"差生"存在，学生中道德败坏、违纪犯法的现象是有的。但教育不是万能的。如果教育是万能的，那么，现行社会将不需要警察、监狱、法律等手段。

既然教育不是万能的，就千万不要认为教育能包治百病。这一比喻的发明者很有信心，似乎只有他那里的教育是一种最完美最全面的教育。但这里我们又很容易发现一个严重的问题，那就是这句话的始作俑者认为学校是医院。我们如果认定这句话是成立的，那么，从一般意义上讲，名校当然是大医院，是可以提供专家门诊的；而一些重点中学则应该是医院；而乡村学校则是医务室。可是，从教育的现状看，没有毛病或毛病很小的重点生们本应进乡村医务室反而被名校先行抢去了，二流生源乃至三流生源却流向了一般学校，出现了一种倒置现象。这是不是说充斥了三流生源的学校倒是所谓的专家门诊，而那些名校、重点学校反而倒成了乡村级的医务室了。不知那些学校的校长与教师们是否可以认同这句话。

其实只要我们冷静下来，就可以从上面两个比喻中发现，现行的基础教育是以牺牲人性为前提的。这可能是我国基础教育的一个悲剧所在。人性的完美与完善，应该是教育的一个根本任务，可现在，素质教育喊得震天响，应试教育却愈演愈烈。而应试教育则是处处时时以牺牲教育中的人性为前提，庄稼一说，病人之论，都无不显示了现阶段的教育存在着的抽象人性的弊端。

教育要从根本上解决问题，靠比喻显然是靠不住的。正像上帝是靠不住的一样。

从教育更具人性化的角度看，我们得放弃比喻，而紧紧抓住教师与学生这两个实实在在的主体。教育是一种人之于人的关系。如果有些变异，那么，我们还是发现教育是人之于人的关系。前者是教育者与被教育者的关系，后者则是从教育者与被教育者各自的角度而言的。具体地讲，前者是提升学生，后者则是相互提升。因为，从教然后知困的角度看，教育者有一种提高的需要，这是一种教育。从学然后知不足的角度看，被教育者则有一种自我教育的必要，这同样也是教育。

灌注生命意识，实施生命教育

——《重塑生命》创作启示录

《重塑生命》全面、生动而细致地展示了一个初中毕业生的父亲教育双耳失聪的女儿走向成功的经历。

在创作《重塑生命》的过程中，在创作结束后的这么长日子里，我总觉得这部书的创作对我这个作者而言有着太多的启发。我是一个中学教师，在基础教育领域里，我有着很丰富而深刻的感悟。现在，书出版了，我回过头来仔细阅读，仍然觉得这里有着很多值得我们深入探讨的东西，至少对我来说是这样的。这是我写作这篇启示录的直接原因。

还需加以说明的是，正是这本书使我确立了今后的教育研究课题——生命教育，也即是如何将生命意识与生命激情灌注在我们的教育过程中，并使我们的教育更完美更艺术地与生命的内容相连，摒除过去我们在基础教育中存在的那种纯操作性与纯技术性的错误。

一

我们注意到，主人公在与厄运拼搏的过程中，固然父爱是其驱动力，然而，更应该让我们引起注意的是，主人公由一个工厂的技术员而成长为一个教育上成功的实践者。关于周弘作为一个教育实践家的定位，是中国青少年研究中心副主任孙云晓先生于 2000 年 12 月 25 日在北京西城区教育委员会主办的《周弘赏识教育报告会》上做出的断语。这充分说明，教育本身实际上是更倾向于操作性与实践性的。

二

教育强调实践性与操作性，教育也不应该排除技术性。但是如果将教育停留在技术性层面上，那么教育便是一种伪科学。教育应该灌注进生命意识。在教育过程中，我们应该意识到教育者与被教育者都是生命的载体。而如果我们不能意识到这一点，那么，我们的教育便缺乏生命的激情，因此也不能唤起被教育者的生命意识。很难想象，没有灌注进生命意识总值的教育，如何面向现代化，面向世界，面向未来。世界的未来，现代化的实现，都是靠人来达成的，既然如此，教育的目中无人目中无生命那便是大错特错的。

三

教育的目标是什么？教育的目标预期一般人看来是成功。可对成功的理解有很多层面也有很多角度。因此，我们认为，教育应当设立一种终极目标。教育的终极目标应当是帮助教育对象塑造健全的人格与完美的生命。心理学认为，每一个孩子都有成为好孩子的欲望，教育就应该让教育对象找到"我是好孩子"或"我是一个好人"的感觉。如果能做到这一点，我们认为，便也是一种成功。

四

周弘教育女儿成功的例子还说明了另一点，教育其实是一种互动的过程。这种互动体现在被教育者在不断上升的时候，教育者本身也必须提高。而如果教育者在教育过程中没有得到提高，那么这种教育便不是完美的教育，甚至与教育是背道而驰的。

教学相长，也就是在说一种教育的互动。只不过这里的互动，过去我们过分地强调了学术与技巧的提高。而这里的互动我们认为，教育者的提高还意味着教育者更能够从本质上理解教育的本质，教育者的生命状态与心态都随同被教育者一起发展。因为，教育者如果没有被教育者的存在，那么就失去了教育者的地位。因而，教育者的教育质量如果不随着被教育者的提高而提高，那么我们便不能认为这是一种教育的成功。

五

教育的方法是很简单的，我们的教育工作者不断在教育方法上进行寻找，但没有想到教育的方法与指导思想其实是简单的。所谓大道无言，所谓越是真理越简洁，就是在说这个问题。但我们又深知，不经过寻找，显然这种简单就不会被发现，还有，这种简单是一种经过复杂过后的简单，而不是原先起点上的那种简单。这里面有着一个否定之否定的过程。我们在认识很多所谓简单的教学方法时，一定要认识到这是一种经过了艰难寻找以后的简单。否则，对教育作简单的理解过程与方法，则将是一种对教育的误解。

六

教育必须允许失败，教育也必须承认差异。允许失败，那么才有可能取得成功，承认差异，也才决定了教育的个性。否则，教育的状况与局面将是不能让人接受的。教育的终极结果应该是丰富多彩的，不能让教育的终极结果有成千上万个相同的复制品。那不是教育的成功，那是教育的最可怕的失败。

七

作为一个教育工作者，我清醒地知道我在写着一部什么样的书。周弘的成功给我们的启迪是，无论他是一个怎样的教育者，也无论他创立的赏识教育是不是能在很大程度上让教育者和家长有什么启发，我总觉得，从写作者的角度出发，这部书有其独立性，而它的独立性在于它的完整性与系统性。譬如，在教育的过程中，道德、人格的培养问题是每一个教育者都不能忽视的，否则我们的教育最终将是失败的。人是具有社会性的，教育对象，必须符合社会对他的期求。我们固然不希望所有的教育对象都以同一的模式出现在社会上，但一些最基本的道德水准应该是共同的。因此，在这部书里，我将主人公这方面的行为进一步强化了。尽管现实生活中主人公在这方面的关注是比较少的。但我从一个写作者的敏锐的感觉出发，觉得主人公在这方面有着关于道德建立的朦胧意识。于是，我写了周婷婷那一段心理阴暗期。我清醒地知道，想要在教育上寻找到一种万全的方法，既可尽教化之功，又可奏智力培养之效，是不可能的。如果想要寻找也只是自欺欺人。而只注重于学生或受教者的智力的发展而不注重人格力量的培养，那么这种教育终将是失败的。

八

中国并没有属于自己的真正的教育小说，叶圣陶的《倪焕之》只是写出了一个教育救国梦的破灭。我认为，这只写出了教育的一个角度，甚至是一个极小的角度。到了现代，我们才可以自由地书写教育诗了，但"文革"的动乱，显然无法写；"文革"之后的改革开放应该是一个很好的时代了，可是应试教育的阴影抹煞了教育的诗意，技术操作淹没了生命的激情。新的世纪应该到了书写教育的最好的时代了，从这个角度上讲，我的《重塑生命》，从书名到内容教育应该是新世纪献给教育的最好的礼物。而另一方面，我既然已经开始了，我将一直走下去，将我的文学创作和教育结合起来。过去我的创作是纯粹意义上的文学，甚至带上了个人写作私人话语的味道。譬如，我很喜欢米兰·昆德拉和亨利·米勒。现在，我想，大师我仍然还是喜欢的，但文学的教化之功，却不能因为一两个伪大师的出现而排除掉，用他们常用的话语来说，他们才算什么。新世纪，教育与文学必定大行其道。

九

当然，我清醒地知道，这本书的主人公的教育并不能代表主流倾向，因为他的实践毕竟是以家庭教育为主的，而且，作为一个写作者，作为一个在教育岗位上工作了十几年的教师，我非常明白，主人公的理论体系并不很完整，他对教育的认识与把握也不是太到位的。我在作品中的挖掘与补充，仅仅是为了作品的完整性。然而，正是从这一点出发，我觉得我所提炼与挖掘的东西很有价值，因而我也正是从这里开始，准备我的生命教育的课题研究。起点便是这本《重塑生命》。我想要告诉人们的是，家庭教育在新的世纪是极有价值的一种教育，但它同时也不是一种完美的教育，它需要其他种类的教育的补充，而从理论的高度上讲，它还需要一种极富价值的教育理论的指导。我想这应该都是生命教育所承担起来的东西。

十

我决心要做的是使我的这一研究过程充满文学色彩，既然我对文学投入了那么多，既然《重塑生命》说到底还是一部文学作品。我的目的，就是要让我的研究和大众接轨。接轨的中介就是文学。我相信，新的世纪，文学会超过 20 世纪 80 年代的反响。而如果我们的教育介入文学，我们的教育也就会得到更多的人的理解。在这方面，在这之前，我们的教育并没有做得更好，以致一些自由教育家们已经很有社会反响了，而我们教育圈子里的人却不想接纳。非但如此，对这些人，我们还多少有些排斥，例如对孙云晓、王东华（《发现母亲》的作者）以及我这本书的主人公周弘……

新世纪教育的意义是很重大的，谁不能认识到这一点，谁就将是一个悲剧人物。应该清醒地看到，在我们现在的实际生活中，亚文化的东西充塞着我们的生活空间。我曾在一篇文章中提到过，在网络空前发展的今天，我们要提防帝国主义对中国新一代的文化侵蚀。至于一些三流歌手的空虚的歌声，快餐文化与口水文化的泛滥，都会影响一代人的成长。这样看来，生命教育及主旋律的作品就必定要切实地走进我们的生活空间与教育空间。否则我们的教育如果还这样发展，那将是很可怕的。

如果要说《重塑生命》这一本书的意义，我想意义也就在此吧！

我们需要真正的教育批评

对于中国的教育而言，我认为应该有更入微的深入到内部的对教育的清醒的批评。中国目前的教育批评尚没能形成这种独特而深刻的批评。

毋庸置疑，中国教育发展到今天是有点让人悲哀的。从社会学的意义上看，当今社会是一个以抽空疼痛感为代价的时代。在这个多元化的社会里，物质欲望随着物质的无限度发展，人们的灵魂都已被物质性的东西挤满了，哥伦比亚大学教育学院历史学和教育学教授、博士生导师道格拉斯·斯朗所说，教育的目标都是着重于培训劳动大军，包括科学家、技术员、专家和社会管理者等高知识层次的劳动者。这样的教育，已忽略了人的心灵需求、人生目标、人生意义和价值观等领域的东西。可以这样说，现在的教育并不缺少人文知识但缺少人文精神的培养。人们在角逐利益时就会不受理性、良心、正义和道德的制约而沦为经济动物。因而我们看到，当社会神经元的疼痛感消失时，在一种极端状态里，生活的尊严丧失了，教育者的个性承受着应试教育所带来的贬抑，而获得某种话语权势的教育管理者们，在一种茫然之中，也麻木到不知教育该如何向前发展，教育因此走向了另一种极端：把持着一定教育实权的人们，今天我说你是一个伟大的教育家，明天你说我是知名学者、教育明星……

这种被浮躁的现实和虚无的精神奴役着的精神状态，使得1997年以来一些清醒的人们也失去了清醒。教育者们——无论是苦心孤诣执着于以一条教育的经线打通教育理论与实践界限的学者，还是苦苦挣扎于三尺讲台，虽然充满对学生的爱心却无法寻找到教育真谛的人们——都已经失却了对教育与教育对象此时此地的存在的境遇的热情真实的而又勇敢的关怀与触摸，同样，他们也无法坚持用自己的教育良知做出对我们所面对的教育的正确、清醒、公正的判词，一切都已经如鲁迅所说的更深地陷入到了"瞒和骗"的大泽中，自己已经不觉得，却依然要盲人瞎马地继续着眼前的这种教育现状。这是一种令人失望的价值视力的丧失。

另一方面，教育写作自然而然地充满了精神的疲软与屈服性，失却了挑战现状也挑战自我的勇气。现在，我们看到的景象是，多数自诩为教育家与知名学者的人们在点数着用复制垃圾而获取的稿费，并希图幻想着由此构筑自己滑向孤芳自赏的后花园的通道。与文学界截然相反的情形是，教育似乎没有另类也不容许有另类的存在。既然在这里失去了另类的声音，那么，事关教育的写作也就更不允许有所谓的"个人性话语"。然而，极具反讽意味的是，教育的祖先孔子先生所举办的教育恰恰就是私学。他那有教无类、因材施教是对教育尊重人的个性的丰富景象的最好的诠释，现在这种景象已经荡然无存了。教育着眼于复制着具有人文知识却无人文精神的受教育者，醉心于克隆一个个毫无个性的眼睛与心灵。即使是作文教学，也似乎是在将我们的受教育者向着某种泛道德化泛人性化的方向拖拽。

这是一种可悲的教育民间立场的丧失。这便使得教育在一种近乎令人窒息的温室中蓬勃生长着一些极其苍白的人群，这些人却无法生长出具有对抗色彩的生命力。一个人，如果没有一种心灵的力量，以及这种心灵的力量没有强大到可以对抗外部世界，那么这个人的存在就将是很危险的，其存在的价值也就要大大地打一个问号。这就如同阅读，如果没有一种心灵与品味上的反思，那么这种阅读的被动性将决定了阅读者永远不可能有大的长进。从现在的情形看，教育，从某种意义上讲，已经成了我们面前的陷阱。陷阱里耀人眼球摄人心魄的学历、职衔、荣誉、成功，诱惑着一个个具有天才般智慧的人们，使这些人们最终丧失了那种天才的智慧而甘愿成为一种教育机制之下的文化侏儒。

联想到很多年前，我们常常看到的一个词：集体无意识，我觉得到现在为止，这种教育上的集体无意识仍在左右着我们的教育者。我想到福克纳在诺贝尔文学奖获奖演说词中所说的话，我觉得，教育领域里的写作者们，轻而易举地省略了教育者的心灵与良知，而是靠"内分泌物"书写着教育，并从教育中获取他所想获得的东西。因而这种教育的存在实际上便是一种变相的教育放弃。现在的教育时常让人产生当年鲁迅所产生的那种感觉：当我沉默着的时候，我觉得充实；我将开口，同时感到空虚。

现在的教育恰到好处地面临着当年鲁迅致许广平的信中所讲起的两种状况——歧路、穷途。而教育的歧路即教育民间立场或非主流立场，同样被人轻而易举地省略了。这样主流教育就剩下了一途——精英教育或主流教育给人更多的是一种穷途之感。因为，我们很清醒地看到，精英教育实质上已经沦为一种可悲的应试教育。

与此相关的一个重要的问题是，教育，期待着一种文化的自觉，教育需要信仰的与精神的支撑。我们的教育缺少精神，一种真正的教育精神。精神向度的存在，决定了一个人或一桩事业的价值与高度。然而，我们失望地发现，教育本身的文化自觉还远远没有到来，或者说白了，中国目前的教育还远远未能形成自己文化性的东西。它除了应试一途，似乎无法向世界发言，它尚没有具备发言的资格与实力。它没有教育哲学，没有教育精神，也没有能形成我们独有的东方式的教育文化。这是我们的教育一种无法不让人震惊的现实。

我们似乎从来没有注意过培养我们的教育精神，也因此我们也没有能培养我们的教育文化。

另一方面，则是教育的责任问题。

萨特说过："是懦夫把自己变成懦夫，是英雄把自己变成英雄；而且这种可能性是永远存在的，即懦夫可以振作起来，不再成为懦夫，而英雄也可以不再成为英雄。要紧的是整个承担责任。"当我们论及教育的责任时，我们可怕地发现，一些教育的英雄们只在享受着教育带给他的风光与地位，而实实在在地不想承担一点责任。

更为可悲的是，当我们的高考组织者也说他们对应试也毫无办法时，我就只能悲哀地发现，现在，教育想要去寻找一个责任的承担者都没有了。前些时候，我读到著名杂文家吴非的一篇教育随笔，谈到语文教学的出路时，在向有关负责高考命题的人询问时，所得到的回答竟然也是不知道。情形发展成这样，于是，就只剩下了一群无告的教师承担着不应该承担的一切。所以，写到这里，我就只好接着萨特的话说，是无法承担责任的人，承担起了教育中无法承担的沉重。

而另一份沉重则在于，现在的教育本是那种虚无的皇帝的新装，却不能容许一个说真话的孩子的存在。教育打假，是一件多么艰难的事。我们听惯了谀词与颂歌，却不容许有真声。索尔尼仁琴说过：一句真话能比整个世界的分量还重。另一位哲人则告诉我们：学术无良知，即是灵魂的毁灭；政治无道德，即是社会的毁灭。想一想吧，善良而真诚未泯的人们，在我们这本应充满学术精神与科学意识的教育里，我们的学术还有没有良知可言。

如果再谈及另一个沉重的话题时，我们似乎又发现，我们是没有力量的。我们没有力量在面对一些东西的时候选择放弃，如诱惑、名头等等面前选择缺席。我们到了这种时候总是忘记。我们有一种可怕的教育遗忘——忘记自己其实并不具备教育者的心灵品质。我们自命清高，却往往只是依附于教育而存在或者被虐待的可怜虫，只不过我们随后又去虐待那些需要教育却不知教育为何物的可怜的人们也就是那些受教育者，直至有一天，我们发现我们的教育者已经失去了精神的向度、失去了灵魂，我们才惊呼我们的教育出问题了。可是在此之前，却不允许有一个清醒的教育批评家或批评者的存在。

事因难能，所以可贵。在很多人都不愿揭出某种现象的时候，在很多人都非常愿意吸附在教育的机体上享受教育带来的成果的时候，我要说的是，我不稀罕用教育园地里长的那几棵可怜的枯草装点我的门面。我现在郑重地拿起批评的工具进行我的冷峻的教育批评。为了教育，为了明天的教育。

中国教育真正缺少的……

追根溯源，是癸卯改制（1904 年）掀开了中国现代教育的新篇章。所幸在张之洞等人合拟的《奏定学堂章程》里，仍然把传统儒家经典列为必修内容。其后，中国教育的价值观体系，便越来越缺乏民族化的内涵了。百年以来，中国现代教育在东西方文化大交融的时代背景下，一直受到诸多国外教育思潮与流派的裹挟，一直未能真正建立起具有中国特色的、以中国思想文化遗产作为教育价值底座的参照系。我们抛弃了我们坚守千余年之久的教育体系，却没有寻找到更适合我们自己的教育体系。废弃了科举制度后的现代教育，在没有做充分的本土文化准备之时，便匆匆上路了。

直到现在，人们还未能意识到我们应该建立一种什么样的价值坐标以引领陷于困境的中国当代教育。

百余年来，我们经历了数次重大的教育价值转型，先是由早期的著名教育家王国维等人译介的德国教育家赫尔巴特的教育思想体系，对于处在由古代向现代过渡中的近代中国教育产生了显著的促进作用。王国维首次提出培养完全人格的体、智、德、美四育并举的重要主张。这一主张，针对当时积贫积弱的中国，是有着重大的现实意义的。其后，留德归来的蔡元培，作为南京临时政府教育总长，提出培养共和国新国民的、不偏废个性和谐发展的"五育"并举方针，即军国民义教育、实利主义教育、公民道德教育、世界观教育和美育，承王国维的教育思想，体现了一种由封建专制教育向现代共和教育转型的精神轨迹，由"顺民或忠臣孝子的教育"（郑振铎语）向人化教育演绎的脉络。

问题可能在于杜威。以实用主义教育哲学和民主主义教育理论而著称的美国教育家杜威，强调处在社会体制大转折中的中国教育必须坚定不移地选择美国式的共和之路。杜威之论，在相当长的历史时期里影响中国教育的主导学说。杜威倡导的实验主义教育，确立起学生本位的价值取向。这当然是好的。然而，实验主义教育因缺失中国哲学文化背景，注定无法与中国教育深度结合并有机和谐地发展。

到 1949 年为止，中国现代教育一直深烙着美式色彩。建国后，主要忙于政治和经济建设的新中国来不及构建起自身独特的、适合本土实践、富于民族特色的理论体系，单向度"接受"——实际上是"照搬"了苏联教育理论家凯洛夫的学说，中国教育从理论到实践被"全盘苏化"的时代思潮所裹挟，"文革"十年续"苏化"之余波，也未能真正建立起具有中国特色的教育价值体系。

进入历史新时期以后，20 世纪 80 年代初，中国教育尚未完全从丧失自我的真空状态中复苏过来，新的思潮又一次裹挟了教育。美国著名教育家和心理学家布鲁纳继杜威之后随开放的文学与思想大潮再次全面影响了中国教育。我们在引进、借鉴布鲁纳的学术思想方面虽取得了一定成效，但其消极后果严重。最能说明问题的是，布鲁纳的教育理论，直接催生了中国语文教学中旷日持久的"标准化"考试模式，进一步使语文教学走向困境。虽然他的著作《教学论》堪称"不朽的教育经典"，然而，应该有人敢于指出，有些经典只适用于美国而不适用于中国。

世纪之交，西方后现代主义教育思潮以强劲的势头涌入中国，对于促进中国教育由指令型课程范式向生成型、开放型、创新型课程范式的转换，具有显著的作用。但是，这一进步的代价仍然是以中国文化自信心的丧失为前提的。

抵抗或者守护的声音不是没有，郭思乐的"生本教育"、叶澜的"新基础教育"、裴娣娜的"主体教育实验"，特别是朱永新的"新教育实验"，都着意凸显中国文化意识。但非常遗憾的是，这些立足本土理论的教育实验，仍然深受西方后现代主义课程理论的影响。其至本土理论往往又被外来的东西遮蔽了。兼且由于实验者自身文化底蕴的限制，或由于实验指导理论的非本土化，真正具有中国特色的教育仍然未能产生。

至于将来还会有什么样的教育思潮，还会有什么舶来的教育理论影响中国教育，人们不得而知。当然，希望是有的，中国教育核心价值中迟早会有中国哲学与文化的元素介入。

中国教育真正缺少了什么，也许，我们更应该在这里驻足凝思……

关于激情与梦想

——再谈中国教育缺什么

很多年前教育家朱永新讲起自己在阅读《管理大师德鲁克》一书时的情形。他说，书中一段话使他从"陶醉在文字变铅字的乐趣中"走出来。约瑟夫·熊彼特弥留之际对亲友说："我现在到了这样的年龄，知道仅仅凭借自己的书和理论流芳百世是不够的，除非能改变人们的生活，否则就没有意义。"朱永新便是在这时候清晰地明白自己需要进行一场"教育革命"了。其后，他有了行动，那就是"理想教育"在中国刮起的旋风。

2000年夏，朱永新在太湖作了一场4小时的报告《我心中的理想教师》，随后，《我心中的理想学校》《我心中的理想教师》《我心中的理想校长》《我心中的理想学生》《我心中的理想父母》等持续在教育界引起强烈反响。再然后，朱永新在此基础上，将自己的教育梦想在《新教育之梦》中清晰地呈现出来。

在《新教育之梦》一书的序言中，朱永新讲述了一个令人震撼的真实故事：英国一个名叫布罗迪的退休教师，在整理旧物时，发现了一叠发黄了的旧练习册。它们是皮特金幼儿园 B（2）班 31 位孩子的习作，作文的题目是《未来我是——》。31 个孩子有 31 个梦想，有想当总统的，有想当驯狗师的，有想当领航员的，有想当王妃的……

布罗迪突发奇想：他要把这些本子重新发到同学们手中，让他们看看现在的"我"是否实现了 50 年前的梦想。他在报纸上刊登了一则启事，不久，一封封带着问候、带着对自己童年梦想好奇的回信送到了布罗迪的手中……

一年过去了，布罗迪手中只剩下盲童戴维的作文本。他写在作文本上的梦想是当一名内阁大臣，他认为，在英国历史上还没有盲人进入内阁的先例，他要创造历史。正当布罗迪满怀遗憾地准备把作文本送进一家私人博物馆时，他意外收到英国教育大臣的来信，信中的内容让他大吃一惊同时也感动万分。

信中说，那个叫戴维的就是我，感谢您还为我保存着儿时的梦想。不过，我已不需要那个本子，因为从那时起，我的梦想一直就存在我的脑子里，没有一天放弃过。50 年过去了，可以说，我已实现了当初的梦想。今天，我还想通过这封信告诉我其他的 30 位同学，只要不让年轻时美丽的梦想随岁月飘逝，成功总有一天会出现在你的面前。

戴维的梦想，给我们的启发是：谁一直保持梦想，谁就能梦想成真；谁能不懈地追寻理想，谁就能不断地实现理想。

我们从宏观的角度谈中国教育缺什么可能已经谈得很多了，可是细究起来，从从事教育工作的人本身这个角度论，教育可能最缺少的还有激情与梦想。情形的可怕正在于此：让一个没有激情与梦想的人从事着教育，他能够点燃孩子心中的激情与梦想吗？

奥运之年，中国人以自己的激情实现了百年梦想。倏忽又是十年过去，国人同样实现了一个又一个令世界震惊的梦想。然而，在教育，多少年来，激情与梦想，伟大与光荣，似乎在一夜之间离我们远去之后就再也没有回来。偶像的倾颓、价值立场的丧失、使很多人茫然无措，无所适从。教育缺失情感教育与灵魂教育，已经广为人们所关注。

最近，笔者有机会在苏中地区进行了深入的调研。让我深感痛心的情形是，当我们走进一个办公室，看到的仍然是教师埋首于一堆堆的学生作业之间，与他们交谈，则会发现，他们最大的理想是让自己升级：中师毕业的，想混个大专文凭；大专毕业的，想弄个本科学历。再不就是"熬"：熬上几年，初级职称，想弄个中级职称；中级职称，一定要弄到高级职称。小学教师中，最大的理想，就是评上个中学高级教师。然后呢？当大学本科文凭到手，当高级职称到位，就开始混了。一位中年女教师说，她现在的情况，说得好听一点，就是等退休；说得不好听一点，就是等死。以这样的人群从事着世间最美好的教育事业，试想，这是一种多么可怕的情形。

可怕的情形与作家格非在《暗示》里所讲的别无二致，格非尖锐地指出了大学教授中的一个真实情况：三十五岁这一年，恰好是一个人开始死亡的年龄。而且，他的好几位朋友都是在这个年纪选择了自动消失。至于他自己，也只属于那种"活着，但不存在"的状态。

"活着，但不存在"的现象，在中小学教师那里则更是比比皆是。只不过与高校教授们相比，这35岁的年龄坎儿，要向后推几年。

"活着，但不存在"，是什么让这样的瘟疫在教师中蔓延？教育意义的无法体认？教育价值观的无法建立？教育梦想的无法实现？教育的诗意其实并不存在？

所以，重温朱永新《新教育之梦》中戴维的故事，也许，在让更多的人意识到中国教育真正缺少的是什么时，会重燃我们心头的激情与梦想。

一个没有激情与梦想的人不可能走得远。同样，教育如果让一群"活着，但不存在"的人们存在着，也同样不可能走远。

必须尊重教育的选择性

多元化的社会形态、转型期社会的发展特点、区域经济发展的差异，都促使教育的选择性必须得到尊重。

选择，有时候非常困难。譬如国人对素质教育与应试教育的选择问题，人人都明白应试教育的弊端与素质教育的好处，然而，人们却难以选择。社会也好，家庭也好，几乎所有人在面对应试教育与素质教育时，都陷入了一种集体无意识的状态之中而选择了前者。即使是那些倡导素质教育的人，在事关自己的孩子时，他也只能屈从于应试教育的潮流。

与此相关的还有职业教育的问题。职业教育，不仅适应了社会经济的发展，其实也是因材施教这一内在规律的外显，让不同的孩子选择适合自己的发展之路，既尊重了教育的选择，也同时传达了一个国家的教育意志。然而，职业教育的现状仍然令人堪忧，人们对职业教育的选择与认同，教育行政部门对职业教育的扶持与引导，与目前我们经济大国的发展其实并不十分和谐。

教育的公平合理和教育形态的选择可能更加困难。即使有一些根本原则是共同的，但仍可能难以形成根本性的抉择。在我国，关于民办教育事业问题，足可表明我们在关于教育公平和质量竞争方面的选择姿态。

以《民办教育促进法》的出台为例，民办教育的出现，实际上体现了对教育的多样性与多元化的尊重，这也体现了当前中国人民在经济生活中的教育选择。国家出台这样的促进法作为《教育法》的下位法，本身就表明了对教育选择规律的尊重。

在一个经济稳步发展的国家里，一部分先行脱贫致富奔小康、实现

"先富"目标的人们，愿意为子女接受"好一点的教育""有特色的教育"而择校，而支付费用，甚至一部分看似并不富裕的社会阶层和家庭也热衷于为子女选择优质教育，这是一种客观存在。另一方面，财政性公共教育经费的追加赶不上全球化教育急速发展的需求，教育资源的供需矛盾成为制约教育发展的主要问题。这客观上成为民办教育事业得以生存与发展的前提。但是，民办教育一开始是作为公办教育事业的补充与延伸。这种界定性选择目标一度使民办教育处于尴尬地位。因此，《民办教育促进法》的出台与实施，实在是现实与历史的双重选择，是从历史发展格局与经济发展角度体现出来的教育选择性。所以，民办教育事业的发展，客观上也将成为推动中国教育事业的巨大内驱力。但非常遗憾的是，现在很多地方，民办教育事业呈萎缩的趋势，这不能不认为是一种教育选择力量的苍白与弱化。

教育的目的是指蕴含于其中的内在的对社会人的终极关怀。教育既要满足迅速增加的社会文化需求，更要尊重所有人都必须享受的教育权利，还要尊重兴趣和文化的多样性，更重要的还得尊重地方区域经济的发展与差异，尊重历史发展过程中积淀而成的整体文化心态。说穿了，是尊重人本身，实现教育的人本化追求。因而，教育的选择性，实际上又往往是一种社会—政治的选择。

现代社会分工越来越趋向于精细化，教育的选择性因而从微观层面上也必须得到最充分的尊重。所以，基础教育阶段如果还着眼于通才通识教育，当然无可厚非，但如果更能着眼于学生在未来社会生存能力与终生发展能力的培养，则教育的选择性和因材施教有机结合的问题就必须要得到人们的普遍认同。因而，在这里，教育的选择性则又显得相对残酷与无情。进而言之，从微观层上讲，多样化、选择性的课程结构也正是为了克服传统课程弊端、培养多样化人才的需要，这也就是新课改理念的核心内涵。课程结构本身的选择性，体现了课程各要素、各成分、各部分之间的组织形式，是如何随社会经济、政治和文化的变化而变化的。

因此，变化就是一种选择，发展也是一种选择。

也就是说，放弃了选择，我们也就放弃了变化与发展。

再谈教育的选择性

联合国教科文组织国际教育发展委员会编著的《学会生存——教育世界的今天与明天》一书，被誉为人类教育思想发展史上的里程碑。本书提出了很多非常重要的具有命题意义的观点，譬如，从"驯化教育"对立面的角度，提出了"教育能够是、而且必然是一种解放"的深刻命题。此后，国际 21 世纪教育委员会在其报告《教育：财富蕴藏其中》中对"教育即解放"作了进一步阐发："教育的基本作用，似乎比任何时候都更在于保证人人享有他们为充分发挥自己的才能和尽可能牢牢掌握自己的命运而需要的思想、判断、感情和想象方面的自由。"

这里与其是说教育必须尊重人的个性，毋宁说是教育必须尊重人的选择性。不仅如此，教育还必须尊重选择性所包含的人的发展和对自己命运的选择。

现在的教育，显然在这方面存在着严重的缺失。在《学会生存——教育世界的今天与明天》里，还有这一段话，更加令人深思。

"教育有两个弱点——第一个弱点是忽视了（不是单纯地否认了）个人所具有的微妙复杂的作用，忽视了个人所具有的各式各样的表达形式和手段。第二个弱点是它不考虑各种不同的个性、气质、期望和才能"。

这竟然是对我们当下教育的最为精当的描述：我们这个时代的教育，随着高科技的到来，也使得我们这个时代的受教育者能够享受到人类历史上最发达的教育，然而，偏偏又是这个时代，我们的受教育者在发展上处于一种最无个性的状态。教育在过去的 20 年里空前繁荣，但繁荣的代价是使学生标准化、同一化了。从教学相长的角度看，当学生不会自主选择，不会应对突然而至的变化，不能自主地活动，甚至不能走进生活时，我们的教育工作者也一样地显示出一种教育能力的退化，而只会被动地应对日复一日的机械程序，将考试与评价当作了教育存在的最大理由与最高原则。而如果在这种教育体制中，仍然能冒出一些优秀生，出现一些真正富有人文内涵的教育工作者，出现一些真正的教育学者，我们可以肯定地说，他们绝不是这种体制所造就的，而仅仅是这种体制的少数幸存者。

由此看来，对于生而自由的、具有不同潜质的、以个性和谐发展为目的的教育来说，尊重教育的选择性，使师生与时俱进地获得生长的力量，应该成为我们这个时代教育的最高原则之一。

最近笔者采访无锡市滨湖区的教育，接触到无锡市蠡园中学的材料，深深地感到，在经济相对发达的地区，人们已经开始意识到教育选择性的意义。

蠡园中学根据学生的不同特点，让他们选择适合他们发展与提高的班级而学，充分尊重了学生作为主体的原则；对教师而言，也同样尊重教师的选择，教师可选择适合自己教学状态的学生与班级而教，充分尊重了教师的教学个性。

蠡园中学自觉地、不自觉地用民主的思想、民主的教育影响着孩子和教师自己。班级的组建过程，尊重了家长的选择，尊重了教师的选择，服务了孩子发展的需要。在尊重了教育的选择性时，更充分体现了教育现代化背景下的教育民主。

而从教育选择的最近发展区看，尊重了教育的选择性，不但使从考试机制出发的选拔变得公正而合理，且使每个受教育的人都有平等的机会，完成个人的自我实现，学校与教师，可以根据学生成长中个人的那些非定向的、多样的、变化的需要，对他们进行专业化和非专业化的、丰富的和富于选择性的教育。

其实，在大众与英才、理想与现实、社会与个人的权衡取舍中，教育存在着最为和谐的发展区域，它承认人与人之间的平等又不忽视人与人之间的差异，它承认和帮助强者的自由发展，也让每个人的潜能都能得到最大限度的发挥，都能感受到自我成功的喜悦，领略到自我作为人的尊严和价值。

笔者常常感叹：让苏北的孩子选择读书改变命运，而让苏南的孩子在经济发达的背景下学会创业，这应该是目前教育现代化背景和以市场经济为主流的多元社会形态的一种最佳教育选择。然而，直到现在，这仍然只是一种美好的理想。学校别无选择，家长也无法改变过去的价值立场。教师当然也就只能仍然被捆绑在应试的战车上。

学校管理应凸显生命教育意识

学校管理过程，无论是着眼于人文管理，还是着眼于科学管理，都必须要凸显生命教育意识。更何况当下的新课程改革与生命教育，在内涵上高度统一。

生命教育源于人们对现代社会变迁的种种反思：社会高度发展，科学技术日新月异，物质生活极大丰富，但人逐步异化为追逐金钱、物质和权力的经济动物，人与自我、与他人、与自然、与社会的关系越来越疏远，漠视生命，进而引发了社会的精神危机。

对教育本身而言，长期以来，教育深受工具理念支配，片面强调教育为政治服务、为经济服务、为生产服务，造成了人的单向度异化，轻视他人生命、对自己的身体缺乏尊重和珍惜，漠视他人痛苦等，给社会的发展带来了严重的负面影响。近年来，关于青少年对他人生命的暴力及自我伤害或自杀的事件的报道频见报端。这一切，都表明了生命教育的缺失与苍白。

人是以生命的方式存在的。生命存在是实现人生价值和理想的前提条件，所以生命是教育的基础。教育必须关注人的成长与发展，可见生命又是教育的归宿。

生命教育的目标就在于教育学生认识生命，引导学生欣赏生命，期许学生尊重生命，鼓励学生爱惜生命。提倡生命教育就是要让每一个青少年懂得生命是人生最宝贵的，在成长的过程中，总要去面对阳光和风雨，要从小养成必要的危机意识、避险能力，选择健康的生活方式，学会掌握自我心理调整、自我控制的方法，关爱社会、他人与自然，勇敢地面对现实，增强抗挫折承受力，在任何情况下都不做出危害他人、危害社会以及危害自身的行为。

新课程改革突出地把情感、态度和价值观作为学生发展最重要的目标列在首位。这种课程价值取向表明，教育不仅应该促进学生认知的自由发展，而且应该促进学生的情感、意志等的自由发展。从生命教育的视角看，当前进行的基础教育新课程改革，其课程目标高度体现了生命教育价值观，新课程内容体现了生命教育的现实性与体验性，新课程的实施体现了生命过程的自主性与创造性，而新课程评价体系则源于生命的多样性与生成性。这一切，都旨在说明，生命是情感的生命、意义的生命、价值的生命。关注生命价值、体验生命存在、追求生命意义是高度融合的。

生命教育的实施是一项系统工程，包括教育观念的转变、教育方式的创新、校园文化氛围的营建、生命教育课程的实施等。因而，学校的教育思想、教育设计、教育模式和教育行为必须有利于师生的生命成长，只有这样，教育才能具有长久的生命力。生命教育的境界也是教育管理的最高境界与终极目标。

但我们还应该认识到，教学是师生共同经历的一个教育过程，对于教师而言，生命教育的意义同样非常重大。因而，在教育管理中，帮助教师建立起强大的生命意识，也就显得非常重要。教师的生命是在日复一日的课堂教学之中度过的，教师的物质生活特别是精神生活会影响到他的教学效果，只有教师把课堂教学与自己的生命发展密切联系在一起，用自己生命的光彩照亮学生的心灵，才能达到教学艺术的最高境界。所以，生命教育的对象首先应该是教师，只有教师通过不断地学习、再学习，树立积极向上的教育理念，才能真正关爱生命，呵护正在绽放的生命之花。

教育家斯普朗格说："教育之为教育，正在于它是一个人格心灵的'唤醒'，这是教育的核心所在。"教学的本质是生命的活动。教育就是唤醒学生的生命感、价值感，唤醒学生的人格心灵，并引领学生认识生命、珍惜生命、热爱生命、享受生命，凸显生命的活力，体验生命的尊严与高贵。生命教育，其实就是一种"唤醒"的过程。只有"唤醒"，才可以使人在心灵震颤的瞬间感受到从未体验过的内在敞亮。

着力培植生命意识，深度弘扬生命情怀，对于我们文化和国民性的改造，也无疑是十分必要的。一个健康和谐的社会必然会以一种博爱的精神将所有生命看得高过一切。新课程体系要求我们通过优良的教育方式唤醒生命意义，启迪精神世界，使学生成为充满生命活力、具有健全人格、鲜明个性、掌握创造智慧的人，其意义无疑是十分重大的。新课程改革担起了对生命教育的历史重任，因而，凸显生命意识并以此为抓手，对学校管理而言，也就十分必要了。

教育会议：也是一个沉重的话题

打开报纸、网站，特别是有关专业媒体，关于教育工作方面的会议实在太多了，可谓多如牛毛，什么教育峰会、校长高峰论坛、民办教育高端论坛、亚太地区教育论坛之类，在周末、假期等时节蜂拥而出。如果再加上政府组织的年度教育工作会议和各种学科各个学段的教学研讨会，那么，关于教育的会议实在是太多太多了。

其实，冷静地想一想，我们就会发现：教育会议一多，就难免使举办会议的初衷发生改变。也就是说，到了最后，会议已经不再是目的本身，而其他东西则成了举办会议者的标的。否则，便难以理解为什么会有人如此热衷于举办如此之多的教育会议了。

细思之下，在教育行业，各种各样的教育会议，可能最终都会遭遇与其他行业相似的情形，与会者的身份大多是各个学校或教育行政部门的领导，与会的目的，其实说穿了，也就是想借此放松放松神经，借会议的名目到会议所在城市观光观光旅游旅游，甚至，借着开会的机会，一些校长大人或教育行政领导，实现了一些个人的不敢明示于人的目的。譬如，笔者前些年在一所小城任职，有一年，教育局在杭州举行了校长会，允许校长带家属前往。我们先不论为什么要选择杭州开会，另一个有意思的现象是，一到会期，很多校长带来的恰恰不是家属。这里的问题就太意味深长了。

而会议的组织者也不再是将会议作为目的本身，举办一次会议，名义上是要讨论一些教育问题，解决一些工作中的困难，但最后，说穿了就只剩下一个字：钱。是借会议的名目，利用自身的资源平台和行政影响，索要一点与开销并不持平的会务费，赚点差价敛点财而已。不然，也就没有任何其他手段可以从各地校长教师或教育行政部门要到钱了。偏偏在这过程中，被索要钱的方面还很配合。这里面的原因是什么，可能明眼人一看也能知道谜底。

组织者的理由还非常冠冕堂皇：现在市场经济时代了，会议经济或会展经济应运而生。教育上当然不能落于人后，也应该发展教育自身的会议经济与会展经济。

其实，会议经济或会展经济才是这些教育会议的重要项目，甚至是其标的所在。教育会议沦落到这种地步，只能是教育的悲哀。

会议经济是西方较早提出的产业经济概念。每年 2800 亿美金的会议消费足以使它成为众多城市和国家关注的焦点产业。会议业系现代服务业的核心产业之一，一个大型会议的举办将极大地提升地区或城市的知名度，促进当地与外界的技术贸易交流与合作。同时，也会促进当地旅游业、酒店业、交通业等相关产业的发展。可以说，会议是一个市场或区域经济的深度测试，是城市与国家经济的重要助推器与风向标。

虽然如此，然而，在我们看来，教育会议举办的目的应该是非常鲜明的，它不应该为会议经济推波助澜，而应该着眼于解决自己的问题。目前，教育问题实在太多了，是需要通过举办一些会议来解决的。但问题的另一面是，很多教育问题，其实是无法通过会议来解决的。

笔者有一个设想，如果将有关教育会议的利润提供给贫困地区的学校如何？或者，干脆不开会，径直将这一笔钱投放到经济欠发达地区，用来发展那里的教育，推进那里的教育现代化，缩短东西部的教育差距，让所有的孩子都能享受到优质教育，这又如何？不是一件更有意义的善举吗？

大学高门槛，很多地方的农村孩子上不了学，大学生毕业就业难，民办教育处于困境，社会资金无法成为良性的教育投入，科学评价机制难以形成，应试教育使教师身心俱疲进入亚健康状态等等，还有很多更加不堪的教育问题：诸如师生之间的伤害事件、中国教育最缺少的是精神引领……

这些问题都应该是教育会议应该解决的，都值得大家坐下来讨论讨论，退一万步，如果某一次会议，只就上述一种教育问题当作会议的中心，提出解决的方案，然后将会议纪要上报给某教育行政部门，以之作为解决教育问题的重要参考意见，那可能也就收取到了会议的效果与目的。

可是，我们的举办者是否有这样的教育情怀呢？

奥数，其实可以存在

杨东平教授关于"奥数"之害远甚于黄、赌、毒的高论语出惊人。

杨氏以为，奥数的泛滥成灾已经成为一种社会公害，其对少年儿童的摧残之烈，远甚于黄、赌、毒，远甚于网瘾，说它祸国殃民毫不过分。少年儿童正被少数人的物欲所绑架，他们打着"智力开发""优质教育""培优"的美丽旗号，内外勾结，在牟取私己的暴利！

作为一个具有深厚学养的教授，作为一个在教育界有影响的人物，杨东平如此放言，是不应该的。在谈论教育问题的时候，我们首先要考虑的是，我们有没有尊重儿童？我们有没有从儿童角度去论述问题。其次，我们还要考虑，我们的议论与判断，有没有尽到引导社会与大众的责任与义务。

杨东平反对奥数，其出发点在于对儿童的关心，这一点，让人佩服。然而，论及"少年儿童正被少数人的物欲所绑架，他们打着'智力开发''优质教育''培优'的美丽旗号，内外勾结，在牟取私己的暴利"可能就是不实之词。奥数显然不是全民之事，也不是所有家长都认为自己的孩子能够摘得奥赛冠军。甚者，有一些清醒的家长，在内心，有着对奥数的清醒判断，并不是如杨东平所言的那种失去理智，非得将孩子交付这场极端化的学科竞赛。事实上，在奥数这个问题上，并不如杨东平所讲的少年儿童正被少数人的物欲所绑架，家长也不会傻到每个家庭都让孩子去学奥数，从而让有关机构获利。也还有培训机构，有着振兴中国数学的愿景，并不都如杨东平所言纯是为了利益驱动而实施奥数。杨东平的论点，细细考究起来，有欺骗大众、误导大众之嫌。将奥数说成是祸国殃民，也有哗众取宠、言过其实之嫌。

奥赛其实是可以存在的。关键是我们对奥赛的态度。就像高考是不可以取消的，关键是我们对待高考的态度与方式。

货卖于方家。有需要就会有市场。时至今日，如果还有什么人对市场运作机制持抵触态度，我觉得就如《吕氏春秋》中所讥讽的那个"刻舟求剑"者：舟已行矣，而剑不行，求剑若此，不亦惑乎！世易时移，我们不能总是用老眼光看待教育了。好的教育，就应该占据好的市场。在社会主义市场经济蓬勃发展的今天，教育拉动经济发展，似乎并不是什么见不得人的事。

一些孩子想通过奥数提升自己，其愿望并没有错；一些孩子有数学上特别的天才，想在奥赛中展示自我，也同样没有错。孙云晓认为奥数是一次次让孩子们认为自己是傻瓜的过程，这一观点，同样是一种经不住推敲的论点，它不带有普世性。毕竟，科学的奥秘，需要我们在面对它是抱谦恭而审慎的态度的。有人说，华罗庚与杨乐这样的大数学家是以"玩"的方法抵达数学的最高境界的。事实上，情形并不是如此简单。

我们可以举最近的例子为证：出生于1962年的著名数学家朱熹平，致力于研究世界著名数学难题庞加莱猜想并终于成功。这一成功，首先得益于美国数学家汉密尔顿提出了解决庞加莱猜想的纲领，为破解猜想奠定了基础。2002年至2003年，俄罗斯数学家佩雷尔曼证明了猜想中的一些"疑难点"。其后，才由朱熹平等人完成了"封顶工作"。几代数学家的艰苦努力，才完成这样的工程，岂是"玩玩"就能解决的？

如果说要取消奥数，是不是也应该提出取消奥运呢？奥数本来就是一种高水平的竞赛，就像奥林匹克运动会，入场者也都是顶尖高手，并不是所有人都可以参加。我们可以不提倡极端状态下的教育，但是，教育本身在面对天才儿童时，以一种智力角逐上的极限方式，也不是不可以。举办奥数班，举行奥数比赛，如果是为了开发学生们的逻辑思维，更好地帮助学生们学习其他科目，形成真正的数学素养，那就绝对不是一件坏事。奥数的学习是针对一些有着良好超前学习能力，对数学有兴趣的学生的。适当做些奥数题对拓展思维能力、开发智力确实有着不可估量的作用。看到奥数之害固然重要，但任何事物都有其两面性，真诚希望人们也看到奥数之善。任何偏激之论，都不能作为科学的论断。

其实，这种时候，我们还是回到教育的常识，正像爱因斯坦所言，教育必须有爱，但光有爱，教育是不可能成立的。当一个民族失去竞争力之后，有再多的爱，也无法与其他民族相抗。将孩子纳入一种极端的状态进行比试，一定要让孩子分出三六九等，显然是违背了教育的本意。然而，又必须看到，学生的智力状况与个性状态，是千差万别的，这也是一种事实。

奥数本无罪，打倒奥数也未必能真正将教育带入素质教育的天地。素质教育从根本上不排斥天才教育。我们应该有这样的教育清醒。

论取消文理分科应该缓行

关于取消文理分科的讨论长时间以来一直是人们津津乐道的话题。

但笔者认为，取消文理分科，还是应该缓行。恢复高考以来，文理分科也不是没有被取消过，但是最终并没有为学生减压，反而由原来的五门考试变成了九门考试，增加了学生的课业负担，也使学校管理与教师教学不胜其烦。

立论者朱永新先生认为，文理分家导致人文情怀缺失，诺贝尔奖为什么中国人得不到，是与高中文理分科相关的：文理分科实际上是导致人才培养水平下降的一个很重要的原因，也导致了我国科学精神和人文情怀的分离；文理分科降低了民族的整体素质……因此，朱永新先生建议：教育部立即组织专家进行取消高中与高考文理分科的论证。

我们认为，教育虽然无小事，但文理是否分科，绝没有大到关于人类与民族文化的高度。此外，这里还存在着一个非常值得怀疑的问题：教育部如果组织专家进行讨论，哪些专家可以作为论证组成员？须知，中国当代的专家们，大多是在文理分科背景下成长起来的。以这样的专家来论证文理是否分科，恐怕结论的科学性或人文性会有偏差。

中学生的压力不要再大了，让中学生们多睡一点觉，切实提高当代中学生的身体素质，是当务之急。更重要的理由是：教育不是万能的。不要让教育承担它不能承受的重量。尊重教育的选择性，尊重教育的差异性，也尊重受教育者们应有的权利，要之，让教育回到常识，这是一种教育的清醒，也是一种教育的良知。

论者认为，钱伟长考清华大学时，是以文史见长的，但他大学二年级时改学物理，最后成为一代名家。可是，我们的立论如果以钱伟长作为逻辑起点，则不但是钱伟长的悲哀，也是我们教育的悲哀。再有，论者又认为，钱学森曾说过"科学与艺术是相通的。人为地搞文理分科，对培养面向未来的人才，可以说有百害无一利"，于是得出结论：真正的大师，大部分是文理兼容的。

可是，这一来，问题又来了，中国有几个钱学森？我们地球上又有多少个钱学森呢？为什么非要逼孩子们都去做钱伟长或者都去做钱学森呢？教育的目的，绝不是为了培养所有受教育者成为真正的文理兼通的大师。这里用得着朱永新先生的另一句话，我们要追求完整而幸福的教育生活。我们可以这样理解这句话，教育，首先是一种可以用来享受的生活。完整的教育包括通才教育，也一定包括专才培养，甚至还包括其他非学科教育。

我们还可以举反面的例子。这方面的例子，倒也俯拾皆是：钱钟书、爱因斯坦、爱迪生以及小柴昌俊……这些，都是偏才的最佳范例。而这方面最值得称道的是，当数伟大的教育家蔡元培。蔡氏"循思想自由原则，取兼容并包主义"的办学思想，创造了北大教育辉煌，无论出身、学历，不管偏才、怪才，也不论守旧派还是维新派。蔡元培的意义，就是首先承认了特长以及专长的存在。这是一种客观存在。现在我们有些人所谓的通才教育，与当下考试只出一种衡量标准，又有什么本质的区别呢？人的社会贡献价值就在其"特长"上，人才的本质意义也是在于专长。全面发展，其实极有可能是全面不发展。科学精神、人文精神、献身精神和追求真理的精神才真正与科学成就及是否为真正的大师直接相关。

教育改革的死结是应试教育而不是文理分科。应试教育如果不是最坏也是很坏的教育，坏就坏在它用唯一一把统一规格的尺子去衡量所有具有多重个性和潜质、具有多种发展可能性的中小学生，也把中小学教学搞成了以高考为目标逐层递进的机械或机巧的考试游戏。

进而言之，问题其实也不在考试上。作为检验教学成果的一种手段，考试是必要的。考试与应试教育并不存在必然的联系。应试教育的根本错误在于把考试这种手段当成了目的。周周考，月月考，期中、期末考，直至出现了魔鬼赛程似的奥赛。考出赛程也不是坏事，正像 NBA 也有赛季一样。然而，又是谁都明白的道理，孩子们上体育课，你不能要求孩子们都只打篮球，更不能要求所有孩子都成为 NBA 中的乔丹和姚明他们。

中国教育应当怎么办？作为这次规划工作小组的组长温家宝给出了一个标准：让人民群众满意。要人民满意必须要问计于民。既然问计于民，作为专家，还是先倾听民声为好。

第二辑

比智慧更强大

文化：一种比智慧更强大的力量

很多人都喜欢引用爱因斯坦说的一句话，当你把学校教给你的一切都忘掉之后，剩下来的才是教育。

这剩下来的是什么？为什么一切都可以忘掉，可是，却有一些东西深深地植入学生的心田，可以作为一生永恒的记忆与珍藏？

中国教育学会副会长郭振有说过：一所学校有无文化主要不在于教师的职称、学位，而在于教师有无高尚的师德、丰富的学识、生动的个性、感人的故事在学校里流传。

学校里生动、感人、鲜活的故事，在某种程度上，标识着师生精神生活的丰富与生命价值的取向。

切不可小看文化的力量。

当年希特勒的百万大军逼近莫斯科时，斯大林在红场上对即将开赴前线的将士们说："伟大的俄罗斯民族之所以不可战胜，就是有高尔基、托尔斯泰、马克西莫等一大批哲学家、文学家、艺术家、科学家！"斯大林一口气说出了十六位伟大人物作为将士们浴血奋战的理由。列宁格勒被围困两年以后，城内危机重重，斯大林元帅却命令空军起飞向列宁格勒空投交响乐团。红军将士在炮火声中，以肖斯塔科维奇刚完成的第七交响曲为将士壮行，场面宏阔、意境深远，文化的力量激发出钢铁般的潜能和动力。

教育过程中的文化力量，同样非常重要。著名数学教师孙维刚的成功，几乎可以说，就是文化的成功。发生在他身上的故事，可谓数不胜数。

斯人已逝，然而影响深远。

孙维刚怎样教数学？他说："八方联系，浑然一体，漫江碧透，鱼翔浅底。"孙维刚上数学课，写出 α、β、γ 时，可以从希腊字母讲到希腊文化，再讲到欧洲、二战；一堂数学课，可以讲到历史、军事、世界局势、地理风情、唐诗宋词，讲足球、篮球，也可能随机转到物理、化学、俄语、英语，乃至田径、音乐，从初等数学到高等数学，追溯数学史又展望现代数字发展。这就是文化。

有一次，孙维刚得到了一份俄罗斯数学竞赛的试题，他指导学生把它译成英文。他把每个语法现象与英语做比较，形成对俄语的认识。通过这道俄语题，学生找到了俄语和英语之间的文化内在联系，学习兴趣大增。同样是文化。

孙维刚从不回避升学率，更不回避能有多少人上清华、北大。他认为，成功的素质教育必然包含其智力内容的良好"终端显示"。孙维刚说，知识间有着内在的联系，学科内的知识有联系，不同学科知识之间也有联系。不仅是掌握这些联系，更要掌握探索这些联系的方法，这就是哲学。

孙维刚重视文化的高标。他说："人们喜欢说，这是一个多元的时代，做人成长没有惟一的标准，但我认为还是有最高标准，比如正派、诚实、无私。"孙维刚给他的第一轮实验班立下了班规：不许留长头发，不许穿皮鞋，不许唱庸俗的流行歌曲，男女生不许轻浮地说笑，不开生日晚会，不寄贺年卡。

孙维刚说："作为一个中学老师，面对流俗，我是苍白无力的，我无法左右社会上的大气候，但可以构建自己的小气候。"

孙维刚就是以这样的文化小气候，引领他的学生走向了成功。

作为一名普通教师，孙维刚住院时，几十位家长自发组织守护几十个昼夜，还有什么比这更令人欣慰与感动的呢？北京市第22中学，一个普通学校，孙维刚教的是普通班，却大多数同学都考上清华、北大，创造了教育神话，还有什么比这更令人佩服与惊叹的呢？

同样是做教师，可孙维刚却做得轰轰烈烈，壮丽辉煌。

我们也由此可以得出一个结论：文化内涵，是教育质量中必要的且非常重要的元素；文化力量，是一种比智慧更为强大的力量。

学校文化：教育长效发展的原动力

学校文化的构建，首先必须回答"建设什么样的学校""培养什么样的人"等根本问题。在教育竞争日益加剧的今天，一所学校只有准确地进行文化形象定位，才可能使办学指向更明确，也才能提升自己的核心竞争力。

美国著名管理学家彼得·德鲁克认为：管理以文化为基础。管理是一种社会职能，因而既要承担社会责任，又要根植于文化之中。教育管理同样遵守着这样的基本规律。在一所学校，任何规章制度、组织结构、教育教学方法只有植根于相应的文化体系中，和学校特有的价值体系相吻合，才能实现科学发展观的愿景。亦即是说，学校的"文化经营"才是更高层次的管理经营；只有基于文化层面的管理，才能够突破目前学校管理的瓶颈，形成学校的文化品牌，并在此基础上形成文化场域，使师生员工都在一种文化的熏染与陶洗中，成为真正意义上的教育工作者，从而真正提升整体办学水平。

现在很多学校对学校文化效力的认识既不清醒也不充分。最大的表现在于：一些新兴的学校，没有打造文化的意识；而更多的学校，在无法摆脱应试的阴影时，既不能对自身发展的历史进行细致的梳理，更没有打捞那些即将消逝的文化使命感。至于文化创新意识，则更加淡然。

当然，也有人意识到构建学校文化的重要性。然而，最大的盲点又恰恰在于对一种教育常识的尊重：教育的对象是人，教育者是人。阿莫纳什维利说过：不是知识在教育人，而是传授知识的人在教育人。

教育要尊重常识，在这句具有规律性与指导性的命题里，还隐含了对教育文化的尊重。在发展与传承的视域里，是学校文化或所有学校成员的文化努力，以薪火相传的方式，书写着一个学校的教育发展史。

阎德明教授在《现代学校管理学》中提出："所谓学校文化，就是一所学校在长期的教育实践中积淀和创造出来的，并为其成员认同和遵循的价值观念体系、行为规范准则和物化环境风貌的一种整合和结晶，它表现为学校的综合个性。"

从文化哲学的角度来看，尽管文化的表象形形色色，但只有价值观才是文化的基础或核心。学校文化也是这样，是围绕着学校价值观建立起来的。学校价值观是联系形形色色的学校文化子系统的纽带，是学校建筑文化、制度文化、观念文化、行为文化等的精髓与灵魂。因此，学校文化建设，最重要的就是学校价值观建设；校长对学校文化的领导也首先表现于一种价值引领，学校的和谐程度取决于全体师生在学校价值观方面达成的共识程度。

学校价值观建设从具体的方面说，就是要解决学校日常生活中存在的价值观问题，既包括批判那些错误的价值观，也包括解决不同人群的价值分歧与冲突问题，并根据时代的要求，形成适合时代发展要求、反映时代进步趋势的新的学校价值观。

当前中国社会的文化变迁呈现出一种多元化的复杂状态：既深受文化全球化的影响，又存在着优秀传统文化复兴的契机；既唱响了主流文化的主旋律，也存在着文化多样性日益突出的事实；既出现了后工业时代或知识社会时代文化的萌芽，又存在农业时代与工业时代文化的明显特点。从价值基础来看，自由主义与社会主义、个人主义与集体主义、功利主义与理想主义、民族主义与西方中心主义同时存在、相互激荡。面对这种复杂的文化状况，学校文化建设当何去何从，学校文化建设应当担当起什么样的任务与使命，学校教育的基本价值观是什么，这是每一位教育工作者都必须深入思考的问题。

一个民族核心的价值观是由文化决定的，或者说核心价值观就是文化的精神体现。从这个角度说，建立一个学校的核心价值观，首先必须建立起一个学校的文化方式。从这种学校文化建设的大视野出发，今日之学校文化建设首先应该非常清晰地申明其文化与价值立场。

不重视文化建设的学校，不能成为高品质的学校。

没有文化的学校是另一种薄弱学校。

文化就是力量。它是精神力量与物质力量的复合体，是软实力的本质表现，也是硬实力的无形内核。文化是凝聚力、亲和力、渗透力和创造力的总和与根本概括。学校要获得持续性发展，就必须从学校文化建设这一原动力上寻求根本的方法。

学校文化：所从何来与所向何去

我们显然很难在一篇短小的篇幅里解决这么大的问题。我们试从具体的方面来谈所从何来与所向何去的问题。

俗语说，一方水土养一方人。人的本土性特征，我们不妨借用"原乡人"这一称呼来指称。一所学校，势必会因为汇聚了众多的"原乡人"形成浓郁的本土文化特色。因乡愁、乡情、本土历史传承形成的文化当是一所学校文化之源的重点所在，这是家国情怀的起点。而家国情怀，正是文化的重要内涵，不同的只是其表现形式，而不同的表现形式又因不同的地域文化背景而产生。每一个学校都不是空中楼阁，每一个学校都有其文化之根，每一种学校文化都不是抽象的。

在一所学校中，无外乎师生两种群体。这两者存在着文化的引领与被引领关系，同时又存在互为文化背景的关系。有一位校长，曾抱怨学生中大多是外来民工子女，觉得经济欠发达的地区，文化落后，特别是行为习惯、文化修养等让人难以接受，让她这个校长非常难当。殊不知，这样的学校，其文化资源比起其他学校来更为多姿多彩。来自不同地域文化背景中的学生，将自己的文化特色汇聚到这样一个小学校园，形成了这所学校的校本文化背景或所谓的"智力背景"，正是一个学校文化在市场经济背景下多元文化发展大有可为的地方。

有一位与笔者经历十分相似的高中语文教师，集教育、文学、批评于一身，非常希望自己成为中国世纪之交的叶圣陶式的人物，从而形成一种学校文化资源并以此打造一个学校的文化特色。然而，他的愿望落空了。学校需要的，不是他这种名师。

这种情形说明，当代很多学校，在应试教育的压力之下，鲜有时间与精力去进行文化建设，更没有意识到文化熏染这样的隐性教育决定了受教育者的素质形成。急功近利的教育，已经使学校文化苍白、畸形、扭曲。因而，这样的学校，是否是以培养出真正的大写的"人"来作为教育的终极追求就可想而知了。

另有一个靠剪纸艺术形成学校文化特色的学校，就是因为校内一位美术老师在剪纸艺术上的成就，因而引领了一个学校文化建设的方向。这种情况下，一把剪刀也能剪出一所学校的文化特色来。这不由得不让我们深思。

现在，在多元文化空间里，文化发展有了更多的可能。借鉴、移植与嫁接，已成为文化发展的重要模式，因而外来的文化资源也成为学校文化发展的重要来源。譬如，无锡市钱桥中心小学在1985年曾有十名小学生致信巴金，寻找理想。巴金先生写下了著名的《致十个寻找理想的孩子》，在全国引起了强烈的反响。钱桥中心小学在二十年后，巧妙地将这件事作为一种文化源头，实现了巴金文化资源的横向移植与嫁接，有效地打造出了一种理想文化。这一案例成为学校文化发展的一个重要范式。

现在，很多学校学洋思等名校，但我们思考过没有：我们移植与嫁接了什么？洋思经验，很多学校得其形了，但有没有得其神？那么多人学洋思，没有出现第二个洋思；蔡林森在河南永威学校三年，再造了一个洋思，这又说明了什么？

总之，学校文化存在着所从何来与所向何去的问题。

解决了这样的问题，学校文化建设就解决了根本的问题。

解决了文化所从何来的问题，接下来的问题才是：一个学校的管理者，是否具备文化意识和文化创造力，使学校文化发展不断向前推进。

每一个学校都要建立自己的核心价值观

[作者按] 在我的博客中，这篇文章显示是 2009 年 12 月发表出来的。在我的记忆中，发表时间显然还要再向前推。因为原文是我在 2007 年～2009 年于南京今日教育集团任《江苏科技报·今日教育》执行主编期间发表的。那么，写作时间，则就更要往前推了。

我为什么要算时间账，这里的原因，你可能稍想一想就会明白。我就不多说了。

价值观作为人们关于事物是否具有价值、具有什么价值的根本看法，是人们区分好坏、利弊、得失、善恶、美丑、正义与非正义、神圣与世俗等的观念，是人们特有的关于应该做什么和禁止做什么的约束性规范。那么，学校核心价值观的具体内涵应该是什么呢？

杜威曾经明确地说："学校主要是一种社会组织。"且"主要是一种培养人的社会组织"。因此，学校核心价值观在内涵上就应该是指学校这种培养人的社会组织所应当遵守的核心价值观。学校核心价值观说到底是一种组织的核心价值观。它要激励、维系和约束的并不是学校中哪一个个体或哪一类个体的行为，而是学校中所有成员的行为，是对学校中所有成员行为的期待、要求和规范。所以，著名的教育学者石中英教授认为："学校核心价值观并不是学校目标（目的或使命）或学校目标的一部分，而是实现诸多学校目标必须遵循的若干价值原则。它也不同于学生应该树立的核心价值观，而是学校在实现学生预期发展目标中应该反复应用和始终坚守的价值原则。"

学校的核心价值观有两个最突出的特点：其一，它是学校最重要、最根本、最有影响、最持久的信仰与追求。其二，它是学校每个成员共同的追求与信仰。因此，我们要看到，学校的核心价值观的选择与践行影响着学生核心价值观的形成，甚至有可能成为学生所终身奉行的价值原则。因而，学校在选择什么样的理念作为自己的核心价值观时，是一定要经过充分论证、长期摸索并得到理论的高度支撑。

我曾深入采访过无锡市蠡园中学，我发现，这所学校在发展过程中，坚守学校的核心价值观，并希望影响到学生，从而形成学生在校时的良好习惯并进而达到让学生终身保持这样的良好习惯，最终达成一种对学生的培养与塑造。

蠡园中学从创新机制入手，不懈追寻着"理想中的教育"，这一切，形成了蠡园中学的发展契机。基于这样的诉求，蠡园中学以"建设积极情态、追求高效学习"作为"蠡中教育"的核心理念，以"助生自助"的课堂教学改革，尊重教育的选择规律，帮助学生建立了一种追求理想、民主管理（选班而学）、积极情态、高效学习的价值追求。无锡市滨湖区蠡园中学从校长邱华国开始，整个教师团队以生长与发展所形成的教育生态，建立并维护学校在这过程中所形成的核心价值观，从而成为"现代学校教育的一道曙光"。可以说，学校所给予学生的，是终身性的影响。这种影响，其实，正是蠡园中学核心价值观的隐性作用与长远期待。这是一种教育设计，也是一种真正的教育策划。

所以，核心价值观，其实是学校为学校发展与学生终身发展所预设的一种教育愿景。有什么样的学校核心价值，就会培养出什么样的人才。如果某一所学校将平等、公正和追求卓越作为自己的核心价值观，那么生活在这个学校环境中的学生就很可能通过耳濡目染、榜样学习、生活实践等各种途径，感受、认识、珍视并自觉形成平等公正和追求卓越的价值品质。

所以，我们可以说，学校的核心价值观不是自然形成的，而是全体师生员工自主选择的结果，带有主观性的烙印，反映了师生员工共同的价值理想、教育追求和行动原则。邱华国校长所领导的无锡市蠡园中学，正是基于这种选择，从教学形态上，呈现出学校全部的核心价值体系，其分班而教、选班而学，体现了师生的双向选择。而这种选择，无疑，又是一个校长的教育智慧的结晶，同时也是一个学校所有员工的探索结果。从这个角度上讲，学校的核心价值，其实也可以说是一个学校教师团队的价值坐标。这种价值观，必须暗合人类基本价值与社会主流价值观，同时又必须将这两点和学校组织价值密切结合。

改革开放 30 年来，中国教育事业取得了令人瞩目的伟大成就。当前，我国中小学校的改革和发展正在步入一个新的历史阶段，越来越多的学校认识到学校价值观特别是学校核心价值观建设的重要意义和作用。很多学校也逐步形成自己独特的核心价值观。但是，我们也要清醒地认识到，就中国基础教育这个全局而言，大多数学校，无论是学校管理的外围问题还是学校管理的内核问题，当前都还远远没有很好地解决，其中根本的原因就是，没有真正建立符合自己学校发展的核心价值观。

而这一点，几乎成为优秀学校与普通学校的重要分水岭。

[注] 邱华国：1970 年生，2003 年起任无锡市蠡园中学校长（2010—2011 年兼任无锡南湖中学校长）。北京师范大学教育家书院兼职研究员，

无锡市名校长，无锡市中学语文学科带头人，江苏省教育督导团专家组成员。先后获得"中国'长三角'最具魅力校长""全国教育信息化创新管理校长""无锡市十大教育年度人物改革实践奖"等称号。在《人民教育》《中国教育报》《课程·教材·教法》等各级报刊发表文章近50篇，应邀赴上海、北京、台湾等全国各地作教改专题讲座近百次，出版有《校长责任：领导课程教学》一书。撰写美、加、德、北欧等欧美教育考察文章多篇。多年来致力于领导学校协同、系统变革，领导学校变"'分班而教'为'选班而学'"、"蠡风"信息化、学校课程系统变革等改革与创新成果在国内有一定影响，无锡市教育局、无锡市政府教育督导室于2008年曾联合发文向蠡园中学学习。邱华国现任翔宇教育研究院院长。

教科室在学校管理中的作用

——兼谈如何做好学校教科研工作

教科部门应该是学校开展教育教学的参谋部、信息部和指挥部，它是以"组织、指导、培训、研究、评价、影响"等几方面介入学校管理的。

然而，现实中的学校教科部门可能是所有职能处室中最为尴尬的一个科室：它既不像政教部门，以班主任工作与学生管理工作为重点从而参与到学校管理中；又不像教务部门，以课程设置及管理为重点，成为学校的重要管理部门。在很多学校，教科室大多是一种摆设与点缀，真正认识到教科室作用的，可以说鲜有其人。即便是一些知名校长，靠丰厚的科研成果走上管理岗位的，也不能正确认识教科部门的重要，对科研工作采取了不必要的挤压与打压。一些反对"伪科研"的呼声，又使得很多人对真正的科研缺乏辩证的认识。

目前，教育科学研究在部分中小学之所以能得到深入的开展，主要是因为中小学职称评审中强化了对论文的要求，这一点使得中小学教师参与教育科研的愿望越来越迫切了，但是，大多数中小学教师对教育科研的认识也仅仅是停留在写论文这一层面上，至于在一个教师的职业生涯中应该有参与教育科研的实践体验与快乐，则很多人都未能充分意识到。

其实，教育科研的价值不在于出几篇文章，其核心价值在于：通过教育科研转变观念，提高教育教学能力和水平，真正能够探索出适合自己也适合学生，更适合学校事业发展的教育教学规律，使教师确立起正确、科学的教育科研价值观。如果由此形成学校的科研文化机制，形成教师本人的科研品质与文化人格，则是科研的最高目标。从某种意义上讲，这是一种更高意义的学校管理和人力资源管理。

更多的人认为，学校教科部门的工作应该为教学服务。

这种观点，乍看起来，没有任何问题且经得起推敲。但细细想来，教科部门如果只有这样的职能，那么，教师的专业成长、学术引领、教育改革与创新等任务又如何完成呢？再有，如果仅仅为教学服务，而教学的定位只在于应试的话，那么是不是可以说教科部门只是为考试服务？

教科研是不能落入到这一功利层面的。教科有务实的一面，更有务虚的一面。务实，乃为教学服务，用以研究教学，指导教学；务虚，则不但要研究教育，还须影响学校的决策，形成学校的科研氛围，决定学校的发展方向，形成学校的文化品牌。

应该认识到，教育科研应该首先是一种管理，而这种管理则是一种具有科学与人文高度的彻底的以人为本的管理。这种以人为中心的人本管理同时也是教育科研管理的核心和发展方向，是塑造创新型教育者的成功妙法，是提高教师的生命价值的科学管理方法。这是一种对管理对象在自觉遵守规章制度的基础上所进行的较高层次的管理，始终把教师放在核心位置，追求教师的全面而健康的发展，充分调动教工的积极性和创造性，使教育科研获得效益的最大化。

应该看到，这种人本管理是一种需要。"需要"是指有机体在生活中感到某种缺乏而力求获得满足的一种内心状态，它是人的"全部行为和全部心理活动"的基础。教师作为特定的群体，有其特殊的职业特点，物质待遇并不是他们唯一的需求，他们更希望得到人们的尊重和自我价值的实现，尤其需要一种经过升华的超越职业的人生境界。同样，对于学生，自尊需要的满足能够使他们产生一种自信，觉得自己在这个世界上有价值、有实力、有能力、有用处，从而大大提高其学习积极性。这些，都应该是教育科研应该首先解决的问题。同样，目标的设定，也是科研部门为学校发展设定的管理任务。确立的目标对个体越有意义，越能满足个体需要，实现的可能性也越大，对个人的激励作用也越大。对学校而言，学校发展同样需要目标的设定。教育科研管理中要实现目标激励，首先目标确立要适度，使目标既富挑战性又具实现性，能建立起一种良性激励机制，使师生在教学活动中寻找到动力和积极性，更有利于学校与教师的发展，使学校形成自身的科研发展特色与文化特色。

教科的意义还不仅仅止于此。

教育科研，能够造就优秀的领导者。教育科研的人本管理，是理性意识、情感体验、价值观念和实践规范的科学管理。一个校长，如果同时又是教育科研的第一责任人，那么，一个学校必然会因为这一优秀的领导者而成为海内名校。这样的例子，在教育界俯拾皆是。校长素质如何将直接影响学校教育科研能否健康、规范、有序地开展，也同时直接影响着教师群体的成长向度与成长高度。这种情形下的校长不仅要具备一般领导者的品质，如忠诚于教育事业，作风正派，廉洁自律，谦虚谨慎，埋头苦干，组织能力强，知识广博，心理素质良好等，还必须具有勇攀高峰的素质，如思维敏捷，锐意进取，开拓创新，敢于向风险挑战，百折不回等品质；同时又必须具有求真务实和具有宽容精神，重视精神科学和研究，他们是教育家和心理学家的结合，是科研学者和社会学家的结合。他们还具有直观力、想象力、洞察力、判断力、应变力、决策力、预见性等能力，有社会责任感，更具有巧用人才的才能，具有知人善任的慧眼和胆识。而这一切，都是科研或者科研决策所赋予学校领导者的品质。一个成熟而优秀的教科部门，是能够影响校长及其他学校领导者具备科研战略眼光和科学发展意识的。

所以，从务虚的角度看，教科部门的第一工作，便是为学校决策提供科学的理论依据，左右或者影响学校的发展方向。

所以，研究学校现状，考虑学校的发展方向，这一类看似与教学脱节的工作，恰恰是教科部门的主要任务。

具体地论述这一问题，我们还可以举校本培训的例子。

很多学校的校本工程为什么没有落到实处，或者无法形成体系，缺乏计划性与可持续发展的能力，就是因为教科部门无法为决策层提供丰富的校本素材，无法以科学发展的眼光设定学校的特色目标，无法为学校的历史提炼出独具特色的文化内涵。做不到这一点，校本资源转化为校本教育资源可能就落空了。而由校本教育资源形成校本课程的工作，则更缺乏逻辑层面上的提升与提炼。

教科部门的这些特质，大概不是所谓"点缀"说所能涵盖的。

当然，这里一个敏感的问题是课题研究。可以说，教科部门形象的尴尬，多数是因为课题。中国大多数的教育课题研究，没有注重实效，没有结合教师的专业成长，很多都存在着假大空的现象。有人说"开题轰轰烈烈，过程松松垮垮，结题漂漂亮亮"，是很有道理的。课题大而无当，不着边际，既没有结合教学，更不具有指导教学的功用，便使得课题研究为大家所摒斥。而教科部门一个最重要的职能便是课题研究与鉴定。如果教科部门能帮助校长室对课题研究的规划、论证、实施、总结等各环节加以督促指导，对工作中出现的问题，进行具体的指导分析，并共同研究解决的方法，并且，努力将课题转化为学校特色的东西，从而形成学校内涵发展之中的文化积淀。这样，教科部门不但不会得如此恶谥，而且会成为教师向往、管理者倚重、学校事业发展不可或缺的职能部门。

美丽的校园所遮蔽的

从教以来，特别是转型为媒体人以来，我走访了很多学校。在很多学校，我流连忘返于校园的美丽，而在流连之际，有时候会有一种莫名的感伤涌上心头。

当然，有时候也会有一种感奋。记得在江阴华士国际学校采访时，那美丽的校园让我陶醉，而校长吴辰和夏青峰介绍到他们的校园时，语气中也流溢出一种自豪。因为，华士实验学校国际部那漂亮的楼宇与美丽的校园是在地方经济飞速发展之际，学校巧妙利用这一经济形势与发展平台，举办自己的校办企业，靠自己的智慧与汗水挣得了上亿资产后兴建的。面对自己的家当，两位校长内心充满了由衷的喜悦，而参观者，则无法不被他们所感染。

至于其他一些名校，则让笔者涌起一种非常复杂的情感。譬如南京一所名校，是我自小就心向往之的，在参加长三角校长高峰论坛之时，我有幸走进这家学校，然而，当我在它那美丽的校园里逗留时，我的心头却有着一种莫名的酸楚：这座学校太美丽了，美丽得让人心酸——之所以心酸，是因为我想到了更多的乡下孩子，他们可能做梦都无法想象到世界上有这样美丽的天堂般的校园。那个美丽的学校一角，便足以让一所乡下的学校起死回生或者可以建造起几所希望小学。

有很多地方，可能经济非常贫穷，然而，校园却非常美丽。我们在淮安采访时，当地的人们也自豪地告诉我们，在他们这里，最美丽的地方就是学校。

当然，一些经济贫困的地方，让学校先漂亮起来，这是让人感到欣慰的。然而，当更多的学校特别是学校的大门，一个个地在"豪华""豪奢"上做文章时，我实在想问一句：校园真的需要这么美丽吗？或者，校园真正的美丽，是在她的建筑之美吗？

再有，在这美丽的校园背后，是不是遮蔽着一些我们所看不到的东西呢？

譬如说，有些美丽的校园，可能联结着的就是肮脏的交易。投标、竞标也许只是一种过场与形式，真正的交易已经在私底下完成。一些学校的校长，放着教育不抓，只抓建筑，这里面的利益驱动不得不令人生疑。

还有，一些美丽的校园，只能标志着一种教育资源的过度占有。而过度占有就是一种浪费，就是一种教育资源的不均衡。更何况，与这种美丽的校园无法相提并论的是，这一些美丽的学校并没有能培养出与这种美丽等质的优秀人才，也同样没有让一种真正美丽的教育在这种美丽的校园产生，即便是就应试教育而论，那些拥有最优质教育资源的学校，反而未能在高考之中涌现出最优秀的考生。因而，笔者认为，这些美丽学校的校长和教师，在面对自己美丽的学校时，应该心生一种惭怍！他们享受着风光，却未能做出与这样的风光相媲美的教育业绩。而一些学校如著名的杜郎口中学、后六中学，这些学校，可能现在的校园仍然是非常不堪的，但他们却创造了教育的奇迹，拥有着教育真正的美丽。

最近，记者在采访无锡市洛社高级中学时，也深有感触。按说，为了申报四星级学校，这所学校完全可以模仿一些名校，借转星或申报之际，大搞建筑。不论举债多少，也不管会增加学校多大的经济压力，我做校长的只管申报，只管大搞建筑。至于学校所欠债务，校长我可以潇潇洒洒不闻不问，一任两任期满，又可以到其他地方高就了。可是，洛社高级中学的校长孙建军却没有这样做，他只用了 71 万元的启动资金，便完成了学校 400 米、8 道次塑胶跑道的打造，同时，借鸡生蛋，给旧的楼宇穿上了外衣，然后进行室内装修，以达到申报四星级学校的要求。

我觉得这也是一种教育的美丽。

早有人讲过，大学者，非大楼也，乃大师之谓也。对教育而言，又何尝不是如此：学校之美，美在教育本身，而不是美在楼宇；美在学校深厚的文化底蕴，而不是美在那种满溢着世俗之美的豪华；美在一种教育品质的高贵，而不是美在那种刻意装扮出来的贵族气派。

奉劝那些拥有美丽的校园的校长，多多思量自身的教育职责！

关于转制学校

随着我国教育体制改革的深入，尤其是随着学校教育经费来源的多样化，我国学校性质开始出现多样化。除公办学校和民办学校之外，还出现了不少介于二者之间的中间类型的学校。这类学校，目前还没有形成完全一致的名称。这些中间学校如果依据举办者和运行机制的情况可以称为"公立民办"学校或"私立公办"学校；也可以依据学校的所有权和经营权，称这类中间学校是"国有民办"或"民有公办"；这类学校实际上都是所谓的"转制学校"。

应该看到，由于这些学校的转轨，进一步促进了民办学校向着一种健康有序的方向发展。这对我国教育的发展、对很多富有挑战精神的教师来说，无疑提供了一种更为广阔的空间。

但情况的发展并不容乐观，2002年北京两会期间，全国政协九届五次会议的委员们则对转制学校表示了强烈不满，要求对公立学校转制亮"红灯"。《中国教育报》等多家媒体立即作出了反应。3月7日，《中国教育报》头版位置对此进行了详细报道。

应该如何看待委员们的意见？又应该如何看待一些人对转制学校的不满？我们觉得，首先还得从人们的观念上进行阐述，要辩证地看待这一问题。任何一样事物总是由不成熟走向成熟，由不完美走向完美的。其次，我们还应该看到，在改革中，总有一部分人期求安于现状，自觉或不自觉地抵制改革、抵制竞争。

但这并不意味着转制学校本身没有任何问题。

对于转制学校，我们应该看到，它的发展已经因其自身的问题而受到某种瓶颈的制约了。很多转制学校的发展，似乎已经远离了政策制定部门、家庭、学生以及部分学校管理者及部分教师的初衷，导致社会对此产生了强烈的反响。

笔者将从有关政策背景、学校内部运行等两方面谈一谈转制学校的问题。

一、 有关转制学校的政策背景

转制学校是在我国社会主义初级阶段在经济社会发展过程中出现的特定历史产物。国家将"公办学校"拍卖给个人或其他民间办学机构，其前提是被"拍卖"的学校继续作为公益性的、非营利性的教育机构存在。"购买者"按学校资产的价值一次性或逐年全额偿还给国家。

从理论上讲，转制学校有很大发展前景。国家和政府把"国有公办"学校按照有法律效力的程序，交由有法人地位的社会团体或公民个人承办，学校教育资产及以后资产增值仍属国家所有，而教育事业费和日常运行经费的全部或大部分由承办者依法筹集和投入，承办者享有社会力量办学的政策权利和办学自主权，形成一种既不同"国有公办"也不同于"民有民办"的独特办学体制。而转制学校的"国有"性质没有发生改变。它实际上拥有着上述两类学校的全部好处。发生改变的是，筹集和投入学校日常运行所需经费由"国家"转移到承办者身上，运行机制和管理机制发生了变化。因此，转制学校可以成为办学体制改革的基本形式和我国基础教育改革的重要走向。

20 世纪 80 年代以来，国家围绕着办学体制改革问题等方面的教育改革与发展的法律法规文件，大体经历了如下三个阶段。

第一阶段，鼓励、允许社会力量办学。1982 年，新修订的《中华人民共和国宪法》规定："国家鼓励集体经济组织、国家企事业组织和其他社会力量依照法律规定举办各种教育事业。"1985 年，在《中共中央关于教育体制改革的决定》中，在关于基础教育管理体制改革和发展职业技术教育问题上，明确提出要"鼓励、指导"社会力量办学，要调动社会力量办学的积极性。此后，出台的一系列关于教育的法律、法规文件，都贯彻了这种思想。1986 年颁布的《中华人民共和国义务教育法》也明确规定："国家鼓励企业、事业单位和其他社会力量，在当地人民政府统一管理下，按照国家规定的基本要求，举办本法规定的各类学校。"这种政策背景下，各种社会力量举办的学校不断出现。但一直到 1991 年，社会力量举办的学校还只是属于助学性的民办高等教育以及各种职业技能培训和文化补习教育，均为非学历教育，并没有进入学历教育和各级普通教育。这一时期的办学体制改革实践，实质上没有进入办学体制改革的核心，没有涉及学历教育，更没有触及公办学校。

第二阶段，提出建立"共同办学"的体制。1992 年初，邓小平南行讲话后，以建立社会主义市场经济体制为重要标志，我国改革开放的步伐进一步加大，以办学体制改革为重要内容的教育体制改革不断推进。1992 年，《全国教育事业十年规划和"八五"计划要点》中提出，"为满足社会日益增长的需求，要逐步建立以政府办学为主的社会各界共同办学体制，这种体制大体设想为：学前教育以社会各界办学为主；中小学教育以地方政府办学为主；职业技术教育和成人教育，除部分骨干学校由政府办学外，在当地政府统筹、支持下，城市主要由行业、企业、事业单位办学和各方面联合办学，农村由多方集资办学；高等教育以中央和省、自治区、直辖市两级政府办学"。1993 年初，中共中央、国务院发布《中国教育改革和发展纲要》，针对办学体制改革问题做出了重要决策："改变政府包揽办学的格局，逐步建立以政府办学为主体、社会各界共同办学的体制。在现阶段，基础教育应以地方办学为主；高等教育要逐步形成以中央、省（自治区、直辖市）两级政府办学为主、社会各界参与办学的新格局；职业技术教育和成人教育主要依靠行业、企业、事业单位办学和社会各方面联合办学。"首次明确了国家对社会力量办学的"十六字"发展方针——积极鼓励、大力支持、正确引导、加强管理。在此政策背景下，办学体制改革的实践冲破了非学历教育的界限，开始进入各级各类学历教育。从1992年起，全国出现了大批的社会力量举办的普通中小学校，到1998年底，全国有民办小学2504所，普通初级中学1272所，普通高级中学874所。此外，办学体制改革还直接深入到了公办学校。1994年，国务院发布《关于〈中国教育改革和发展纲要〉的实施意见》中明确提出，可以实行"民办公助""公办民助"形式。随之转制改革和转制学校成为办学体制改革的热门话题。《关于〈中国教育改革和发展纲要〉的实施意见》和《中国教育改革和发展纲要》客观上成为转制学校进行体制改革的重要依据。

第三阶段，进一步确立转制学校及民办教育的地位的文件是1996年发布的《全国教育事业"九五"计划和2010年发展规划》。这一重要文献中提出了"公立学校和民办学校共同发展"的改革思想。1999年初国务院批转教育部《面向21世纪教育振兴行动计划》中提出："今后3～5年，基本形成以政府办学为主体、社会各界共同参与、公办学校和民办学校共同发展的办学体制。""共同发展"的提法进一步肯定了民办教育的地位，表明了办学体制改革进一步走向深入。同年6月，《中共中央国务院关于深化教育改革全面推进素质教育的决定》中再一次强调了要"进一步解放思想、转变观念，积极鼓励和支持社会力量以多种形式办学，满足人民群众日益增长的教育需求，形成以政府办学为主体、公办学校和民办学校共同发展的格局。凡符合国家有关法律法规的办学形式，均可大胆试验。"这一决定点明了转制办学的全部目标与意义，为今后我国教育提出了明确的发展方向，也为各地制定民办教育的发展规划和政策，提供了充分的理论与政策依据。应该看到一点，伴随着我国经济体制改革和教育改革与发展不断走向深入，转制学校的教育与办学逐步向系统化和可操作化方向发展。

转制学校的介入，形成了共同发展格局，满足了人民群众日益增长的教育需求，进一步激活了教育市场，使优秀生源与优秀师资力量通过市场调节的方式达到最优化的组合。但这一过程中却出现了一些令人遗憾的偏差。那些从完全中学剥离出来的初级中学或者是从完全中学剥离出来的高级中学，随着办学的深入，已经不同程度地背离了转制的初衷。转制在很多时候只成了一种借口与装点门面的东西。一张办学证实际上成了一些人中饱私囊的通行证。

笔者曾经深入走访过数所民办学校及转制学校，我们觉得，转制学校的经验与问题往往都带有原先公办学校和私立民办学校的特点。直言之，就是转制学校具有公办学校与私立学校双重的优点，但所存在的问题也同样是双重的。

更为严重的问题其实也许还不在这里。先以私立学校而论，这类学校虽然表面上都遵照了《教育法》的规定，不以营利为目的，但实际情况是，一些不法商人与个体老板，规避法律，逃避税收，在举办教育机构时，盈取了高额暴利，在短短的时间里迅速致富。转制学校在诞生之初，是否怀有这种致富的目的，固然不可一概而论，但可以肯定的一点是，在面对竞争时，一些公立学校转制，实际上也是为了迅速占领市场，达到与私立学校平分教育天下的目的。教育在产业化的过程中因此出现了一些令人微喟的地方。关于转制学校的产权、投资、回报、师资队伍建设和学校管理等方面问题越来越成为人们关注的焦点。

二、 有关转制学校内部运作问题

（一）学校资产风险问题

与民办学校一样，学校资产的风险问题是转制学校所面临的最大问题。在抗风险的能力方面，转制学校有着先天的优势，它所依托的背景是私立学校所不具有的。转制学校也正是在吸取了私立学校这方面的教训之后，才开始它的转制与运作的。这就使得转制学校在这方面有着私立学校所不可能有的优越性。但是我们仍然要看到，风险问题其实也是一个很辩证的问题，不充分考虑到风险问题，转制学校的生存就会出现大的问题。对转制学校而言，可能更需要管理者与教育工作者具有风险意识。

转制学校将原来国有学校单一的财产组织形式与资产管理体制处于低效运营甚至是无效运营的状态给予了激活与重组，从这一意义上讲，转制是一种教育的必须。从某种意义上讲，转制学校首先实行的是教育产权革命，它打破了原有的产权结构而实现了教育资源的优化组合。在教育资源优化组合与配置之后，学校将原有的教育资产充分地利用起来并达到了最好的效用。

但我们应该看到，国有教育资产重组并不仅仅是指产权结构的改变，也不单纯指学校资产或闲置资产的激活，它的重要标志之一其实是一种产权的转让与分割。它可以是租赁方式，也可以是股份制方式，也可以是兼并方式，还可以是一次性买断方式。当然也可以是其他方式，如新的产权人与政府联办、合资等等。

一般人往往看到的是这种运营方式导致的国有资产流失。其实，这不是主要的。甚至，我们还要看到，在转制以后，一些转制学校已由新产权人注入了新的资本。我们应该看到转制学校在资产重组之后客观上形成了新的教育活力，具有强大的市场竞争力。

但在重组过程完成之后，新的转制学校出现，便不可避免地存在着下列几种风险——原有的国有资产流失的问题、原有的教育品牌效应消失、学校无形资产流失、外部竞争势态的加剧而造成的生存压力、学校教师跳槽带来的教育秩序不稳定而导致的教育资源的损耗等等。

解决风险问题，一方面固然需要外部环境中来自政府的政策支持与倾斜，但同时不能忽略的还有社会的舆论导向。目前，转制学校已有一部分因改革阻力较大而重新回到转制以前的体系。这里有社会舆论的作用，也有因转制学校高收费而带来的负面影响的作用。

社会舆论普遍认为学校固定资产与无形资产已经流失，因而出现民愤。这种因不明转制学校运作规范而形成的错误认识相当普遍。政府行为、社会传媒、学校宣传部门都有义务为转制学校进行正面宣传。应该看到，大多数转制学校集中了最优化的教育资源，通过各种渠道与手段聘请国内外的优秀教师也应该看成是优质教育资源的重组。这些经过重组的学校资产，从硬件到软件都是转制学校的品牌，是这类学校赖以存活的最基本的东西。也正是这些教育资源的优化配置、优化重组使得教育对象获得了截然不同于以前的高质优质教育，或者说教育消费者得到了最优化最高质的教育服务。为获取这种优质服务，消费者比过去花了更多的教育费用，从道理上讲是正常的。事实上，很多转制学校在给教育消费者带来高质教育服务时，也并没有比过去收取更高的费用。这里面有一个意识转变的问题。在学校内部，管理者们往往要求员工教师树立教育服务意识，但是外部的教育消费者们没有能意识到教育是一种服务，自身则是一种教育消费者。当然这里有没有悖于《九年制义务教育法》的地方，笔者觉得是可以探讨的一件事。但社会、家庭必须树立起的一个概念，便是在市场经济的今天，在一切都通过市场运作调节的时候，教育实实在在已经是一种消费或者投资。社会反响，以及对转制学校的抵制，实在是没有真正地认识到转制学校的本质的方面。我们认为，对教育消费者的高额收费现象可能是存在的，但另一方面，对教育对象的最优化教育也是其他类学校所不能实现的。

连带这一问题还需要论及的是转制学校的财务管理。

私立学校由于家族管理的特点，财务部门的人除了政府委派的会计以外，对外的采办大都是由办学者及办学者的亲属操作。这就使得私立学校的采购方面的开销更接近商品的底价。即便是有回扣，这些回扣都不会落入他人手里，而是牢牢控制在办学者手中。资金的管理相当出色。这一经验值得借鉴。

转制学校这方面的问题比较多。转制学校仍然存在吃回扣现象。虽然有些转制学校已经实行政府采购的方式，但暗箱操作的情况还是屡见不鲜。一些采办人员，与商家存在着很为密切的关系，他们是学校中的一些大得益者。这客观上伤害了在一线工作而为学校的发展做出了贡献的教师。转制学校在引进资金、设备购置、兴办产业等方面有着公立学校的全部特色。至于获得银行提供的贴息贷款和贷款担保方面也大多不是以学校的办学成绩与在社会上的影响作为担保的，很多情况下还是以某种社会关系获取的。

一些转制学校并没有具备像私立学校那样的办学条件，但在学生收费方面却与私立学校有着某种相同特点。而且，在规避物价部门的审计中，转制学校有着公立与私立学校都不可能有的便利。凭借着原先公办学校所形成的良好声誉，仅仅依靠薄弱的校产资源，却拥有着无边的优惠，招生优先，招师优先，在抢滩教育市场的过程中，有着比任何一所公立学校与私立学校更强的吸引生源的手段，造成校与校之间的不平衡。这其实是一种财务管理的真空状态。这些学校其实都还是运用行政手段，将地方上的优质的教育资源调配到转制学校中，既享有双重的优惠政策，又吃着皇粮，同时在教育市场上又是风光无边，占尽好处，在急剧地形成有形资产的同时，因管理的漏洞、办学的不力而使固定资产受损、无形教育资产流失。

财产管理所带来的弊端直接影响了纯粹的民办学校。有些转制学校实质上就是所谓的假民办学校。私立学校是公民个人举办的独立的学校，但是，作为一种社会力量，在教育资源上，它应该得到相应的生源，这样才会形成办学校形式多元化所带来的活力，不致使教育资源浪费，形成一种真正的共同发展。当然，我们也发现，很多转制学校由于地方上对名校的帮助与扶持，也程度不等地受到一些伤害。最典型的是生源质量不高，但教育评价却没有任何改变。而在社会舆论方面也多少不等地对转制学校存在着不利的方面。

因而，恶性竞争便在所难免。而恶性竞争的结果就是学校资产处于一种高风险的状态。学校资产损耗过大和学校资产闲置，都是风险的表现方式。

（二）关于教师风险问题

教师风险属于学校内部风险问题。学校内部风险是多方面的，我们择其中一点讨论。

教师风险关涉转制学校的生存与发展。

转制学校与其他类的民办学校都存在着教师风险问题。相对而言，从教师的稳定性方面，公立学校教师的流动性远远小于转制类学校，转制类学校又远远小于私立学校。公立学校虽然有被"挖人"的危险，但教师在稳定因素方面却没有太大的忧虑。

教师工作风险其实是由学校资产风险带来的。教育资源优化组合，其中最主要的教育资源就是教师。即便是避开这一点，我们发现，对优化后的教育资源的使用，仍然是教师。如果教师不能适应这种优化的环境，不能在这种优化的教育资源系统内为教育消费者提供最优质的服务，工作风险也就势必出现了。这就要求教师适应新的转制制度，使自己的教育教学达到最优化，如果不能达到这一点，教师就可能面临失业的危险。

风险意识的存在，对教师的工作与学校的事业发展会产生一种良性刺激。从教师角度看，没有风险意识，就既不会对自己的工作负责，也不会对自己的工作提出更高的要求，当然也就不会对学校负责。这种状态下的教师很难有一种学校主人翁的感觉。这种感觉状态下，教师最多只是做好分内的事，而那些似乎是与自己无关的德育工作与管理工作就不会去过问。那么，以这样的教师来作为转制学校的教师，就很难体现出和过去未经转制的学校的区别。其实，在转制学校里，每一个教师都既是教育者，也是管理者。也就是说，教师既是优化后的教育资源，同时也是优化后的教育资源的管理者。因而教师对自身的要求，也应该比过去有重要差别。

因此，风险意识的存在，对一个教师以及对学校的管理者来说，同时具有着双重意义与双重价值，这就是：风险意识能够帮助教师和管理者找到一种成功的感觉，形成一种对自身价值的积极的评估。这种由风险意识带来的良性心理准备，对学校事业与个人事业的发展与提高有着很大的帮助。

竞争社会优胜劣汰，适者生存。当改革进一步向前发展，当教育机制正进一步科学化、合理化，教育天地里已经没有了抱残守缺者的生存空间，更没有了不思进取者生存的可能。竞争是残酷的，但另一方面它也意味着公正。所以，从这个意义上讲，一个学校在走向教育市场的时候，它面临着与其他学校的竞争；一个教师，则要面对着与其他同行的竞争。而从教师与学校的角度来看，可能一时一地会避免一些竞争，但在一个大范围里，或者说在一定的时候，这种竞争是不可避免的。一个学校要发展，不能再死守着过去的那一套；一个教师要发展，也必须要不断充电，才能适应这种新的教育生存空间。而没有了风险意识，学校的发展与教师个人的发展都将是空谈。

但正像法律中的权利与义务是对等的一样，在风险这个问题上，学校与教师面临同样的风险。这就是说，作为一个集体的学校与作为一个个体的教师，在这方面是平等的。法制社会，这一点将越来越明显。

从有关材料看，在民办学校的用人问题上有很多弊端。很多私立学校在用人制度上有一种短视的自杀行为，对师资水平的整体提高、对教师的人文关怀，存在着很严重的问题。学校既不重视教师的进修与提高，同时，出于利益的考虑，私立学校大都聘用一些年轻教师或者返聘一些退休教师。因为这两类教师的劳动力价值比较低廉。这些教师要么教育经验不足，要么教育观念落后。对学校的长期发展不可能起到很大作用。同时这些教师的收入比较低，迫使他们在工作不长时间后就另找婆家，形成这类学校教师大面积频繁流动。这对稳定教学秩序，提高教育质量是极为不利的。同时，因为流动性过大，很难让教师产生对学校的感情与对学生教育的责任感与神圣感。转制学校在这一方面持一种扬弃的态度，实行以人为本，文化关怀，对教师的合理使用及它的有关酬薪比较能够让人接受。

我们应该看到，一个不能对教师负责的学校不是一个好学校，而一个不对学校事业负责的教师同样是对自己的不负责任。这样的教师并不是一个好教师。所以，转制学校应该激发教师产生一种以校为本以生为本的教育情怀，对学校与学生负责。而要这样做，我们认为，应该将学校与教师放在同一个层面与角度上，让学校和教师都面对着共同的东西：同样的教育市场、同样的教育风险。使教师深切地明白一点：学校发展，我们个人才能得到进一步的发展；个人发展了，才能保证学校的发展。这里已不仅仅是校兴我荣、校衰我耻的问题。学校的发展依靠着教师群体的努力，师资质量的进一步提高，则必须依托着学校的科学管理与一流的硬件设施。两者血肉相连，互为表里，互为因果。这对培养教师去除功利心，增强责任心，形成事业心有着莫大的帮助。客观上说，很多教师跳出原单位，走进私立学校与转制学校，更多的不是因为利益的驱动而是为了要寻得一个事业的空间。转制学校如果能透彻地把握了教师的这种心态，那么学校的风险会小得多，而不致像一些纯粹的私立学校会因为短视行为而使学校夭折。

（三）关于用人制度的双优双失

当我们讨论完转制学校教师工作风险之后，我们就能立即意识到另一点，那就是用人制度上，转制学校有了很大的改革举措。人事是一笔很大的教育资源。我们欣喜地看到，转制学校在利用这一教育资源方面，达到人尽其才的地步。

但是转制学校的特点决定了在用人方面还有很多应该改进的地方。

转制学校在用人上的一大优点就是打破了长期以来用人制度的坚冰，校长可以自主用人。而且，因为学校背后有政府与教育主管部门的支撑，它就比私立学校的用人有着更大的优势，譬如，转制学校在招聘教师时，可以向教师承诺很优厚的福利待遇，而且，还能解决教师的各种比较闹心的后顾之忧。譬如说，它可以解决人事关系，可以调进户口，可以承办各种福利与保险，可以就近解决子女的入学。在这一点上，它有着比私立学校更大的便利，因为私立学校纯粹的私立性质，带有很大的封闭性，它无法与地方上取得很大的合作。因而，这些问题是私立学校无法解决的。另一方面，转制学校的教师在工资待遇方面却完全可以享受与私立学校教师一样的高薪。

但我们也应该看到，私立学校的用人制度是很有自主性和灵活性的。干部能上能下，各个岗位通过竞聘上岗。能者上，庸者让，不能者下，已经成为管理者与被管理者的通识。而这一点，在公办学校是无法得到保证的。公办学校的用人制度存在着致命的弱点，宗派主义、小山头、裙带关系等等使一些不正之风能够潜滋暗长，一些基层公办学校、乡村学校这方面的弊端尤为明显。长期存在的积习、观念不解放、人事关系复杂，使得一些确有真才实学的教师得不到发挥，教育管理模式落后，教育资源严重浪费，致使这些学校处于一种教育教学无序状态。当真正的竞争被引入到教育机制中时，这些学校的存亡显然已经成了一个非常大的问题。

转制学校从根本上摆脱了这种状况，显示出强大的生命力。但我们还是应该看到了转制学校存在着用人方面的不尽如人意之处。

转制学校的师资来源比起一般的私立学校来要复杂一些。一部分教师是原来学校里的，一部分教师则是通过招聘方式从全国各地招聘过来的。这就自然形成了教师的两大部分。但这两部分的权重非常不同。转制学校以原先的学校为主体，在此基础上进行了人员的重组。这就不可避免地带来了因本土文化占主流而出现的本地教师占着主体位置的现象。教育管理者们也大多是本地教师。从外地教师角度看，这些被挖过来的教师，虽然都在当地属于教育精英，但一旦进入转制学校，便存在着与本土文化的磨合问题，有些时候因教育观念的差异还不可避免地存在着碰撞。这种磨合与碰撞有时很快会结束，但有时也会很长时间还不能完全磨合。转制学校很少搬迁，仍然在地方上，地方上的一些社会关系与影响力还是渗透到学校的管理中。因而，虽然从根本上杜绝了人浮于事、用人失当的毛病，但并未能彻底根除。而在对外来教师的使用上，则存在着方方面面的阻力。因为部分教师的人事档案关系不可能一步到位，学校替这些教师建档又要缓一段时间，因而这部分教师的使用就显得差强人意。这就又使得转制学校的教师不可避免地出现了私立学校的特点，那就是一年一度的大量的流动。教育是一种长期行为，它自有其相对的稳定性。而这样的教师流动，客观上影响了学校的教学常规管理，在社会上也会产生相当的负面效应。其实，我们清醒地看到一点，很多私立学校的管理虽然有着某种家族管理的特点，但私立学校还是能做到人尽其才。转制学校的人事任命还是一种政府行为，一定程度上校长并不能完全放手用人。在对待教师工作质量考核的问题上，一般说来，外地招聘过来的教师如果出现工作上的失误，那么，校长会毫不犹豫地解聘，而本地教师出现再大的问题也不会被炒。本地教师仍然端着铁饭碗，他的人事关系由教育局主管，用人学校无权解聘这类教师。

私立学校不存在这种问题的原因是，私立学校的所有教师全是外聘的，是一个新的集体，或者说，整个学校的文化是以一种混杂型的人文特色出现的。甚至从教育对象上看，也都不是以来自某一个地方为主。

在转制学校中，异地优秀教师加盟后应主动适应本土文化，尽快缩短与本土文化的磨合期。但更重要的一面是本土文化如何更好更主动地吸纳异质文化区域的教育工作者。碰撞是双方面的，磨合也应该是双方面的。主动吸纳与文化兼容的重要意义也是不言而喻的。特别是教育上的兼容并包意义更加重要。而从另一个意义上讲，碰撞的意义可能远远大于磨合的意义，从文化冲突这个角度讲，无论何时何地，凡出现文化碰撞，便意味着文化碰撞后必有一种文化的大融合与大繁荣。海纳百川的真正意义其实应该在这里。

要之，用人方面，转制学校有着公办学校与私立学校的双重优点，但也不可避免地出现了这两类学校的双重失误。笔者认为，如果转制学校想要更好地生存，力避教师的大量流动，是至关重要的。而要做到这一点，转制学校在用人制度上必须进行最本质的改革，在用人上，必须做到面对的是教师群体而不是教师的地域与籍贯，同时要做到以同一视角与同一层面去考察所有教师，以德才兼备作为用人的唯一标准。学校以发展留人，以机制、待遇留人，总不及这种文化意义上的以人为本的文化关怀留人。

（四）关于人事管理的思索

这应该是上一章节应该讨论的内容，但由于人事管理是转制学校最重要的方面，因而，笔者想就这个问题再作进一步的探讨。

转制学校的管理者大多还是原学校的。这就带来了另一个问题，原先的管理者实际水平与能力可能都并不高于外聘教师，但现在却理所当然地是学校的管理者，占据着学校的重要管理岗位。除了这一不平等以外，管理者对本地教师与对外聘教师显然不是用着同一个尺度评价。同时，由于管理者是本地教师，在课务安排与学生分班上存在着某种程度的不均衡，但在教学评价中这些因素却大多不在评价之列。可以想象的是，本地教师都是既得利益者。

客观上我们应该看到，外聘教师其实都是当地的精英，敢于超越自我，挑战自我，这本身就很能说明问题。但是，学校的管理者们往往将忘记过去一切荣耀的训诫用来针对外聘教师。而当地教师则可以躺在过去的荣耀之上享受着转制带来的好处。当然这里也存在着另一个问题，外聘教师们往往很不容易忘记过去，总在回忆和梦想着过去的岁月中营造的人生辉煌。

但是我们又应该看到，大多数外聘教师原先所供职的学校往往比现在转制的学校要高得多，他们在原单位得到的培养对他们来说既是一笔丰厚的人生积累，同时也是一笔优秀的教育资源。但在面对本土文化占主流的转制学校时，他们的这一优势突然之间消失了。而与之相关的是，在面对新的人际关系、新的管理制度和新的教育对象时，他们显得无所适从。本地教师与外聘教师很自然地归属为两大部分。加之上述所言在评价时的标准不一，使得外聘教师处于一种非常不利的位置。这其实既不利于同事间搞好关系，也不利于对学生的配合教育，同样也不利于学校的发展。而私立学校则不存在这方面的问题。私立学校的教师全部是招聘过来的，共同形成了一种移民教育文化色彩。学校的管理尺度与评价标准使得教师之间的关系比较单纯，一切都以才华与能力求得生存与发展。

薪水方面也存在着问题。照理，转制学校里的原校教师，由于住房、保险等已经先行得到了妥善的解决，因而在薪酬方面，便不应该与外聘教师一样。可现在的情况是，转制学校里的全体教师都拿着同一种薪酬。相比较而言，外聘教师其实便处于了一种同工不同酬，优质并不优酬的境地。亦即是说，本地教师在这方面有着比外地教师更大的实惠与优越。这无形中使外聘教师有一种挫败感。

对教师待遇的管理上还有一个很重要的问题。转制学校为了求得竞争上的成功，很注意打名牌战略。在吸引师资方面，很看重高级教师与特级教师。但在对这些教师的使用方面，却存在着很多问题。私立学校在这方面处理得较好。很多私立学校在这个问题上的处理方法是，成绩属于过去，重在现实表现。在薪酬方面处理得较好较恰当，譬如职称问题，体现差别，但距离不大。这一处理方式的思路是这样的：大家都是招聘过来的，都经过了几道严格的考核关卡，都是学校的人才，在薪酬方面不需要体现大的差距。而且很多学校也并不把职称荣誉称号作为考核的重要依据。一些凭资历与年限就能获得的东西，私立学校并不将此作为重点考核内容。至于很多荣誉称号，大家也心知肚明很多称号并没有相应的含金量。

转制学校为了打名牌战略，在对人的使用上，严格体现职称的差别，且薪酬标准拉开得很大。这客观上是一种人力浪费。其实，在中低级职称的教师当中，有一部分教师相当优秀，只不过年限、机遇以及其他一些问题，还未能获得相应的职称。应该清醒地看到一点，在很多学校，发挥着重要作用的往往就是这一教师群体。他们年轻有为，精力充沛，善于学习与吸收，富有创新精神，敢作敢为。其中一些教师还有着相当突出的成绩。在对这部分人的使用上，转制学校并没有能完全解放思想。职称与能力很多时候并无必然的联系，人们其实都很清楚，职称问题说穿了不过是山羊胡子长与短的问题。

笔者深切地感到，转制学校在用人制度与人事管理方面，尚需进一步解放思想，将改革的步子迈得更大。这样才可能更接近教育的真理性与规律性的内核。

三、结　语

回到文章开头提出的问题，是否应该对转制学校亮"红灯"，实在不是一件重要的事。关键问题是，如何更科学、更规范、更系统化地操作好学校的转制，以及转制以后学校各方面的管理如何进一步健康有序地运作，这才是最重要的事。因为，纵观这十年来的教育体制改革，我们认为，转制这条路并没有错，这种思路虽然有很多有待完善的地方，但是教育已经到了走向市场的时候了。教育作为一种非垄断性的公共物品已经越来越多地在向边缘方向发展，已经具备了由多个主体提供的条件。而且，教育作为一种服务性行业的思想正在被人们逐渐接受。家长择校意识非常强烈，这就包含着教育品牌本身的含金量的问题。这一点，已经无法再用计划经济时代的要求去统一规范了。学校教育客观上已经放到了家长与学生面前等待着他们的最严酷的选择。这种带有商业性的残酷竞争，是当前教育无法回避的。

应该看到转制本身是促进教育良性发展的一个重要契机，转制学校是教育改革的最佳载体。作为共和国的最后一片田园，也早就应该插进改革的铧犁了。这似乎已经不需讨论了。我们要做的，是将这种转制学校打造得更好，真正形成以人为本的教育，真正成为人性张扬的空间，最终实现教育的真正的人性化和科学化，使教育改革真正完成由应试教育向素质教育的飞跃。

关于转制学校，还有诸如质量管理、校园文化建设和出路等问题，这里不再赘述。

参考文献：

（1）《对公立学校转制亮"红灯"》：2002年3月7日《中国教育报》。

（2）《一家公立学校的"竞争策略"》：2002年3月12日《新华日报》。

（3）《名校"翻牌"的背后——透视"公办民助"办学体制》：2002年3月13日《中国教育资讯报》。

（4）《论教育资产重组》：2001年第8期《江苏教育研究》。

（5）《社会转型与教育的重新定位》：2002年第2期《教育研究》。

从巴金《我的回答》说起

——与华金标对话兼及理想文化构建与学校文化建设

［华金标］无锡市钱桥中心小学校长，中学语文高级教师，中国当代理想教育的倡导者。发表有《巴金，我们永远的理想之灯》等文章，编著有《在理想中成长：南京师范大学钱桥实验小学办学侧记》，曾与著名文学评论家、复旦大学教授陈思和共同主编《理想之光："我与巴金"征文（2008年）获奖作品集》（复旦大学出版社2008年出版）。1985年，无锡钱桥中心小学十个"迷途的羔羊"因给巴金爷爷写信寻找理想在全国引起轰动，使钱桥中心小学跻身中国名校行列。华金标出任校长后，借寻找理想20周年活动，进一步确立了理想教育的文化品牌，并寻求与南京师范大学联合办学，使钱桥小学进一步在国内产生重要影响。

姜广平（以下简称姜）：华校长，在中国当代，理想教育其实早有人倡导了，但是，你这里却有了一个美好的抓手，当年，由巴金的《我的回答》而开始点燃的理想教育之火。从无锡钱桥中心小学开始，燃遍全国。在全国青少年中引起了很大的反响哩。

华金标（以下简称华）：1985 年，我们钱桥中心小学五（3）班田玲、俞奕、王伟等十名学生，怀着困惑、带着思索、透着天真，就理想问题写信给文坛巨匠巴金。当时已 81 岁高龄的巴老整整花了 3 个星期，抱病给孩子们回了一封 3000 多字的长信《我的回答》，语重心长地回答了孩子们的疑问。后来这封信在媒体公开发表后，引起了社会各界的强烈共鸣，并由此在全国范围引发了一场"理想教育"的大讨论。在《我的回答》中，巴金先生为孩子们指点迷津："千万要珍惜你们宝贵的时间，只要你们把个人的命运同集体的命运连在一起，把人民和国家的位置放在个人之上，你们就永远不会迷途。"巴金还在信中勉励道："只要不停止追求，你会沐浴在理想的光辉之中，不要看轻自己，昂起头来，风再大，浪再高，只要站得稳，顶得住，就不会给黄金潮冲倒。"

姜：这两句话，一是点出了社会理想，二是点出了人生价值观。应该说，将理想教育的全部内涵都囊括其中了。

华：但基点应该是巴老的"少讲空话，多干实事"。现在这句话，已经成为我们学校的校训。二十多年过去了，钱桥中心小学的"理想教育"历久弥新，内涵也更加丰富。每年的 11 月被学校定为"理想教育月"；校歌也以理想命名：《理想之歌》。我们编印的《巴金伴我行》已成为各年级的校本教材；由巴金女儿李小林、巴金侄子四川文联主席李致和上海巴金文学研究会会长陈思和教授任顾问的学校"巴金文学研究社"则成为钱桥小学学习、研究巴金思想的主要阵地。

姜：我注意到钱桥小学校园内有一个牛的雕像，听说也与巴金有关。

华：是的，当时，孩子们向巴金爷爷汇报了学校如何搞主题班会的经过。巴老听了非常高兴，并认真地在书房挑选了一头他非常钟爱的陶瓷水牛送给孩子们，并告诉他们："牛是默默无声的，但它永远在勤勤恳恳地工作，我把它转送给你们，也希望你们发扬牛的精神，好好地学习和工作。"

姜：看来，这一点，可能是巴金先生着意强调的。发扬牛的精神，好好地学习和工作，其实是实现理想的最好的方法与手段。

华：应该这样理解。巴老对我们学校非常关心。给孩子们回信以后，巴老又先后与五（3）班班主任严克炎老师通了五次信，了解孩子们学习和思想情况。巴老的信像一团团火，像一盏盏灯，指引着全校师生顶着"黄金潮"勇往直前追求理想。20多年来，学校的领导、老师换了一茬又一茬，学生走了一批又一批，但学校紧扣时代脉搏寻求理想的教育活动却一浪高过一浪。20世纪80年代，学校组织理想演讲团，召开主题班会和社会调查，对"拜金主义思潮"进行批判；90年代，学校参加"全国城乡小伙伴手拉手，救助贫困地区失学少年"活动，和巴金爷爷家乡四川省坪坝乡中心小学结成"手拉手"联谊学校，少先队员们纷纷把文具用品、零用钱、衣服捐献出来，不到半个月就收到零用钱1600多元，仅硬币就有15公斤重。在钱桥中心小学的资助下，坪坝乡先后有160名失学儿童重返课堂。进入新世纪以来，我们又开展了"祝福巴老，寻找理想"活动。重温巴金回信，走访身边有理想的人，已经成为我们学校理想教育的常态，学校以此引导孩子确立人生理想和社会理想。

姜：但似乎直到现在，关于理想，其实都未能在教育过程中突现出来。对理想的认识，无论是教师还是学生，都似乎过于狭隘了点。客观上也应该看到，这么多年来，一些历史的、现实的原因，理想教育似乎抽去了社会理想的成分，重新回到了陶铸当年提到的那种狭隘的人生理想上去。担当精神，已经渐渐远离了理想教育。

华：你提到的这个情况，我们也已经注意到了，2005年，也就是巴金为十名寻找理想而困惑的"迷途的羔羊"指点迷津20周年之际，我们做了一次纪念活动，这十位分布在全国各地的学生又回到母校，与师生们一起重温巴老的教诲。无锡市青少年理想教育现场会暨钱桥中心小学学生与巴金通信 20 周年纪念活动期间，躺在病榻上的巴金老人委托专人将一套新近出版的《巴金全集》赠送给该校。坦率说，现在，其实更需要正确的理想来引导全体师生。这可能已经不仅仅是我们江南经济发达地区需要有这样的价值导向，全国都需要这样。毕竟，教育不是在象牙塔里，教育直接为经济建设服务，但更应该考虑社会的发展与文化的繁荣。

姜：当年，巴老一句"你们会沐浴在理想的光辉之中"，不仅让钱桥中心小学的孩子兴奋，也让全国的小朋友激动不已。现在，这似乎成了遥远的记忆了。从这十个孩子现在的成长状况看，我也非常感伤地发现，理想教育似乎只对一部分人发生了效果。试想，以巴金这样的文化名人，其影响力也未能对一些孩子发生深刻的改变，我只能认为，人们现在已经非常现实，也非常功利。到现在，这样的情形可能更为普遍了。

华：是啊，你这句话说得非常正确，我们学校的这十个孩子，后来有的成长得并不尽如人意。中央电视台曾专程来我们钱桥小学，打算在二十周年纪念会期间采访当年寻求理想的 10 位"迷途羔羊"，并就理想教育进行两天采访活动，然而，遗憾的是，他们中有多数拒绝了采访。其中一位，家庭变故巨大、精神状态、事业状态也比较低迷，觉得在这种状态下接受采访，无疑是对巴金爷爷的亵渎。认识到这一点，固然很好，但客观上说，如你所言，巴金的话，并没有相伴这个同学的全部生活。这是我们的理想教育不尽如人意的地方。

姜：所以，为了一切孩子，为了孩子的未来，为学生的生命奠基，这样的教育理念，看来是非常重要的。当然，将这样的理念贯彻在学校教育全过程的，可能，这不仅是理想教育的盲点，也是我们当下所讲的素质教育的盲点所在。

华：是啊，学校教育毕竟是有局限的。然而，在我们，知其不可为而为之的精神也是需要确立的。所以，从我担任钱桥小学校长的第一天，我就下定决心，一定要让巴金理想教育的精髓与学校的办学实践紧密结合在一起。理想教育，在我看来，其实与所有学科性的知识教育一样，应该成为一种常态。所以，你现在看到了，我们把巴金的名言悬挂在校园走廊，走进校区，随时都能与这位大师谈心交流。学校出版了《理想感言》《寻找理想体验活动》专刊，少先队队报《新星报》和新星电视台，每天播放校歌《理想之歌》。我们特地成立了"巴金文学研究社"，巴金女儿李小林女士主动要求担任文学社顾问。这给了我不少的动力。我觉得，这一条路一定要永远走下去。让学生了解巴金、学习巴金、祝福巴金，是我在巴老生前讲的话。现在，我则希望我们的孩子，学习巴金，走进巴金，培养高尚的情操，燃起理想的火花，不要把理想仅仅狭隘地理解为职业理想与人生事业理想，更应该把这种理念放大到社会理想的层面。这样，我们才能培养出有益于人类、有益于民族、有益于社会的人。

姜：这里我想到一个问题。巴金的意义，其实，更为重要的是文化的意义，甚至只是一种文学的精神。孩子们当初选择巴金作为倾诉与引领的对象，当然没有任何不妥。但现在，当我们理性地看待这一问题时，我们是不是应该看到，关于理想教育，巴金其实并不一定能恰到好处地成为理想教育的抓手。我注意到一则材料，第八次巴金国际学术研讨会，因巴金的逝世而引起国内外学术界的格外关注。研讨会网罗了国内知名的老中青三代巴金研究专家。除此以外，众多代表中，还有中国作协党组成员，高校中则有像上海巴金文学研究会会长陈思和这样的文学名流，也有像黄苗子、郁风、丁聪等文化名人，还有70多名来自韩国、日本、法国、俄罗斯等国的巴金文学研究学者。在这样的学术研讨会上，仅有一位来自中国小学的代表。这理所当然引起了与会者的关注。这位代表就是我们钱桥实验小学的副校长周文华。周文华同志是代表学校向与会者汇报无锡市钱桥中心小学20年来理想教育情况的。我看到这则材料时就在想，第一，你是否想借此进一步放大理想教育的资源，使理想教育形成高端发展态势，另一方面，是不是想借此打造学校的文化品牌？

华：没错，我确实想打造这样的文化品牌，既然我们的校史上曾经有这样一件引起全国关注的事件，我们为什么不好好地挖掘历史，并从中汲取于当今有用的教育元素呢？打造这样的学校文化品牌，其实并不意味着我们只是为了学校的发展与影响，客观上，我们确实是想重温巴金的话，再燃理想教育的火焰。让被多元化、物质化包围中的孩子，再一次审视自己的理想。

姜：当然，我也注意到了，巴金《我的回答》已经走进中小学语文教材，客观上已经成为理想教育的最佳的文本。

华：是这样的。巴金的意义，其实远远不只是作为一种理想教育的抓手。巴金作为一个伟大的文学家，他的担当精神与社会责任感，从他的处女作开始，就已经浸润其中。巴金的《灯》这样的凝重而富有哲思的散文，时时置于我的案头，巴金说："只要不停止追求，你们会沐浴在理想的光辉之中。"冰心老人这样评价巴金："有你在，灯亮着。"巴金，我们永远的理想之灯。我觉得从这个意义上讲，巴金的社会意义，应该是十分明显的。当然，我也注意到，当年的十个孩子为自己设定的理想大部分都未能实现。这让我深深地感到，理想教育，远非一场热潮和一场大讨论所能代替的。同时，我们还应该对什么是真正的理想有一个更为深入的思考。而在学校教育过程中，理想教育应该是一种长期而扎实的过程，绝不能只靠几次活动与讨论去实现。譬如我们的校友李波同学，当年她是十个孩子中的主要代表。她当初的理想是要成为一名翻译，但后来，她只成为一名普通的营业员。李波的现实告诉我们，点燃理想之火是非常重要的，可其后引领理想的实现，以及对职业理想的深刻理解，同样非常重要。真正的理想，是不能局限在职业理想是否实现这一层面上的。现在，她的孩子宋梦珊也进入钱桥小学读书，在市场经济的大潮中，宋梦珊同学也同样遭遇到理想与现实在内心冲突的问题。这个时候，精神引领的作用，精神领袖的意义，就十分有价值了。

姜：是啊，现在，孩子们在塑造理想的同时，发现社会有太多的事，在不断地阻隔着他们的理想追求，让他们陷入到迷茫与困惑之中。在这种情况下，我们该如何进一步以理想教育为抓手，引领学生真正成长，就要看办学者的眼光与胸襟了。

华：在巴老101岁生日之时，学校组织巴金文学社的同学去上海为巴金爷爷祝寿，他们带上了同学们的祝福，也带上了大家遭遇的理想困惑。巴金的女儿李小林和侄子李致（现任四川省文联主席）接见了他们。因为时间匆忙，他们和孩子们没能深入交流。回到学校后，文学社的几位小社员想到了宋梦珊的妈妈李波和那些给巴金写信的10位叔叔阿姨。"这么多年过去了，他们对理想的认识会更深刻，更独到。"大家决定给他们写信，追问当年寻求理想的人们他们是如何想的，又是如何做的。

李波在回信中说："当年的豪言壮语未能实现。理想一词太广义，寻找理想的路也是遥遥无终点。但只要付出了努力，就离理想近了一步。你们的理想就在你们的心中，无论何时，都别忘了做人要真诚，踏踏实实做人才是最重要的。"虽然如此，但李波并没有停止追求理想的步伐。她把自己的理想接力棒交给了女儿宋梦珊，希望女儿实现自己当年成为一名翻译的理想。并希望女儿做一个快乐的人，要开开心心地生活、学习。为了帮助女儿圆梦，收入不高的李波为女儿和表姐联合请了个英语家教，再一次开始了自己的理想之旅。

李波在给孩子们的信中说："理想是目标，没有目标就没有动力。我虽然没有成为翻译，只是做了一名普普通通的营业员，但当年的理想，当年巴金送给我们的话，仍在影响着我的生活。正因为此，这么多年我始终实实在在地做事，从未抱怨过生活。翻译的理想，是一种职业理想。有一种理想比这种理想更伟大，也更有意义。"有一次她去学校接女儿，那时孩子们正在学校为纪念巴老而矗立的铜牛雕塑前发表理想宣言，太阳也正照在女儿纯真的脸上，看着女儿脸上的阳光，她突然感动得要哭。"尊重孩子的理想，让孩子在成长中感受理想的力量，我们所有人，都应该成为孩子们的榜样。"

现在的孩子们是非常聪明和敏感的，当他们发现现实中出现的事情与我们所灌输的思想出现偏差的时候，他们会开始怀疑并去寻找答案。学校之所以这么多年来都强调理想主义的教育，就是为了让他们能够辨别是非。

姜：我发现一个很有意义的现象，就像李波，把自己的理想交给了她的下一代，巴金老人也将实现理想的愿望交给了他的女儿与侄子。四川省文联主席李致先生在与你们交流时，有一句话深契吾心："在很多学校将升学率放在第一位的时代里，钱桥小学的孩子对理想依旧如此执着实是难能可贵。巴老非常强调'说话要说真话，做人要做好人。'然而别说孩子，生活中的很多大人都很少能够做到'真实'，钱桥小学的孩子们到上海为巴老祝寿时，曾告诉我他们看到的一些'不真实的现象'，这说明幼小的他们对生活里的一些不真实已经开始不安和难过。坚持真实是我对他们寄予的最大希望。"

华：你说得很对，进入新世纪，学校在迎来新的发展机遇的同时，也因为长期以来的"应试本位""知识本位"和"分数本位"的影响，加之学校地处城郊、硬件投入力度不足、学校管理也处于单向度的水平层面，致使教师专业发展后劲不足，同时也使学校的理想教育文化一度陷于低迷几近流失的状态。我出任校长后，一直在思考如何走出困境的问题，最后，我们决定在新课程实施的背景下，与南京师范大学开始了合作之旅，以全新的"院校合作"模式，"专家引领、教师主动发展"的方式，寻求理想教育的新突破，使理想教育这一资源与品牌重新回归，真正开始构建以"理想教育"为核心的学校文化，让每一个教师用自己的智慧、才能，在理想的舞台上，引导学生从小树立远大理想，为实现理想勤奋学习，踏实做人，在巴金理想精神的照耀下，主动承担起中华民族复兴伟业中的那份责任与使命。也正是在与南京师大的合作中，我们开始认真梳理理想教育的深度内涵。

我们发现，随着经济社会的发展及多元社会的形成，学生已经越来越对以理论观点为表征的理想教育模式失去兴趣，我们在总结了二十年来理想教育的实践，重新审视对理想内涵的认识，重新思考并确定了"理想教育"的方法与途径。我们想，这既是对世纪之交学生进行理想教育的重要模式，也是对巴金留给我们的这份思想遗产的保护，同样也是对巴金老人的真诚告慰。

姜：可不可以这样理解，在现时代，理想教育有了一些本质性的改变，但总的精神则应该是为了社会的进步与民族的复兴。

华：是这样的，我们认为，理想的本质应该包括三种成分，即认知成分、实践成分和情感成分。认知，提供了世界观与方法论，提供了行为的途径；实践为认知提供了验证、深化和实现目标的渠道；情感的激发则充分调动了人的积极性，为认知和实践提供了巨大动力。我们将这三方面有机整合在一起，努力营造"理想教育"氛围，创新"理想教育"模式，与时俱进，赋予"理想教育"以新的深刻内涵。我们也是有危机感的。1985年，巴金给钱桥小学十个孩子写下的《我的回答》，已经不再只属于钱桥小学。随着这篇文章进入中小学语文教材，我们越来越迫切地感到，唯有将巴金的座右铭"少说空话，多干实事"化为我们具体的行动，才是对巴金老人的最好回报，也才是理想教育的发源地——无锡市钱桥小学对全社会的最好回答。

姜：巴金之后，我发现更多的社会名流与无产阶级革命家开始关注钱桥中心小学。

华：是这样的。康克清老人曾为我们题词："希望全社会都重视加强青少年的'理想教育'。"我们将这一题词镌刻在墙上，她与已经作为校训的巴金的座右铭"少说空话，多干实事"一起，每天都与师生们的精神世界碰撞。"有理想，才会有动力！"这是巴金爷爷对我们的期望，也是康妈妈对我们的期待。

姜：因而，我发现，你们不但与南京师大合作，同样也与复旦大学合作，成立了全国性的"巴金文学研究社"和"中小学生巴金文学读书会"，并吸纳了像成都巴金小学、上海南洋中学和南京树人学校等巴金当年的母校参加。这种放大理想教育资源的教育方式，确实，再一次让钱桥小学引人注目。

华：这其实还不够，我们还拟成立"理想教育工作室"，系统研究新世纪理想教育课题，发掘巴金文学遗产中的理想教育元素，进一步深化小学理想教育研究，将理想教育品牌做大、做强、做实，做出特点、亮点，更好地发展教师，服务学生，形成无锡市钱桥中心小学特有的理想教育文化，使钱小师生永远沐浴在理想教育文化氛围之中，成为具有理想特质的人，成为具有巴金精神的人，成为对社会有用的人。理想教育要深入下去，势必需要更高品位的专业引领。

巴金文学研究会会长、复旦大学中文系主任陈思和教授认为："阅读是对巴金最好的纪念。'中小学巴金文学读书会'的成立，必将有力地扩大巴金文学作品的中小学生读者群。我们相信，在富有生命力的文学熏陶中，对理想的追寻将成为同学们的一种精神积淀。"可以作为我们现在理想教育行为的最佳诠释与注脚。

姜：非常欣慰，2008 年 5 月，我曾参与过无锡钱桥中心小学纪念巴金先生的盛会。巴金家乡的学校未能前来。但钱桥小学的孩子们，为了表达对巴金的深深思念，为了表达对受灾地区小朋友的慰问，再一次在会上轻轻唱起了当年十个孩子唱给巴金爷爷的《小草》。同样的旋律，却有着另一种哀伤，一样的歌词，传达出令人心碎的悲痛。

华：这歌声，又让我想起巴金逝世时我校师生沉浸在眼泪中的情景。我在这歌声中，又一次落泪了。但我深知，这歌声，将会随着我们刻制的读书报告会现场的光盘，传到巴金亲人的手里，传到四川巴金的故乡小朋友的心里……

我也深信，这些小草，和全国的小草们，终将在理想教育的光辉照耀下，就像歌中唱的：直到长成参天大树……

这，就是我们现在的理想教育的最美好的愿景。

注：1985 年，面对"黄金潮"的冲击，钱桥中心小学有十个"迷途羔羊"给巴金写信寻找理想，他们的名字是：李波、田玲、俞奕、王伟、王静、沈兰、毛海红、刘如岗、惠恺恺、李燕芬。

不做旁观者

从教师角色定位说起

从教师的角色定位谈起，其目的是想让人们认识到，什么样的人是真正的教师。或者也可以换言之：什么样的人，已经不再是真正的教师。

有一种事实是，在我们的名师那里，很多人的教师角色已经转移或基本丧失。

如北方某教育家型的教师，在一场报告后，既拿了税后的讲座金万元，随即又被请进数千美金一夜的总统套间。据有关媒体报道，这位教师，一年内在国内外作讲座近百场，几乎每一周都会有一两场报告，有时候，甚至像演员赶场一样，马不停蹄……

北京某著名特级教师，应接不暇地接单上课，人们已经无从查考她一年开多少讲座、上多少节商业性质的示范课。但在难以计数的公开教学场所，都能见到她美丽的身影。人们都在为她做教学实录，品鉴她的教学艺术，陶醉于她的教学激情，但是鲜有人知，她的出场费也已近万元。这位著名的女教师，一年之中，可能有半年就这样"在路上"或在公开教学的场所。这位女教师，据说以激情洋溢见称。但是，她的激情洋溢，很可能是来自于那已经不菲的出场费。然而，却没有人问一问：她所在的学校真的不需要她去过问了吗？她在那个著名的学校里还承担不承担教学任务了？她作为那个学校的副校长，作为校长的左膀右臂，校长工作如何展开？我们可不可以相信这位著名女教师的自我评价："我永远追求激情与思想""在秋天里站成了春天"？

这些名师们，早已经将教育商业化、利润化了。这是严重的教师职业角色的转移，如果说是教师职业道德的丧失也不为过。

这里还不包括出书和社会兼职以谋求更大的利益。

早就有人指出了这些行为的实质："名师'走穴'是'肥了自留地，荒了责任田!'"

有意思的是，当一些普通教师搞些"有偿家教"时，有关部门与学校便将他们与"师德"挂上钩，让这些教师成为教育腐败的典型；而"名师"们抛下工作成天"走穴"，赚得钵满盆盈，却是风光无限名声震天。这之间究竟有多少本质区别？而这里双重标准成立的理由何在？

当然，总统套间，总统住得，教师当然也可以住得。然而，如果是名师自己花几千块钱甚至上万元钱一夜入住总统套间，那也不会有谁去过问。然而，出这笔钱的，恰恰是我们经常嚷着说缺钱的教育系统。

这样的教师，还能不能算是真正的教师？

作为一名教师，最根本的定位是：只问耕耘，不计收获，以一种虔诚之心，面对教育，为教育付出，为中国的明天，为学生的明天，踏踏实实地奉献自己的一切。这是原则，也是底线，同样也是所有的教育工作者必须面对和不可动摇的基准与教育常识。

像倡导华德福教育的黄晓星、张莉夫妇，像卢安克那样守望于中国贫困山区的德国青年，像志愿为贫困山区义务送教的徐本禹，像更多的默默无闻、耕耘于三尺讲台、淡泊名利终生与辉煌无缘的普通教师……都堪称真正的教育工作者，他们的境界与价值追求，是对当今众多浮躁的教育现象的一种积极的矫正或反拨。

对一名教育工作者而言，矢志不移是一种生命方式，也是一种生活方式。

真正的教育，是需要一种精神的。这种精神，甚至是一种清教徒式的献身精神。对教师来说，最合适的态度应该是，教师把运用才华作为最好的生活方式。教育作为一种生活方式的另一层意味在于：谁把这个美好而耗费精力的技术及才能掌握在手，他就不是为生活而从事教育，而是活着为了从事教育。

然而，我们的一些名师，可能已经习惯了面对稠人广众的公开课表演现场，却忘记了教育工作者本应面对的日常行为，忘记了坚守三尺讲台、寂寞而实在地为学生工作是他的本分，忘记了自己作为一名教育工作者的坚定、执着与教育操守。这样的教师，是否还是一名严格意义上的教育工作者，已经很难说了。教师角色的定位，在他们那里已经严重缺失了。他们已经不配作为一名教师，更遑论一名名师。

南京大学高教研究所所长龚放教授曾真诚告诫名师们，要"爱惜自己的羽毛"，做到"德艺双馨"。可是，细数国内诸多名师，还有多少人用那洁白的羽毛寄托着对教育的深情呢？

从这个角度出发，以这样的教师定位而论，笔者认为，政府应该在这里有所为：该治治这样的教师了，哪怕仅仅是从逃税漏税角度查处他们也是应该的，而不要被名师之"名"吓住。

注：本文写于2008年。其时统计的有关数据，可能早已经被后来的数据刷新了。我们只能对此付之深深一叹：教育之事，难矣哉！

也说教师写作

——兼与商友敬先生商榷《教书人的写作》

商友敬先生在《教书人的写作》一文（载《教育参考》2005年第4期）中谈及教师写作，颇得教益。教师写作，是我一直关注的事。过去，我曾撰文说过，教师写作存在着很严重的偏向（姜广平：《语文教师的写作偏向》。2000年12月《语文学习》）。深深觉得这样的写作偏向现在仍然存在，且现象更为加剧。

关注这一问题，其实由来已久。一来是因为自己现在也可以算是一个真正意义上的写作者（写作已经成为我的一种生活方式，是一种活法），对写作的看法，应该有些区别于常人及其他写作者的地方（每一个写作者虽然在某种意义上讲要遵照一些共同的东西，但说到底，每一个写作者都是不同的），二来，我真正在关注着写作者，因此，在接触了那么多中国当代优秀作家之后，在与他们进行过深度对话并了解了他们的写作情形及有关感悟之后，很想就教师写作这一问题发表点自己的看法。

可能很多人都已经注意到，我现在针对教育的言论越来越少。其原因，并不是怠于运笔，而是实在不想发表一些连自己也知道是全无用处的言论或文章（这不是我的意愿，也不是说我的文章空洞，而是从现行教育体制看，我们的这些文章是不能改变什么的。我们的激愤无法走进关键人物的心灵，我们的理想也无法引发决策者的共鸣。著名画家如陈丹青，以出走的行为尚不能改变什么，几句书生之论又有何用）。再者，现在很多人，动辄千言万言，但细细考究起来，全是些不负责任的言论（吹尽黄沙始见金，很多事情，我们与其在尘埃落定之后后悔，不如在行事之前进行充分的论证与运筹。譬如现在很多教育浪潮，行动之初，激昂慷慨，但行动之时便颇为踌躇了，及至后来，一哄而上，浮躁万千，连自己都觉得无甚意趣）。如果自己掺杂于其中，发表一些违心之辞或诛心之论，或被信息湮没，或为别人口水淹没，或如《荀子·劝学》所言"蓬生麻中""白沙在涅"，自己的言论像一棵植物，立足于林林总总的著述之中。当然，倘如前者"不扶而直"倒也很好，如果"与之俱黑"，恐怕就非所愿了。言论之流是有一种不以人的意志为转移的裹挟力的，有时候，自己的言论被别人的语言之流所挟，那就属于失去真正的自我了。我固然不需要什么话语权势，但也不希望自己的言论臣属于别人而被别的信息之流所挟。

何况今天的中国教育研究，多少有点类似大文化背景下的文学批评，既没有一种非常优秀的教育理论来引导，教育评论又不能切实地解决中国教育的问题。多说无益，不如做点实事。

过去我在谈教师写作时，立论还是针对基础教育领域里的教师的。现在我所立论的点，也包括那些网络写作、大学教师或相关教育科研机构的研究人员的写作。这一点，我与商友敬先生不同了。不要将目光仅仅放在基础教育领域里的教师身上。

当前的教师写作，其实已经非常浮躁。这一点无须论述了。至于其他，也大多各怀功利的目的，真正怀着对教育的批评与建设的，实在极少。杂志上的老面孔所写的文章也仍然是老面孔，说来说去，总绕不过那几句话，没有一点新意。一些名家，在这份杂志开专栏，在那份杂志做主持人，又为那家杂志撰写言论之类。从写作的角度看，这种写作势必流于不负责。一个人的精力有限，一个人的智力也是有限的，所考虑的问题，短时间以内，也可能只是一两个问题，因而到处开花，确实不是负责任之举。既是对报刊不负责，也是对自己不负责，更是对读者不负责。究其原因，可能就是人情稿，某刊约稿太过热情，却乎不了人情，胡乱写上一篇塞责，哪管质量高低？这类稿件是很多的。报刊要名家的文章，但名家和我们这些普通人也一样，一双手，一副大脑，说不定打字速度还没有我们快，因而写文章的速度也就不会快到哪里，可人家又催得急，于是乎，胡乱敷衍一篇稿子或者拎出一篇旧文修修改改给他，算是交差。第二种情形是不读书不作深入的调查研究，仅凭着一点经验与那么点教育感悟，资源稀缺，当然也难成就好文。再有当然就是编辑的问题，甄别稿件缺乏眼光，组稿之时缺少深思，编辑稿件缺少责任，修改稿件缺少勇气。这样，好文章当然会少。

这使我想起中央研究院的事。

1941年秋天，怀抱着"奇书十万卷，随我啖其精"心愿的王叔岷，来到了四川南溪县李庄的板栗坳。中研院（以史语所为主）的一群读书人，在抗战的烽火硝烟中好不容易才寻觅到这方"桃花源"。

王叔岷是四川大学中文系1939年班的第一名毕业生，经过老师徐中舒的点拨，他才决意报考北大文科研究所。王叔岷来到李庄，首先拜见了兼任文科研究所所长的傅斯年，并称想研究《庄子》。傅斯年笑了一笑，竟开始背诵起"昔者庄周梦为蝴蝶"这一章。接着，傅斯年严肃地告诫王叔岷道，研究《庄子》要从校勘训诂入手才切实。他又翻了一翻王叔岷的诗文，定下了一条规矩："要把才子气洗干净！三年内不许发表文章！"王叔岷只好唯唯诺诺而退。在名义上，王叔岷的导师是远在昆明的汤用彤，师生之间只能靠书信联络。王叔岷在信里向导师报告了自己的研究方向。汤的复函则告诫道，研究学问只有"痛下工夫"四个字而已。在傅、汤两位学术巨人的鞭策之下，王叔岷确实"痛下工夫"，1943 年毕业，留在史语所任职，此后著作等身，在文史学界争得了难能替代的一席之地。

傅斯年为王叔岷定下的规矩"三年内不许发表文章"，也就此成了史语所对新来报到的青年学者制定的必须共同遵守的金科玉律。来到台湾，傅斯年"三年内不许发表文章"的规矩一样有效。从台大文科研究所毕业后进入史语所担任助理研究员的许倬云，刚来一年内，即承所内前辈芮逸夫与陈盘庵先生之命，从先秦典籍中选取《周礼》与《左传》，连本文加注疏，一句一句，一行一行，仔细点读。这一切为他在中国古史领域的研究工作打下了深厚的根基。（事见《书屋》2005 年第 2 期）

傅斯年为青年学者定下"三年内不许发表文章"的规矩，用心是良苦的。人文社会科学研究领域里的学术工作者，如果想在开拓与累积人类的知识板块上有积极的贡献，就不得不养成"比慢"的工作习惯，这样才能为学术的原创性打下扎实的根基。所发言论，当然也就不会浮泛到有一天连自己都觉得面目可憎的地步。时过境迁，在当今教育界，面对现实的压力，有勇气笃行傅斯年定下的这项规矩的，有多少人呢？

我个人觉得，写作应该服从于某种需要，写作的需要是为着解决一些问题或提出一些问题的。即如前面所说，一个人的智力有限，精力有限，不可能发现问题之后都能解决问题，这样就需要读者帮助解决，即使存而不论，问题仍以问题的形式存在着，但也算是给出了一个关键词，给出了一种探索的姿态。读者的意义是帮助作者完成另一半的写作。从这个意义上讲，写作永远是一种未完成的动作。所以，动辄大著问世，大作发表，是颇值得怀疑的。

再一次回到最初的立论点。一个教师为什么要写作？

教师的责任在于教书育人，教师写作，一来耗费心神，二来耗费时间，于教育教学工作肯定会带来一些影响。特别是那些以应付评职称的论文或阶段检查、科研课题的论文写作，大多不能称之为真正意义上的写作。教师写作应该是一种业余行为。它可以服务于教育工作，也可以是另一种话语。只有这样，才能使写作摒除功利而变得纯粹。

我也不赞同教师写作是对教学生活的思考、总结、梳理，是为今后教学工作提供一点经验警示一说。如果教师写作是这样的目的，那就应该是教师工作本身的内容与要求。教师写作的内涵应该远远大于这一点。

以我个人而论，为什么写作，可能是由不安分所致。

但是，我认为这仍然是自己的事。世上有很多人喜欢写作，或将写作当作一种生活方式，并从中获得了人生的乐趣。我觉得这样的写作是值得尊重与尊敬的。

但面对现在的教师写作之成为大热门，我又觉得无可指责。商友敬先生认为教师写作在制造着印刷垃圾，我更觉得不能指责。要怪，就得怪我们现在的教育体制：体制要职称，职称要论文；体制要考核，考核要材料；体制要考试，考试就要考试方略与考试指导等垃圾。既然商友敬先生已经认识到这是教师在诸多无奈之中的新的无奈，又何必对他们制造印刷垃圾有所指责呢？

商友敬先生给教师分出了四类，我也觉得不妥。商先生这一分类，无非是以教师写作作为划分标准的。既然教师写作是一种非常复杂的现象，有的出于主动，有的是被逼，以此作为划分标准，便有失公允。至于商先生谓"我是极其同情那些埋头教书的老师"的。我觉得商先生一下子成了同情弱者的角色，教师倒反成了被同情者了。这恐怕走向了人文关怀的反面。

我对那些埋头于教书的老师极为尊敬。可以这样说，他们，在实践着我们大多数人不愿意去实践的教育过程；他们抛却了功利心，也不想以撰文著书为己挣得脸面（虽然我认为写作是一种非常自觉的个人行为，但毕竟写作是必须面对大众的，它至少能吸引一些眼球）；他们以学生的利益为最高利益，将学校的事业当做自己的事业。我不知道这样的教师为什么反倒值得同情了。

当然，连带着我也要对商先生所引述的吴非所著《我美丽，因为我在思想》说几句。

让语文老师成为思想者，让语文课担负起思想启蒙的任务，实在是苛求语文学科与语文教师。这是另一种对语文本性的背叛。我同样搞不明白是不是真的有人对此受宠若惊，或惶恐不安？但我觉得如此定位语文教师与语文课，才真是咄咄怪事。

还是不要让语文课承受其不能承受之重。

我知道吴非先生是一个写作者，是一个专家型的教师（我与吴非老师也有交往，非常敬佩他的为学与为师之道）。但他的这一论点，是我所不能接受的。因受教育程度、工作环境或条件或职业习惯、个人兴趣的不同，每一个教师也都是不同的。世上没有两片相同的树叶，但要求所有教师都能抵达吴非先生的境界，这岂非强人所难？特别是要求基础教育领域里的语文老师都能如此，更是非常困难的事。更何况，基础教育的语文要求，我觉得还是提得实在点好，把字写好，把话说好，把作文（不是文章，更非作品）写好，把书读好。语文教师做一个引导者与榜样，至于成为思想者，承担起思想启蒙的任务，怎么能让一个普通的语文教师来担当呢？

更多的人选择一种庸常而温暖的人生，这是他们的权利。教育，在这里我觉得也应该体现出一种选择性。特别是现在这一多元化的文化环境里，多元选择，应该值得尊重。

真正的关心教师，不是先对他提出这样那样的要求，而是为他创设可以上升的条件与情境。

或者，直言之，教师能够写作当然更好，如果不能写作，我觉得也无可厚非。一年之中，我们出了那么多毫无用处的文章，但有人以丰产自娱，以高产自诩，并以此作为科研成果。我觉得这样的文章，还是少出为妙，不出更好。

当然，说及教师写作，我觉得还有一个阅读的问题。教师写作偏向还有一种情形，就是有些人光写不读。如此情形下的写作在实大可怀疑。现在很多人仍然在指责作家们不读作家，米兰·昆德拉在《被背叛的遗嘱》中也谈及西方一些作家可以非常支持拉什迪，但他们在支持拉什迪的请愿书上签名，同时却风度优雅地、带着花花公子般的微笑说："他的书？噢，不！噢，不！我没读过。"然而，就我所知的实际情形是，当代作家可能有部分人不愿读身边作家的书，但对杰出作家们的著作是不会放过的。更何况，也仍然有很多作家关注身边的作家的。我刚刚与著名作家邱华栋作过一次对话，我了解到这样一位作家，不但阅读当代作家，而且还在读英文原著。作家刘震云也表示过对阅读的痴迷。作家的阅读角度、感悟，已经非常人能比。我与很多作家做过对话，很多次，作家们告诉我，他们面对的书写了什么，怎么写的，如何让他们震惊。有时候，他们甚至能感受到优秀作家们的体温。

他们的阅读让我震惊。

我不敢说他们是因为有着这样的阅读才会有这样的写作的。但我敢说，我们现在的许多教育写作者，确实就是光写不读的。

这种写作，我认为值得警惕。

再说教师写作

——再与商友敬先生商榷《教书人的写作》

商友敬先生在《教书人的写作》一文（载《教育参考》2005 年第 4 期）发表后，我随即写了一篇与之商榷的文章《也说教师写作》，据云，商先生看到此篇文章后，对笔者颇多激烈之语，今不揣冒昧，再与商先生商榷。

我仍然持我在上文（即《也说教师写作》）中的观点，教师写作，其实是一个不能成立的话题。

或者这样说吧，当一个教师拿起笔开始写作时，他的角色其实并不再是教师了。一个最著名的范例是：萨特 40 岁前是一个中学历史教师，但他写作的时候绝不是作为中学历史教师身份出现的。中学历史教师只是他的一种职业，职业与写作之间的距离是很远的。专业写作为何要加上"专业"限制，很简单的原因就是这是一种临时性的组合与捆绑。

因此，这里首先要解决的一个问题便是：何为写作？

这一问题解决之后，我们便能进一步界定写作者的范畴。

何为写作？这一问题应该在法国著名的思想家、批评家罗兰·巴特那里就已经解决了。

从本质上说，写作不是表达现成的知识，而是探索在语言中什么是可能的，并且扩大着语言的独立性。这一观点，虽然仍然属于索绪尔语言学之下的写作观，然而，它确实非常精当地指出了写作本质的一面。

而教师写作，其主旨并非在于扩大语言的独立性，它只是一种经验与知识的表达，表达一种思想，表达一种线型的思维与逻辑。虽然写作可以表达思想与思维，但真正的写作在表达思想的同时，同样要表达一种感情，宣泄一种情绪。写作甚至从某种意义上讲，是语言的冒险。

更多的时候，写作者其实是作为一个破坏者出现的，写作和语言穿透学科的疆域，推倒体裁之墙，这颇有点像著名作家卡彭·铁尔所说，当小说写得不像小说时，便会出现伟大的小说。此外，在真正的写作过程中，所有的文本中涌动着的是作者的灵性与情思。这一点，当代著名作家阿来也曾反复讲过。在我与他就长篇小说《空山》进行对话时，他再一次强调到这一点。真正的写作并不只关乎思想深度，真正的写作更关乎的是情感的深度。陀思妥耶夫斯基的名作《白夜》便是这一理论的典型例证。

对于一个写作者而言，他的一生是在写作中度过的。写作是他的漫漫的生命通道，是他的存在环境，也是他的人生旅途。很多时候，一个写作者的任何一个文本，都可能暗示着他的与生俱来的气质、趣味和生物学倾向。

如果我们再谈及罗兰·巴特其人，我们发现，他在《写作的零度》这本书里，将法国文学史还原为一种写作史，这实在是极有意味的。亦即，某种意义上说，写作不同于著述——教师的写作往往便是这一种著述。写作属于一种文学行为。而教师的写作是不具有文学行为这一意义的。

当然，客观上说，罗兰·巴特这一本书中的重点落在了语言上。很多人都明白，巴特所推崇的零度写作只是在乌托邦的意义上，在一种审美的意义上，在虚构的意义上才可能存在，正是这样，零度写作与其说是实际的、科学的、冷静的，还不如说是美学的、想象的和乌托邦的；与其说是真理性的，还不如说是小说性的。但细细考究起来，非常富有意味的是，罗兰·巴特《写作的零度》一书，正好是针对萨特的《什么是文学》，且对法国文学，尤其是19世纪以来的法国文学做出了与萨特截然不同的价值评估。抛开这一点，我们如果再对萨特的写作观进行分析，就会发现，与维特根斯坦和海德格尔相比，萨特的写作观是明显过时且显得有气无力，但是，萨特将词视作物而不是符号，他在将文字划分为诗歌和散文两个领域之后，进而认为所有散文的词语都揭示或联系了实在世界的一种运动变化，词和世界达成了一种密切的关系，作家说出的话语，无疑都是对世界的一种态度、一种参与、一种"介入"。

从萨特的方式看，教师写作也已经产生了"介入"的行为。然而，教师写作的诗学意义几乎为零。这一点也同样可以说明教师写作之不能成立。

从写作的未完成性上讲，教师的写作恰好与此格格不入。教师写作大多是一种终极行为，即便有某种起始性的意义，也是以某种终极意义为前提的。在语言的想象力与生长力方面，教师写作是无法抵达的。而在思想与情感的角度，教师写作所能提供的解读的可能也是凝固的。在由读者完成写作的生成意义上，教师写作显然无法与写作的真正意义相提并论。当然，这是我不提倡教师写作的理由之一，然而，也应该看清一点，我并非反对教师著述。

当然，真正的写作也并非全无瑕疵。写作过程中，作家们耽于技艺的唯美主义的炫技表演，也是时有发生的。即便如世界名著《包法利夫人》也不免有这样的毛病。然而，即便是这一高贵的毛病，也是教师写作中绝无仅有的。教师写作中的炫技表演几乎是不存在的，这从反面也可以实证教师写作之不能成立。

这样，我们便可从第二个层面来谈教师写作之不能成立了。

这一问题是为谁写作。教师写作大多为己，一为总结，一为提高。其功用可能是想给人启发，但他的文本内容大多是为经验型的，更多的教师写作甚至连体验的层面都没有达到，其情感的不稳定性，价值观的不坚定性，随处可见。所谓吾道一以贯之，教师写作的价值立场往往是流动的，对教育教学的总结梳理，往往与某一时段的主流意识相仿，或者与某一时段的读物影响相关。

这样的写作，便值得怀疑与推敲了。

这样，便又回到我在《也谈教师写作》一文中所说的：

"……写作应该服从于某种需要，写作的需要是为着解决一些问题或提出一些问题的。当然，这也是一种功利，但这种功利，显然要比意图通过写作而达到某种文章之外的目的要高尚得多。当然，即如前面所说，一个人的智力有限，精力有限，不可能发现问题之后都能解决问题，这样就需要读者帮助解决，即使存而不论，问题仍以问题的形式存在着，但也算是给出了一个关键词，给出了一种探索的姿态。读者的意义是帮助作者完成另一半的写作。从这个意义上讲，写作永远是一种未完成的动作。所以，动辄大著问世，大作发表，是颇值得怀疑的。"

从"教育"与"教学"之辨说起

——也谈中国教育缺什么

关于教育与教学之辨，是我在重读朱永新先生《中国教育缺什么》时引发的思考。

朱永新认为，中国教育缺钱、缺人才、缺公平、缺观念，特别是缺服务意识、缺人文关怀、缺特色、缺理想。

有人随后进一步指出，中国教育缺良性"机制"、缺"思想"、缺诚信、缺教育科学、缺科学精神、缺教育批评……

本位主义的回应也有："中国教育最缺的是体制！市场经济体制下的中国教育，承载着计划经济体制的全部弊端！"这一论点虽然切中要害，但其立场，则因论者是一个民办教育集团总校长的特殊身份，便显得比较狭隘、片面且过于偏激。当然，近些年来，民办教育的发展受到越来越多的制约，也是不容置疑的事实。

有人则认为朱永新先生"中国教育缺理想"说法不妥：中国教育历来不缺理想教育，特别不缺大理想教育，缺乏的恰恰是小理想教育。对个人的理想，特别是个人的最为切近的追求，中国教育确实忽视了。说穿了，中国教育缺乏对人心灵的抚慰与抚摸。中国教育也因此是一种没有疼痛感的教育。

每个人的持论都从某个角度说出了中国教育的某种现实。然而，中国教育究竟缺什么呢？却未能找到一个更为准确的答案。或者说，在解决中国教育的问题时，始终未能找到一个更为准确的抓手。

英文里有这样一个对"问题"的解释：Problem is the difference between "what is" and "what should be".意思是："问题"就是事物现有状态和它应有状态之间的差异。从这个角度说，让物态和它应该的样子一致，是解决问题的唯一途径。

因而，问题可以回到原点，即，将教育与教学的问题搞清楚，中国教育的诸多问题也就可以迎刃而解了。而单纯从大的角度来提一个中国教育缺什么的问题，可能到最后，问题仍然存在着。

在教育与教学这一对问题上，几乎从教育行政官员到社会各界人士，从教育管理者到一线教师，都缺少"小"中见"大"的意识。直言之，就是大家都注意到中国教育应该尊重教学，但却没有人意识到教学中首先应该尊重教育。甚且，从来没有人去认真考究一下"教育"与"教学"的真正的内涵。

教育是往大处说的，教学是往小处讲的。这两者，并无矛盾之处。然而，在我们实际的教育生活中，几乎所有人都重视教学，却不重视教学过程中的教育意识、教育情怀。现在的情形是，整个教育界，由于应试的影响，几乎所有的教学过程都缺少教育的元素。

这可以从目的论的角度来分析这个问题。教学的目的，是为了掌握一门知识或技艺，而教育的目的，在于培养真正的人。当然，教育与教学，从本质上讲，是相互依存不可分离的。教育如无教学内容是不成立的，而教学如无教育的支撑，则只是一种技术性的乃至体力性的工作。现在的"教学形势"，跟随高考指挥棒，形成了一种所谓的"应试教育"（"应试"

与"教育"能否捆绑在一起？请细思）。"教学"已经是从根本上违背了"教育"的真谛，然而人们却安之若素、处变不惊。

因此，进而言之，中国教育最缺少的恰恰是对常识的尊重。至于有人提出的缺少精英教育、缺乏知行合一精神、缺少对教师的尊重等，都可能是第二位的问题。只有将教育与教学之辨弄清楚，很多教育问题便都能得到圆满解决。

问题还可以进一步回溯，孔子时代便提出的因材施教、有教无类等教育原则，认真考究起来，我们在教学过程中其实是能做到的。问题是，我们为什么却不去做呢？"不能"与"不为"，教育与教学，个中关系已经到了我们必须正视的时候了。任何一个有教育良知的人，都不应该回避这一教育的基本问题以及我们在这一问题上所犯的常识性错误。诚能正视教育教学之辨，则中国教育的问题，可望会逐步得到解决，而我们离教育的理想境界，可能也就不远了。

教育、教学之辨再谈

在《从"教育"与"教学"之辨说起》里，笔者谈起过中国教育其实最缺的是对常识的尊重。

的确，问题回到原点，将教育与教学的问题搞清楚，中国教育的诸多问题也就可以迎刃而解。正像哲学的基本问题是物质与意识的关系一样，教育学中最根本的问题是教育与教学的关系问题。

我们谈到教学过程并没有充分尊重教育，其实，这一问题的层面还可以扩大。对教育缺乏应有的尊重，可能是全社会的问题。也就是说，社会各阶层人士，可能都缺少对教育的真正的理解与尊重。对教育的尊重，委实应该成为一种社会意识或社会良知。然而，现在的情形则是教育的社会意识与社会良知的缺失。

当然，对教育的尊重，说穿了其实就是对儿童也就是对受教育者的尊重。

关于真正的教育，中外的教育家、思想家都有非常精辟的论断，然而，诸多论断之中，孔子的"大学之道，在明明德，在亲民，在止于至善"的论断中，所包含的社会教育内涵至今未能为更多的人所理解接受。而鲁迅所认为的"教育是要立人"作为一种终极目标，现在，也似乎被人们忘记了。

蔡元培曾经说过："教育是帮助被教育的人给他能发展自己的能力，完成他的人格，于人类文化上能尽一分子的责任，不是把被教育的人造成一种特别器具。"这一种教育观，从社会性与人类性的角度揭示了教育的真谛。蔡氏所论是一种关于教育的终极目的。在国外诸多教育论断中，蒙台梭利的"教育就是激发生命，充实生命，协助孩子们用自己的力量生存下去，并帮助他们发展这种精神"和雅斯贝尔斯的"教育是人的灵魂的教育，而非理性知识的堆积"也都着眼于人或人类本身的发展与提升，且与中国著名教育家的教育思想遥相呼应。

然而，我们不要忘记，所有这些关于教育的真理性的认识出发点都是基于教育的对象的。亦即是说，儿童的发展与成长目标与方向，都必须抵达如孔子所讲的"在明明德，在亲民，在止于至善"以及蔡元培所说的"完成他的人格，于人类文化上能尽一分子的责任"。

然而，我们对教育的尊重是否能达到这样的高度？

另一方面，对教育未能有相应的尊重，还表现为我们缺乏对中国教育史的应有尊重。缺少对中国教育的历史研究与探索，这意味着，因这种尊重的缺失，我们也就缺少了关于教育的历史对现实的观照。如此一来，源远流长的中华文化，也就因此没有得到尊重。中华文化充满强劲的生命力与生长力，而儒家传统对"教育"的认知，非常强调主体性、典范教育和社会政治使命等内容。一个不能尊重历史的民族，也就不能珍重现在。

对教育的尊重，最根本的一点还有，那就是必须尊重教育的选择性。尊重教育的选择性，是与教学必须尊重教育这一命题密切相关的。我们说过，"教育是往大处说的，教学是往小处讲的"。教学的目的，是为了掌握一门知识或技艺。既然如此，当代社会，如果分门别类，行业知识与技艺，早已超过三百六十行了，那么，从现代教育学的角度看，教学如果要尊重教育的话，教育就必须在承认差异性的前提下，尊重教育的选择性。

这样一来，教育也就有了多元化的存在形态。

直言之，职业技术教育也就有了值得我们尊重的理由。当然，民办教育在另一层面上也就有了我们充分尊重的理由。这不仅仅是教育多元化的时代已经来临，更重要的是，教育多元化本来在我们这个多元化的社会里，必须与教育的差异性、地域性及时代特征相契合。

诚能如斯，因材施教、有教无类等教育原则便不会再与我们的教学过程疏离了。然而，荒谬的是，像这种儒家教育的传统思想，现在，只能作为我们的教育理想悬置着，实在令人遗憾！

从教育与教学之辨着手，我们至少能将我们的教育认识与教育思维延伸至教育中最深刻的微观世界。因而，进一步弄清教育、教学之辨，实在是大有必要的。

教学为何要尊重教育

——三谈教育与教学的关系

我们反复论述教育教学之间的关系，无非是想让更多的教育工作者回到起点，回到常识：尊重教育规律。

只有尊重了教育规律，我们才能进入教育的真正境界。

我们强调尊重教育规律，我们更强调教师们在教学过程中尊重教育本身。教学过程尊重教育本身，也就是教学过程中必须将教育对象置于最高地位，充分尊重教育对象的生命状态与生命方式。这一点，应该类似于华德福教育的教育现象。华德福的教育目标用一句话来说，就是让自己成长为自己。让自己成长为自己，也就是成长为不同于其他人的极富个性的自己，这就是华德福教育所追求的教育梦想和教育使命。华德福教育不但引导学生走向成功，同时，也让教育者本人、甚至家长和相关的成人都可以在儿童教育的整个过程中不断地自我教育和自我发展。

唯其如此，教学才能在最大程度上获得成功。这样的教学过程，也才是一种教育的过程。

认真考察当前中国教育的教学生态，教师们的教学过程是否尊重了教育可能已经成为一个非常严重的问题，甚至有些教师的教学行为，是以扼杀教育作为代价的。

尊重，在美国心理学家詹姆斯看来是人最需要的因素之一，马斯洛的需要层次论也将尊重列为人的较高层次的需要。

我们这里所说的尊重，当然是对人的尊重。然而，这种尊重，更强调对一种人与人的关系的尊重。直言之，就是师生双方在一种教育关系的动态过程中，教师一方必须从生命的高度，尊重这一处于发展状态的人际关系，并在这一过程中，恰到好处地把握教学与教育的契机。

尊重一种教育关系，就是尊重教育本身，就是尊重教育规律，尊重人自身。这一方面，孔子可为典型。孔子提出"有教无类"的主张，不论学生贫富贵贱，不管过去经历和表现，教育工作者都应该热心教诲、一视同仁；孔子提出"不愤不启，不悱不发，举一隅不以三隅反，则不复也"。教学过程不仅是教师教的过程，更重要的是教师引导学生学的过程，研究教师如何教应该建立在研究学生如何学的基础上，只有当学生进入积极思维状态时，教师才能适时地诱导、引发，帮助学生打开知识的门扉，端正思维的方向。基于此，孔子进一步认为："可与言而不与之言，失人；不可与言而与之言，失言；知者不失人，亦不失言。""言未及之而言，谓之躁；言及之而不言，谓之隐；未见颜色而言谓之瞽。"教师要做不失言的知者，而不能成为躁者、隐者和瞽者。孔子主张教学要"当其可"，其实就是指出了教学过程应该尊重教育对象的生命状态，并在适当的生命状态下选择适当的教育教学方法。

应该看到，在孔子及孟子的教学过程中，先贤们首先在心底存有一种"人皆可为尧舜"的学生观。这种学生观，很明显，是从生命的高度出发的。正因为有了这样的高度，孟子才能发现教育的最好的方法："君子之所以教者五：有如雨化之者，有成德者，有达财者，有答问者，有私淑艾者，此五者，君子之所以教也。"也正因此，《学记》才会做出这样的归纳："君子之教，喻也：道而弗牵，强而弗抑，开而弗达。道而弗牵则和，强而弗抑则易，开而弗达则思。和、易、以思，可谓善喻矣。"而宋代大儒朱熹引用《中庸》的"博学之，审问之，慎思之，明辨之，笃行之"作为"为学之序"，且"圣贤施教，各因其材，小以小成，大以大成，无弃人也"。

大匠无弃材。大匠何以无弃材，皆因教学过程尊重了教育，也就是尊重了人本身。尊重了人本身，就是在最大程度上赋予了教学以教化的功能。

只有这样，教育才真正能够"为了每一个学生的发展"。

换另一句话说，每一步教学环节都充满了教育的意蕴，则学生就会在这种尊重中找到自我，并在这过程中学会尊重别人、尊重自己、尊重万物。这样，也才能在一种尊重的教育情境中，学会做人，学会学习，学会生存，学会发展。

不做旁观者

经常听到有人说：一次培训讲座，如果有 10％的人受益，那么一场讲座的价值就体现出来了。

这种论点乍听起来非常有道理，然而，细思之下，发现，这句话里，其实既有指责受训方不为自己负责的意思，但更有为培训方开脱的意思。

受益面为什么不可以更大一点？

甚至受益者也包括培训方在内？教学相长嘛，培训他人的过程，也是自我教育的过程。

然而，这种意识，可能是多数在台前为老师们作讲座的人所缺乏的。

在国内，我也已经开设了近百场教育的或文学的讲座，每次讲学结束后，我都在想一个问题，我这次讲的，有多大层面上重复了过去？我为老师们带来了更新的东西吗？我自己有没有在培训过程中进一步成长？

这些问题，我觉得是培训者必须要面对的。我们不可以轻易地将这些问题掐灭。道理很简单：人其实是一种未完成的动物，而且永远也只是"一种未完成的动物"。这一真理，对讲台下坐着的人们成立，对站在讲台上或坐在讲台前的培训者们，同样成立。

所以，我们的培训，就不能只是灌输，更不能以为自己是所谓的专家、学者，逼迫着接受培训的人们去全盘接受你的观点或全面改变他们自身的观点，自己却似乎永远掌握真理而不思改变。

譬如在我，可能，会经常在讲座中发表一些颠覆性的观点，冲击着受训教师在此之前已经建立起来的价值体系。事实上，我也努力在改变现行的教育文化走向。因为大家都深知，目前，教育文化既没有建立起核心的主流文化价值观，而较为浮泛的教育文化，则又在不同程度上伤着教育机体。我每次都会与听讲座的人们交流、互动，我认为，如果一个人此前的价值观因我的演讲而崩溃，则只能说明，那种价值观是到了该摧毁的时候了；而你的价值观并没有被我撼动，则又说明，我们各自的价值观可以在某一个层面上达成和谐。

培训应该给人以力量与激情，特别是要给人以反思的力量，要使受培训的人产生文化的自觉或觉醒。

而演讲者自身的定位也非常重要。

我觉得吴康宁教授在这方面的清醒与智慧，是令人敬佩的。在《转向教育的背后——吴康宁教育讲演录》的自序《不敢讲演》里，吴康宁说："讲演是一件既神圣又困难的事情。"吴康宁认为，好的演讲首先必须要有三个条件：一是得有真才实学，二是得有满腔激情，三是得会深入浅出。此外，还必须加上两条：一是得实话实说，二是得以身作则。

困难就困难在最后一点，因为它决定了一个培训者与讲演者，首先必须自己是一个有丰富感性经验与体验的教育工作者。由此，我认定，就教育而言，是没有专职的演讲家的。如果一旦将自己"专职化"，也就成了教育的旁观者，其演讲肯定只是为了演讲，甚至会沦为某种拙劣的商业表演。这样的培训，又有多少纯粹的教育精神存在，就值得怀疑了。很多人自己在台上讲的，未必是自己都信得过的，却要让受训者接受。这恐怕也是培训走向困境的一个根本原因。

所以，我并不讳言，我的大多数教育讲座，是经验型、体验型的，并在讲座中融进自己对教育的思考。

我觉得这样的讲座，就是一种参与型的，一种介入型甚至渗透型的。也只有这样的讲座，才能将台上台下融为一体，才能使台上台下形成互动与碰撞，并在这样的过程中，台上台下达成共振式的提升。

这样的培训，显然是那些"商业表演"所无法比拟的；这种培训中所葆有的教育精神，更是那些"走穴"式的"专家讲座"所无法具有的。

过去，很多人都小看了经验与体验。其实，从教育有机本体论的角度出发，任何经验都是鲜活的，任何体验都是独特的。而鲜活与独特的教育都具有无与伦比的深刻与伟大，都能带给人以无穷的启发与思考。

所以，从这个意义上说，真理是一种放之四海而皆准的形而上的东西，而抵达真理与诠释真理的方式，则丰富多彩，形态各异，有着形而下的灵动与鲜活。

培训的意义，我们认为恰恰必须从培训的方式上体现出来。

也许是与我长期从事基础教育领域的工作相关，也许，更与我长期以来游走于教育与文学这两个世界相关，我在为教师开设讲座时，非常注重经验与体验过程中的思考，并以这样的讲座方式与内容，赢得了大部分教师的共鸣。每次演讲结束，我也都非常愿意留下自己的联系方式，每次演讲结束后的一段时间，我都能收到很多老师与我互动的信函与电话，很多老师都认为，是我的这次报告，在深刻地改变着他们。

当然，不是没有碰到过尴尬。好多次，主办方都对我的年龄、职称背景以及并无多少荣誉称号表示质疑或担心。然而，一旦进入演讲情境，老师们非常专注，甚至主办者都非常入迷地与我互动。在与我的演讲发生深刻共鸣的同时，很多疑虑也随之烟消云散。在演讲中，我大胆地抨击教育界存在的种种弊端，大胆地批判当代教育的文化缺失，大胆地呼唤教育核心价值观的建立，引发了很多教师的深刻思考；在演讲中，我基于一种常识与教育清醒，呼吁老师们从教育理念出发，尊重自己的教育选择，确立自己的教育抱负与教育理想，引发了很多教师的共鸣；在演讲中，我与老师们分享我阅读的快乐，讲述我如何打通教育与文学之间的通道，怎样成为一个真正的科研型、学者型的教师，讲述我如何在中国的教育写作领域里得到诸如朱永新、周德藩等著名教育家赏识的经历，讲述一个教师可以将教学事业做得富有科研内涵，在教育与科研中幸福成长……

这些真实的人生历程与非常专业的成长体验，深深地撞击着教师的心灵。我从掌声中，从互动过程中递来的纸条里，体会到了一种培训的成功与快乐。

我不太喜欢做PPT。我不希望我的演讲被PPT的呈现所打断。

但我追求形式的变化——

有时候，我激昂慷慨，痛陈教育的尴尬现状，并呼唤老师树立起一种努力改变的使命感与责任感；有时候，我以学术研究者的身份出现，引导老师们认识到从科学走向人文的三种模式即："苏格拉底式""帕斯卡尔式"和"爱因斯坦式"，在这过程中，引导老师们体认自身的学术特质并对自己进行准确定位，以期达到在有生之年做出令自己满意满足的学术成就；有时候，我是一个写作者，和老师们一起分享那种由经验如何走向体验、又如何从体验走向文字秘密的过程；有时候，我是一个真正的读者，以自身的文学阅读经验与教育阅读经验，呈现出自己如何在教育与文学上寻找到灵感的榫接处与契合点；有时候，我是教育生活中那个常常碰到的同事，我与老师们一起，以聊天的方式完成一次其实并不是聊天所能承载的教育厚重内涵的表述；有时候，我是一个讨论者，一个与你持不同意见的辩论者，在讨论与辩论中，将有关教育的问题清晰地呈现出来……

最近在无锡玉祁初级中学的一次语文讲座则让我有一种别样的体验。

这次讲座是我平生中听众最少的讲座，听众人数只有语文教研组的十几名教师，讲座的形式因此也大为改变，从过去的台上与台下，变成面对面的交流。在为老师们解除学问与社会发展过程中的种种困惑时，也同时遭遇到尖锐的挑战。因为不可能有事先的预设，演讲过程中的所有环节，都是一种动态生成。而且，老师们抛出了两组非常具有共性且真的一时难以找到解决方案的问题：学生不喜欢语文、不喜欢阅读、不喜欢写作，这是为什么？我们该怎么办？

然而，正是这样的尖锐而真实的问题，让我体会到一个从基础教育领域里走出来的人才能享受的深度愉悦。我必须承认，是过去岁月中那些丰富的实践性与体验性，让我能够游刃有余、从容不迫地面对老师们的问题，并能够好整以暇，现身说法，让老师们体会到如何以做一个真正的读书人去引导自己的学生、以做一个真正的写作者去影响学生酷爱读书与写作……

这样的培训，我认为是最有效的培训，也是最有意义的培训。

因为，这样的培训，我没有站在旁观者的位置与角度上。

话说特级教师

自1978年邓小平同志首倡在全国建立特级教师制度以来，已有数万名中小学教师荣膺这一称号。特级教师是教育界向社会郑重递上的一张名片。这张已有二十多年历史的名片，目前，似乎已失去了它本身应有的光泽。

总体上来说，特级教师应该是教师队伍中的佼佼者。但目前的情形是，特级教师这一群体数量过于庞大，而最近十几年来所产生的特级教师，其产生机制也很值得怀疑。随着特级教师队伍的年轻化，大多数年轻特级教师的动机性、目的性，已远远不如老一代特级教师那么纯粹，对教育的虔诚度也同样令人怀疑。一"特"就飞者有之，一"特"就"官"者有之，或者，因"官"而"特"者更是举不胜举屡见不鲜。

同样，话语权也出现了一种极不正常的让渡：特级教师已经成为教育界握有相当话语权的阶层——当然，情形往往是反过来的，往往是在教育界握有话语权的人，更容易进入特级教师阶层。

朱永新教授曾坦言，现在的情形，"特级教师并没有什么特别，高级教师也没有什么高明"。朱永新先生不主张给中小学教师一个终生的称号，他认为，"特级教师也完全可以不要评，因为，任何一个教师，他的精神境界是不可能通过一次评估来影响他的一生的。给一个教师一个帽子，让他永远戴一辈子，很可能使一个教师失去了成长的动力。""国外的大学，只有终身教授是终生的，其他都不是终生的。但还要有相当长时期内的事实与实绩的证明。"（朱永新、姜广平：《对话：特级教师，还能走多远?》，《教师博览》2004年第6期）

对特级教师的评审，朱永新先生说："在某种程度上，越评质量越差了。最拔尖的都被选出来后，就只能是矮子里面选将军。为什么一定要将这种制度保持下去呢？我觉得是应该废弃的。不过，我主张每一年选一些优秀教师，作为年度优秀，进行奖励，对他这一年的工作进行肯定。"

新教育实验的核心人物张菊荣对此也有类似的看法。他认为，"特级教师的评审机制存在着问题。特级教师是一种称号，而不是一种'职称'。一旦评定，几乎就是终身受用。我们从来没有听说过有特级教师'下岗'的。这样的制度不利于特级教师的进一步进取，客观上导致了部分特级教师的追求终结。当然，真正杰出的教师是不会因此而停步的，最典型的就是情境教育的代表人物、江苏南通李吉林老师。她正是从评上特级教师后开始探索具有更为鲜明个性特征的教育风格而成大师的"。现在，很多特级教师，都躺在以前的功劳本上而不思进取，多半已经江郎才尽。张菊荣认为这不是那些教师的错，而是制度惹的祸。特级教师制度要改革，要打破终身制。唯有如此，才能促进特级教师向"教育大师"的层次迈进，让我们的时代拥有更多真正的大家，让教育的天空"群星璀璨"。

然而，情形恰恰如张菊荣先生所讲的，现在的特级教师，差不多已经沦为一种技术职称，其道德内涵与人文内涵已经大大缩水。老一代特级教师那种长期以来形成的"口碑""人格"等参数，在现在的特级教师评审中，几乎不复存在。这就决定了这一群体中，甚少有人能臻至教育大师的境界。

既然道德内涵与人文内涵已经大大缩水，那么，特级教师队伍便出现了一些耐人寻味的地方。譬如，在特级教师中，小学教师居多，而中学教师特别是高中教师很少；语文特级教师较多，而非语文学科的特级教师极少……

作为价值判断的道德内涵与人文内涵既然已经丧失，那么，评价标准与学科标准就势必失衡。一个最为显著的例证是：改革开放三十年来，语文教育仍然处于一种"少、慢、差、费"的境地，有识之士，无不为之感伤不已。然而，这却没有影响那些"语文名师"风光无限，今天这里布道，明天那里讲学，在这里收取出场费，在那里出所谓"学术专著"。语文教学如此不堪，语文名师们还如此煞有介事，真的令人百思不得其解。如果我们的特级教师特别是语文特级教师们，将孔子"邦有道，谷；邦无道，谷。耻也"的话放在内心，以这样的教育良知，来反思自己的教育教学行为，则特级教师队伍将会纯粹得多。

教师，其实是一种人生事业

在很多次教育讲座与讲学期间，我都会和主办学校的老师们或来宾们进行交流；生活中，我则接触到更多的教师同行。我非常遗憾地发现，很多教师对自己的角色定位，都是将教师定位为一种职业。《教师月刊》曾主持过有关讨论，也将教师作为一种职业来进行讨论。

当然，将教师作为一种职业，从行业意义的范畴上看，并没有任何偏差。然而，正像我们将"教育理念"的内涵理解为"教育的思想、观念以及理想与信念"也没有任何错误一样，我们认为，这样的理解，其实只是一种解释性的理解。对教育这一特殊的行业而言，除了解释性的理解，更需要用我们自己的教育行为本身来诠释它。

事实上，几乎所有的教育理论，都首先是一种行为，一种包以大善与大爱为教育理念的外在性行为。也就是说，教育，更需要我们的行动性解释。

教师作为一种事业的话题，还可以从教师这一特殊的职业内涵加以界定。众所周知，对教育而言，光是有了伟大的教育理念还不够。理想与信念，大爱与大善，是需要精湛的专业水准和成熟的教育价值体系来体现与支撑的。此外，更高的要求则是能够打通教育与其外部世界的通道，并经由这条通道，培养出我们所期求的人才且同时让教师自己也得到充分的成长。

其实，在当下，教育更需要从事教育工作的人们以坚守心灵与守望灵魂的方式来作为事业方式。当知识分子面临着政治边缘化、经济边缘化甚至文化边缘化的尴尬境地时，恰恰是一个知识分子建立起公共知识分子价值观的重要时期。这种时候，谁坚守住了教育，谁就坚守住了灵魂。反之亦然，谁在这样的年代，坚守住了灵魂，也就坚守住了教育。

所以，从这个意义上讲，教师，更应该是一种事业，一种人生的事业。

世界就是这样充满了悖论。一方面，物质化的年代里，教育工作者必须走向心灵，甚至要以去物质化的姿态去完成教育的伟业。只有这样，一个教师才可以被看成是开始了真正的成长。

从生活角度看这个问题，也能得出这样的结论，缺少高尚的灵魂之思与价值追求的教育生活，会一天天地沦为一种日常生活。而如果将教师当做一种事业来追求，一个教师的日常生活便是真正的教育生活。

其实，很多年前，李岚清同志早已对教师作为事业的意义作了精当的概括：教育是一种艺术，艺术的意义在于创新；教育是一门科学，科学的价值在于求真；教育是一项事业，事业的意义在于奉献。

李岚清同志是对教育进行的描述。然而，细细推敲一下，恰恰是在为教师事业进行着最为准确的定位：创新、求真、奉献，恰恰是从教师事业高度，对教师作出的职业道德要求与这份职业所具有的伦理规范。

"教师"应该理解为一种事业，一种艺术的事业，一种科学的事业、一种具有高度创新精神的事业。

因而，也就是一种人生的事业。

"教师"既然作为一种事业，一个教师就必须为之进行经营与规划，要为这份事业作出近期的、中期的和远期的谋划。只有这样，一个教师，才能抵达自己所向往的理想的事业境界。也只有这样，这份事业才是可以把控也同样可以展望的，正像魏书生在面对这份事业时的状态一样。

记得在魏书生成长为出色的当代教育家之后，有人曾问魏书生，当你在工厂里上班的时候，有没有想到过日后事业会发展成如此形态？魏书生想了想说，想到过，因为我知道我在做什么，也知道往什么方向走。

从开始成长，到具有敏锐而成熟的价值判断，形成相关的价值体系，对自己所教学科的专家级的深入钻研，也就是一个教师开始走向专业成长，及其后在专业成长的基础上，突破个人专业成长的瓶颈、走出高原期，使自己成为真正的教育家，这一切，构成了一个教师事业的全部过程与内涵。

现在，教育的外部世界已经发生了很大的改变，今后还将会发生更大的改变。选择的艰难，正昭示了教师事业的伟大。一个缺少使命感的教师，一个没有社会理想的教师，一个不想为我们所处的时代与社会作出担当的教师，是注定不能走得更远的，因而也注定不能被看作是一个成长起来的教师，更不能被看成是那种将教师视为事业的教育家式的教师。

还有，目前的中国教育，与世界上最先进的教育相比，还有着令人遗憾的落差，仍有着很多需要加大改进力度的地方。从这个意义上讲，教师事业的发展，亦如教育的发展，已经是一种时代的和民族的需要。

我们中华民族，正在历经着伟大的民族复兴，用恩格斯的话讲，这是一个需要巨人产生并能够产生巨人的时代。我相信，只要你能充分认识到教师事业发展的意义，那么，我们这个时代的教育巨人，就将毫无悬念地注定是你！

关于教育的绦虫寓言

题目来自一本书：《给青年小说家的信》（上海译文出版社 2004 年 10 月出版），作者是马里奥·巴尔加斯·略萨。

相信很多人对这位作家非常熟悉。1979 年，赵德明先生便将他介绍到我国，继而又在 1981 年将这位前国际笔会主席、秘鲁著名作家的《胡莉娅姨妈和作家》译成中文。

这位曾经竞选秘鲁总统的被视为新世纪诺贝尔文学奖的有力冲击者（注：本文写得比较早，马里奥·巴尔加斯·略萨这位拥有秘鲁与西班牙双重国籍的作家及诗人是于 2010 年获得诺贝尔文学奖的，代表作品有《绿房子》《酒吧长谈》《世界末日之战》等），是当今世界文坛硕果仅存的小说大师之一。非常惭愧的是，在阅读《给青年小说家的信》这本书时，我对这位作家仍然知之甚少，大学时代，《胡莉娅姨妈和作家》曾经走进我的视野，可是我却没有认真阅读。那时候的外国文学课程，还只热衷于介绍像雨果、巴尔扎克、高尔基这类的作家。后来，在我与作家孙惠芬、邱华栋他们对话时，这位大师反复被提及。我这才明白，这是一个影响了中国当代作家的文学大师。可以肯定的是，很多人都忽略了这位重要作家。可以想象的是，当今教育界，那些从事语文教育的人们，也是鲜有关注这位经典作家的人的。同样，高等教育中有多少人关注这位作家也很值得怀疑。我所接触到的大学中文系毕业生，不知道纳博柯夫、卡尔维诺、帕斯捷尔纳克、哈维尔、布罗茨基、阿赫玛托娃这一类作家的人实在太多了。

这里且不说我们教育中人文主义的偏失。这里，我们就这位大师谈起的一则寓言对教育的意义作一些展开。

《给青年小说家的信》开篇就讨论了文学抱负的问题，我认为，这对我们讨论教育抱负也一样的具有永恒的价值。他在这里所讲述的绦虫寓言，我觉得同样可以移植过来，为我们这些从事教育工作的人提供一个参照系、一种价值坐标和一种价值追求：将教育化作绦虫，植入我们的体内，我们所有的一切行为，都将是为了它的存在而作出的努力。

略萨在书中针对文学抱负，讲述了这样一则寓言。

19世纪某些贵夫人，因为害怕腰身变粗，为了恢复美女一样的身材不惜吞食绦虫（寄生虫）。绦虫一钻进身体的某个器官里，就安家落户了，它吸收你的营养，同你一道成长，它用你的血肉壮大它自己，而你又很难把它驱逐出境，因为它已经在你的体内牢牢地建立了殖民地。你日益消瘦，但为了安抚体内的绦虫还得不断地吃喝，而这并不是为了自己的快感和食欲，你不过是绦虫的奴隶而已。

这则寓言告诉我们，无论是追求美，还是追求成为一个作家，一个最重要的精神元素是：心甘情愿，主动，不为自己……

这对我们的教育工作者是不是有着另一种启发呢：将教育变作一条绦虫，植入自己的体内，让我们为了这条教育的绦虫，不断地吸食进营养，然后去培植它。让我们心甘情愿地为了它而劳动，只问耕耘，不计收获，以一种虔诚之心，面对教育，为教育付出，为中国的明天，为学生的明天，踏踏实实地为教育奉献自己的一切。

虽然现在的教育存在问题，但我们为教育奉献的情怀不应该有任何犹疑。也就是说，教育的问题绝不是我们回避教育或者不建立教育理想与抱负的理由。这是原则，也是底线，同样也是所有的教育工作者必须面对和不可动摇的基准与教育常识。

教育抱负或者教育理想，应该和略萨所认为的一样，也应该是一种"具有排他性的献身"，是一件压倒一切的大事，是一种自由选择的奴隶制——让它的牺牲者（心甘情愿的牺牲者）变成奴隶。"献身"是一件完全自愿和自主的举动，教育者不必过多地埋怨别人不劳而获，也不必为自己的劳而无获耿耿于怀。其实，教育的最大回报就是在教育过程中带来的快感，就像阅读的最大快乐就在于手指翻过纸张的时刻。青灯黄卷业，寂寞白头人。这是一种可贵的奉献，也是一种极有价值的牺牲。它的全部价值就在平凡而寂寞的过程之中。

也许，现在谈这些，可能有冬烘先生之嫌，有点与时代精神相悖。但深究起来，很多人被教育的现代化进程所迷惑，认为，在教育过程中，我们已经不再需要这种精神与意志了。很多人也不再觉得教育必须向后看了。这实在是一种极其错误而又可怕的导向。

教育如果要抵达理想的境界，就必须要有这样的具有"牺牲"情怀的教育工作者，像倡导华德福教育的黄晓星、张莉夫妇，像卢安克那样守望于中国贫困山区的德国青年，像志愿为贫困山区义务送教的徐本禹，像更多的默默无闻，耕耘于三尺讲台、淡泊名利终生与辉煌无缘的普通教师……都应该是我们教育工作者学习的对象，他们的境界与价值追求，是对当今众多浮躁的教育现象的一种积极的矫正或反拨。

但现在的教育界，怀着这样一种教育抱负的人又有多少呢？现在的一些教育名流，动辄描述教育情怀，或则像大师一样指点教育江山，或则带着所谓新生代的锐气批评教育，今天一个实验，明天一个主义，后天一种潮流。这种现象，可以说是一种大文化背景所带来的教育眩晕的景观，又有多少人愿意立足三尺讲台，去做一些实实在在的工作呢？

当然，关于将作家的抱负比作绦虫的想法，其实在美国作家托马斯·沃尔夫（著名作家、诺贝尔文学奖获得者威廉·福克纳的老师）那里就曾经有过，他把自己的才能描写成在心中安家落户的蠕虫："……这蠕虫在这之前就钻进我的心中，它蜷曲在那里，用我的大脑、精神和记忆做食粮。我知道，自己已经被心中的火焰抓住，已经被自己点燃的火吞食，已经被多年来耗费我生命的愤怒与无法满足的欲望铁爪撕得粉碎。一句话，我知道，脑海里或者心中或是记忆中，一个发光的细胞将永远闪耀，日日夜夜地闪耀，闪耀在我生命的每时每刻，无论是清醒还是在梦中；我知道那蠕虫会得到营养，永远光芒四射；我知道无论什么消遣，什么吃喝玩乐，都不能熄灭这个发光的细胞；我知道即使死亡用它那无限的黑暗夺去了我的生命，我也不能摆脱这条蠕虫。""我知道我终于还是变成了作家；我也终于知道了一个人如果要过作家的生活，他会发生什么事情。"（托马斯·沃尔夫：《一个美国小说家的自传：小说家的故事》）

面对教育，我觉得现在最要紧的是建立一种宗教般的价值追求。对一个教育工作者而言，矢志不移是一种教育方式，也是我们生命体中的一个重要的细胞，我们为它而活着，为它而去从事着教书育人的事业，无论我们当初的对职业的选择是一种自愿自觉的还是非自愿自觉的行为。应该看到，作为一种人生行为，当初选择教育，最起码是尊重了自己的某种需求与需要。

可是，现在，能够建立起这种价值追求的人在哪里呢？

教育，应该体现出选择性。我不反对大多数教师选择一种庸常而温暖的人生，但是，教育偏偏是个需要才华的事业，它几乎像个黑洞，吸引那些有才华的人把毕生的精力投入到其中去。真正的教育，需要一种感悟，一种引领，一种高度，一种精神。这种精神，甚至是一种清教徒式的献身精神。对教师来说，最合适的态度应该是，教师把运用才华作为最好的生活方式。教育作为一种生活方式的另一层意味在于：谁把这个美好而耗费精力的技术及才能掌握在手，他就不是为生活而从事教育，而是活着为了从事教育。

教育的绦虫寓言，其实在提示着一种教育操守的同时，也在提示着一种教育的清醒：我们要清醒地知道我们所从事的事业与这份事业中包含的全部价值与意义，同时也清醒地明了我们在这一过程应该如何去克除浮躁和那种大而无当的教育眩晕。

我是从阅读大师开始立论的，请允许我再回到最初立论的起点上：现在的教育界，有一种令人欣喜的现象，那就是被称为"新生代"的一代青年教师表现出一种深刻的思辨色彩与逼人的论争锋芒，在这个悄然崛起的一代人中，确实有很多教师已经达到了大师或准大师级的水准，一些新生代教师的阅读深度以及他们视野的广阔、思维的深刻、论证的犀利可以说因一种多元语境的背景，而远远超过了他们的上一代。

但是，笔者在这种情境中却发现了问题的另一面。

正像很多人注意到了文艺复兴时代人文主义的高扬并不是坏事，但是过分强调人的个性的张扬，却实际上导致了在个性解放的口号下人们"为所欲为"、一味放纵情欲带来的社会罪恶，也导致了文艺复兴晚期信仰失落时人们陷入到进退两难的矛盾境地（莎士比亚的悲剧非常准确地为我们描画了这种矛盾）。在"新生代"们崛起的时候，在一个众语喧哗的情境中，有的人因为所谓的某种深度与广度而陷入一种理论的眩晕与无可适从的茫然境地从而失去了某种价值的清醒与坚定。一些青年教师以"新生代"名师的姿态亮相，钻进了一种新的象牙之塔，忘记了教育工作者应有的姿态，动辄搬弄一些现代主义或后现代主义或建构主义思想的语汇，来对中国当代的教育进行某种解读或颠覆，将一些对广大教师而言是非常陌生甚至一辈子也不可能接触的诸如多元智能理论、言语符号学、历史诠释学、元叙事等，逞弄于口舌与笔墨之间，务于钻牛角尖，务于寻求理论快感，而忘记了教育工作者本应面对的日常行为。

另有一种有意思的现象是，教育已经被杂陈的人文思想所挟持，而少有清醒而坚定的学者站出来，表明某种思想其实并不能适用于教育。譬如说，17世纪的大科学家、大思想家帕斯卡的哲学名著《思想录》中"人只不过是一根芦苇，是自然界最脆弱的东西，但他是一根有思想的芦苇"一句，被无数人援引，所有人一夜之间都成了会思考的芦苇了。这句话当然没有错，但是，所有人都这样定义着人，显然有点荒谬。这种所谓的芦苇长满了教育思想的领地，这种虚假的繁荣却让很多人产生了一种思想的豪富感，言论之自由，思想之独立，已逐渐演变为一种新的独断，由此形成教育界的浮躁大观。

这是一种非常低级的抄袭。是一种不愿直面教育现状所采取的一种简化与缩水。恰如"新生代教师"这一说法，便是对文学的一种偷天换日的抄袭。教育界如此步人后尘，实在不足称道。更何况，文学界的"新生代"之说，既有横向的流派分别，也有纵向上承接"先锋派"文学的传递，而教育上，则纯粹是以年龄与上下代关系来论列 60 年代左右的青年名师群，而对这一青年名师群的文化背景与地域特色，则没有过于细致的研究。

有意思的是，正是这一被命名为"新生代"名师群，大多数人在对于教育的研究中，其实已经远离了教育，比较好的状态也就是处于一种边缘地带。至于针对学生，针对教材文本进行过细的研究与发掘，坚定某种教育情怀与价值诉求，坚守三尺讲台的寂寞而实在地为学生工作，这样的名师群体，其实与他们的上一代的坚定性或则直接谓之绦虫的本性相比，是远远不如了。

与教育的绦虫寓言产生极大的疏离的现象是，教育面对某种存在，出现了某种深刻的遗忘，忘记了教育对象的丰富性，忘记了教育对象所处的现代化进程的背景，忘记了教育对象的人性与人格塑造。忘记了回归教育的某种常识性。

当然，现代社会，科学的飞速发展很快将人类推入专业领域的条条隧道之中。人们掌握的知识越深，就变得越盲目，变得既无法看清世界的整体，又无法看清自身，就这样掉进了"对存在的遗忘"的状态中，无视眼前也无法看清眼前的教育现实，从而陷入一种封闭的理论迷宫之中。在这一种教育景观中，很多人已失去了关注心灵与情感的耐心，失去了在一个个现象之中深入下去的内力与穿透力。

古人云：吾道一以贯之。现在又有多少教育工作者能有这样的坚定、执着与教育操守？教育的绦虫寓言，是不是能够让我们想到我们曾经坚守而又中途丢失的东西，然后，重新回到原来的位置，为教育作出自己的一份独特的贡献，真正地成为一个严格意义上的教育工作者呢？

写于 2006 年

注：本文写作于本世纪初。文章写作当时，略萨先生还未获得诺贝尔奖。当时，我醉心于研究小说家与小说，很自然地，他的那本伟大的著作会出现在我的案头。直到现在，我还经常阅读。

姜广平附记于

2017 年 5 月 18 日

他们将居于今后所有事情的核心

著名教育专家、华南师范大学博士生导师、广东省教育科学研究所所长郭思乐先生，对教育中"人的完满发展"问题，进行了深入的调查研究，在经过反复实验的基础上，构建了民族传统教育特色和现代教育特色相结合的科学的教育思想——生本教育体系。

郭思乐生本教育思想的核心内容是：高度尊重学生，全面依靠学生，把以往教学中主要依靠教师的教，转变为主要依靠学生的学。而教师则要退后，教师的作用和价值，体现在最大限度地调动学生的内在积极性，组织学生自主学习。

真正打动我们的，我觉得是郭思乐先生的这几句话。

"我们面对的每一个孩子，哪怕是数学才考了十多分，哪怕是还拖着鼻涕，哪怕是字写得歪歪扭扭，有一点是可以肯定的，即作为人类的一代，他们都像长江一样，'从远古走来'，又'向未来奔去'。在他们后面的，是人类 50 万年进化发展的历史；在他们前面的，是正在展开的现代社会，他们将会居于今后所有事情的核心。""一旦我们醒悟这一过程的必然性，就会明白教育过程的主人和主力，原来是儿童自己，我们只不过是儿童自主发展的服务者和仆人。"

"他们将会居于今后所有事情的核心"——这，不仅仅是教育方法的转变，更是教育观念的深刻变革。这句话点破了一种事实：无论你愿意不愿意，也无论你同意与否，现在的儿童，在今后的社会发展进程中，都将会居于所有事情的核心，他们将主宰一切。认识到这一点，我们才能彻底明白一个道理：生本中心论，也许是最符合学生发展的教育思想。学习的发生之处是学生。任何时候，都要坚定地相信学生、依靠学生。这是"生本教育"理论的一个基点，也是"生本教育"实践的一个逻辑起点。

印度哲学大师奥修把这样一句话称为最伟大的祷文："当鞋合脚时，脚就被忘记了。"脚被忘记，是因为脚处于"忘我"状态，工作得非常好；反之，如果鞋不合脚，脚疼了，就会被时时记起。

同样的道理，当教育适合学生时，学生就忘记了自己在学习，忘记了自己是在课堂上，甚至忘记了自己。在忘我的时刻，学生的能量就不会被教师的说教所消耗，真正出现投入和着迷的境界。

"生本教育"所要实现的，也正是这样的理想。

生本教育的倡导者郭思乐说："教师的最高境界，是'不见自我'。他应该是一只最合脚的鞋子。他的核心任务，不是自己'教'，而是组织学生'学'、服务学生'学'。他要为学生创造生机勃勃的、令学生'忘我'的课堂。"

生本教育，其实就是一种对生命高度尊重的教育。

生本教育，同时也是一种对儿童高度尊重的教育。

1982年，美国纽约大学教授尼尔·波茨曼出版了《童年的消逝》一书。书中的一个重要观点即：捍卫童年！作者呼吁，童年概念是与成人概念同时存在的，儿童应充分享受大自然赋予的童年生活，教育不应为儿童的未来而牺牲儿童的现在，不能从儿童未来的角度来提早设计儿童的现在生活……

美国教育家杜威也指出："生活就是生长，所以每个人在一个阶段的生活，和另一个阶段的生活是同样真实、同样积极的，这两个阶段的生活，内容同样丰富，地位同样重要。因此，教育就是无论年龄大小，提供保证其充分生活条件的事业……教育者要尊重未成年状态。"

蒙塔古曾经说过，"在地球上所有生物中，孩子是最为如饥似渴的学习者。"

泰戈尔说："诗人把他最伟大的童年时代，献给了人类。"我们也可以换一种说法，孩子把他最美好的孩提岁月，献给了成人世界！童年的伟大即在于：那是一个怎么做梦怎么遐想都不过分的时段，那是一个有能力让孩子相信梦想可以成真的年代……一个人的一生中，所能给父母和亲人留下的最珍贵礼物、最难忘的纪念，就是他遥远的童年了。

平心而论，童年所赐予我们的幸福、勇气、快乐、鼓舞和信心以及童年所教会我们的高尚、善良、正直与诚实，比人生的任何一个时期都要多得多。

有人说，对儿童的成人化塑造，乃这个时代最丑最愚蠢的表演之一。而儿童真正的乐园——大自然的丧失，是成人世界对童年犯下的最大罪过，就像鱼塘鱼缸对鱼犯罪，马戏团动物园对动物犯罪一样……

现在的教育，是否可以与鱼塘、鱼缸相对于鱼或马戏团、动物园相对于动物的关系类比呢？人固然要长高，要成熟，但年轮添加了，反而灵魂萎缩，人格变矮，梦想消逝。这种代价也就付出得过于惨重了。

人类近 200 年来最伟大的发现是发现儿童。在儿童节又将来临之际，但愿人们再一次想起：儿童，将居于今后所有事情的核心；我们，只不过是儿童自主发展的服务者和仆人……

重视儿童的自我发展

1990 年代才被真正引进到中国幼教事业中的蒙台梭利教育，有一个最重要的儿童观，那就是，蒙台梭利对儿童的"工作"和"游戏"进行了区分，她将儿童使用教具的活动称之为"工作"，而将儿童日常的玩耍和使用普通玩具的活动称之为"游戏"。蒙台梭利不认为儿童最主要的活动是福禄贝尔及其追随者所推崇的"游戏"，她认为游戏特别是假想游戏会把儿童引向不切实际的幻想，不可能培养儿童严肃、认真、准确、求实的责任感和严格遵守纪律的精神和行为习惯。只有"工作"才是儿童最主要和最喜爱的活动，而且只有"工作"才能培养儿童多方面的能力并促进儿童心理的全面发展。

当然，蒙台梭利仍然有欠缺。因为，按照蒙台梭利的观点，儿童日常的玩耍和使用普通玩具的活动是为了"游戏"。然而，要看到，"游戏"是成人对一些不切实际的活动的界定，而在儿童那里，这是一个不能成立的语词。在儿童的视野里，在童心观照的世界里，是不存在游戏的。虽然，他们可能会需要成人配合他们做一些譬如"丢手绢""捉迷藏"的游戏，然而，说是游戏，但在儿童，仍然将其作为一项时间里的重要"工作"进行的。他的"丢手绢""捉迷藏"与成人眼里的"丢手绢""捉迷藏"完全不是一回事。

儿童工作是内在本能的驱使，遵循自然的法则，以自我实现与自我"完美"为内在工作目标的活动。儿童的工作是一种创造性、活动性和建构性的工作，儿童的工作是他自己独立完成的、无人可以替代的工作，儿童的工作是适应环境、以环境为媒介来充实自我、形成自我并塑造自我的过程，儿童的工作按照自己的方式、速度进行，这一切，都有别于成人的工作特点。

蒙台梭利认为儿童工作是这样来划分的：从无意识的工作→心智工作→有意识的活动性、创造性与建构性的工作。而这一切，都是为了沟通人类与环境的关系，展开人类的自然禀赋，使自己得到良好的发展。这一点，是蒙台梭利关于儿童自我发展的儿童观中最为重要的内容。正是这一点，让我们认识到，如果压制儿童的自我发展，用奖惩的办法诱骗儿童集中注意和缄默不动，则在儿童的人生发展上会导致一种非自然的结果，这会使儿童的尊严丧失殆尽。儿童的尊严丧失，则意味着教育尊严的丧失。恰恰，这种儿童尊严的丧失就是教育尊严的丧失，这里的一种二而一的必然关系，是很多教育工作者所习焉不察的。

重视儿童的自我发展是我们今天教育面临的挑战，也是我们今天教育改革的重要课题之一。现在，人类进入了知识经济时代。我们这个时代，教育的最突出特点是：任何教育阶段都不可能教给学生终生所需要的知识，因此终身教育日益受到人们的关注。"人是一种未完成的动物"，在目前是一种显得更为精准的判断与概括。为适应终身教育的需要，现代教育的重点已从单纯的知识技能的传授，转向培养学生自我发展的能力。而幼儿教育是为人的一生打好全面发展和主动发展基础的教育，从幼儿时期就着手培养其自我教育与发展的能力，将会使其受用终生。因而，儿童自我发展，也就成为素质教育的根本要求。

第四辑

阅读形成思想

教师阅读的文化思考

一

关于读书之论，英国著名的思想家培根已经作过论述，其论述十分精彩。特别是著名翻译家王佐良用文言文翻译出来的《论读书》简直精彩绝伦。关于读书的功用，《论读书》一文如此表述：

读书足以博情，足以博彩，足以长才。其怡情也，最见于独处幽居之时；其博彩也，最见于高谈阔论之中；其长才也，最见于处世判事之际。

怡情、博彩、长才，这是读书的三种功用。似乎，培根也将读书的一切功用都穷尽了。

如果仿培根之论，我则认为，还要加上三点：读书使人心灵纯粹、宁静，读书使人美好，读书使人充满希望。

中国人曾这样表达过读书的功用：读读读，书中自有黄金屋；读读读，书中自有千钟粟；读读读，书中自有颜如玉。

这可以说是将读书的功利性提到极致了。

南怀瑾说，儒家是粮店，道家是药店。这也是从读书的功用说的。当人们对现实失去一切希望后，会转而从书中寻求慰藉，让书籍抚摸自己，安慰自己。

这些有目的的读书，当然十分好了。

现在的情形是，很多时候，人们就像消费跟着广告走一样，跟着时潮去读书，从来不考虑在内心深处是为了什么要去读书。我们不太能认真地思考一本书真正存在的价值，也很少考虑我们为什么而读书。

从来没有人考虑过，读书还有一个伟大的目的：无用之用。

无用之用，就是要我们以一种无所求的心态，将自己沉浸在书中，读书的目的，只是为了读书。三更有梦书当枕，只是为了一缕书香，而甘愿让自己成为一本书的主人或者一本书的俘虏，完全占有它，或完全被它占有。

二

我发现一个问题：真正的作家是在四十岁以后，真正会读书，可能也要到四十岁之后。这之前，我们很可能不知道如何切入，也不知道如何理解。有时候，面对一本本杰作，我们甚至连一知半解都没有，根本不知道作家想要表达什么，想要说些什么。很多作家曾与我谈起过他们的读书，讲他们面对的书是写了什么，是怎么写的，是如何让他们震惊的。有时候，他们甚至能感受到杰出的作家们的体温。

可是，我们教书的人，什么时候有过这样的感觉？我们读了那么多书，可是，我们真的相信过书吗？书是否真正地搁置在我们的精神世界里？书在我们的精神世界里有多重？

现在，我年届五十，又有了一个新的看法：过去，我们看书非常遥远，现在发现，书离我们很近；过去，我们发现书中写的也许是虚幻的，不真实的，现在看来，书中写的全是我们的生活，全是你我他的真实；过去，我们发现书可能并不重要，现在，我们发现，书不可或缺。

泪洗后的心灵，如雨后的青山。我们如果不用书中的美好来淘洗我们的心灵，我们将无法发现生活中的美好。如是，我们自己将无法美好起来，更无法去塑造美好的学生。

如果我们一直在微博里讨生活，永远在网络上消磨时光，那么，我们就将不再可能让我们的心与灵魂接上地气，也就是说，我们就不可能真正地成长。

我常常感动于雨果之于法国读者的关系。人们说，一个雨果培养了一个喜欢读书的法兰西。可是，在我们这个国度，自古及今，我们并没有缺少像雨果这样的大师啊！为什么我们很多人离书越来越远呢？

　　我们现在所处的是一个极有意味的时代：这是一个快节奏的时代，但是读书偏偏需要我们慢下来；这是一个浮躁的时代，但是，书却需要我们能够静下心来；这是一个每年都会生产无量数的书的时代，但是，真正能走进我们的心灵，让我们一生珍藏的书却又是微乎其微的时代。

　　对做我们这一行的人来说，一个更可怕的现实是，很多教书的人并不读书。或者，也读着，只读着教科书与教辅书。

　　有一个词，现在发现真的非常好：教书匠。虽然，我们时常自命为教师，也有人以教育家自诩，但是，从读书角度看，我觉得还是要尊重常识，回到教书匠这个定位上来。

　　著名作家张大春说过："工匠不对自己的作品形成美学，这就没有天良了。"我们是教书匠，如果我仿张大春的话：教书匠都不把书读好，这就没有天良了。

　　这是一个教育工作者要遵守的最起码的伦理。教书的人读书，不但是要打磨自己，还要能够引导学生。在教育过程中形成敏锐而成熟的价值判断，并以这样的价值取向引导学生，就必须具备对自己所教学科的准专家级的深入钻研，必须对读书保持着一种虔敬。美学诉求与伦理诉求，就应该这样辩证地而又是充满悖论地存在于我们的读书过程中。读书的过程，就是重塑灵魂的过程。

　　但诺贝尔文学奖获得者黑塞在《获得教养的途径》中却说过："……教养得有一个可教养的客体作前提，那就是个性或人格。没有这个前提，教养在一定意义上便落了空，纵然能积累某些知识，却不会产生爱和生命。没有爱的阅读，没有敬重的知识，没有心的教养，是戕害性灵的最严重的罪过之一。"

　　这样来看，阅读如果不能使读者与作者产生一种对抗，那么这样的阅读，显然又是非常危险的。这就是说，读书还有一种最伟大的功用，那就是形成思想。

三

陈寅恪在1933年写作《冯友兰中国哲学史下册审查报告》一文时，曾突然冒出这么一句自白："寅恪平生为不古不今之学，思想囿于咸丰、同治之世，议论近乎湘乡、南皮之间。"

很多人都对这句话做了研究与探讨。

虽然这是在对冯友兰的著作进行评价，然而，这句话，确实是走向陈寅恪内心深处的路径。如何理解陈寅恪为何要将治学目标定位于咸、同之世，曾（国藩）、张（之洞）之学？

是否可以这样理解：陈寅恪"思想囿于咸丰、同治之世"的表态意味着他要以这时的状态为起点重新开始中国文化出路的思考？历史当然不能倒回重走，但文化思考的结论可以是对当下的针砭，也可以是对未来的启示。陈寅恪认为，在咸、同之世，传统文化的学理能够统摄人心，以此学理为根据的中国文化自信还未沦丧，我们应该继续沿着这样的道统走下去。否则，我们的道统可能全面崩溃。这样，我们便不难品咂出先生的深意：要吸收外来文化为我所用，进行自身文化的更新改造，但却不能丧失本土文化的特质，这是价值转换与价值多元所不可缺少的基础。一旦对自己文化价值的自信失落，一个民族在面对外来先进文明时就会把持不住，失去一种健全的心态。而若没有一种健康稳定的心态，文化的吸收、改造和转型就很难指望成功。

我们曾论及中国教育的价值底座，先是为美式风暴所裹挟，继而则由凯洛夫教育理论所构建。到现在，后现代主义背景中的新课程，再一次使中国教育文化内涵暂付阙如。这种飘忽的教育价值观，在让人想起陈寅恪先生时，确实多少有点令人惭怍汗颜：中国教育价值体系里，因为始终缺失我们自己的文化价值因素，改革和转型，因而都未能竟全功。当然，清醒者也并非没有。石中英教授在《知识转型与教育改革》一书里，便曾论及随着21世纪人们知识"客观性""普遍性"和"价值中立性"批判和解构，我们不能不反思，教育所追求的"个体发展"是否是"迫使"青少年不断"遗忘"本土知识和整个传统文化的过程？

然而，这样的声音同样应者寥寥。

陈寅恪先生对曾国藩与张之洞二人的论定，也颇耐人寻味。曾国藩是儒教道统的传人、同治中兴的功臣，但他同时又是洋务运动的重镇；张之洞更是"中体西用"的始作俑者；陈寅恪以此二人为自己立论的尺度，其意不问可知：在他们那些现在看来已落后、陈腐的观点中反映的正是当时思想界所能达到的认识高度和价值向度；更重要的是在这种认识中所反映出来的当时尚存的文化自信，在陈寅恪的时代几乎荡然无存。

这是一个中国文化行走在暗夜的时刻。陈寅恪单枪匹马成了中国文化的守夜人，他以学贯中西的文化自信，希望清醒的人们以曾湘乡、张南皮的眼界和理论为出发点，重新恢复这种文化上的自尊和信心，这是把太沉重的历史使命放在自己肩上，这是要挽狂澜于既倒。然而，时潮是有力量的，它有着一种裹挟的力量，让身处时潮中的人身不由己。说及这一点，也许，你已经知晓，我举陈寅恪的读书案例，是想表达什么意思了。

陈寅恪的时代早已过去，咸、同之世也已经是一个朝代远去的背影。近代中国有一次民族复兴的契机在咸丰、同治之间，在湘乡、南皮之际与我们擦肩而过，现在，中国正日益以大国的形象出现在国际舞台上，而这个文化多元的时代，恰恰又是民族复兴的事业摆在我们面前的时代，颇类似于当年陈寅恪先生谈王国维之死时所说的"盖今日之赤县神州值数千年未有之巨劫奇变；劫尽变穷，则此文化精神所凝聚之人，安得不与之共命而同尽……"教育工作者，如果能深知自身乃"文化精神所凝聚之人"，那么，我们就会考虑一个大问题：我们的工作如何与我们的民族共命运？我认为，应该是建立起以中国文化作为重要标杆的教育价值体系。诚如是，则能上续章太炎而下的国学大师们的努力，成为王国维、陈寅恪、钱穆那样的中国教育文化守望者，下启诸多后来者，共赴我们的教育大业！

读书至此，我认为，才是当今教育人的最高境界。

读书之心

关于读书心法，细细考究起来，其实，法在后，心在前。也就是说，读书之前，最为重要的是要调整好读书的心态。我们说，这就是：读书之心。

伟大的培根，其实也论及"读书之心"的。在他的《论读书》中，其实，点出了人们的读书心态：

一乃读书只为"怡情"，二为读书为了"博彩"，还有一种，读书为了"长才"。

这三种读书之心的功用也非常有意味："其怡情也，最见于独处幽居之时；其博彩也，最见于高谈阔论之中；其长才也，最见于处世判事之际。"

其实，培根将读书的功用尽皆说透了，读书，其实就只有两种作用：一为有用之用，二为无用之用。

可惜的是，现在，大多书读书人，特别是大多数教书之人，其实未能将无用之用纳入到自己的视野。这样一来，读书之心就显得功利而浮躁了。

功利而浮躁，其实便是对书与作者的最大简慢与亵渎。很多书，的确无用，但它们必须存在于我们的精神世界里。就像《论语》《孟子》《鲁迅全集》《忏悔录》等，我们很多人都读过了，然而，很少有人还让它们立于我们的案头，更鲜有人每天都要用眼睛与心灵抚摸这些丰厚的精神遗存。

一个读书人，有一种必要的膜拜方式与虔敬之态，才是读书之时的最好的心态。

读书之心的最高境界是：将自己像倒掉一碗水一样地清空，然后，以虔敬之心，膜拜之心，全然接受作者，将作者置于自己内心世界的最高最尖的顶端。

然而，这种心态的建立，现在看来至为艰难。现在，是一个信仰消逝、偶像崩溃的年代，是一个质疑的时代，是一个名人名家也可以为邻的时代。这样一来，不管对什么书的作者，人们都敢大胆地质疑、批评。"怀疑一切"成了很多人的原则。殊不知，读书之心的最高境界，恰恰是对书的一见钟情与毫无保留的爱。

其实，论及读书之法，我们认为，一见钟情与毫无保留，才能演化为一种最为美妙的也最为有效的读书之法。

我对日内瓦学派的重要著作《批评意识》可以说是一见钟情。书中提及的夏尔·杜波斯这个人，他完全将我镇住了。他说过这样一句伟大的话："人的确是个场所，仅仅是个场所，精神之流从那里经过和穿越。"

让自己成为一个场所，让自己清空为一个巨大的广场，然后，让书中的精神之流从那里经过与穿越。我觉得，这才是最好的读书心态。

怀疑一切，是不可能让自己成为最好的读者的。

有些人可能要说：孟子说过，尽信书不如无书。然而，孟子所论，其实哪里是关于读书的心态呢？孟子无非是劝谕世人，认真读书并能举一反三罢了。

不喜读书；抑或，存心诘难作者。读书的心态如斯，读书之效，就可想而知了。

当然，现在出书容易多了，身边的人有很多出过书。对他们的书，又该持何种心态呢？

我还是那句话：一见钟情，毫无保留。

当然，你还可以作另一种选择：我只阅读大师，而拒绝平庸之辈。

其实，你如果选择了对同行著作的阅读，也同样会有大的收获。前提是：首先一见钟情，毫无保留。其次，批判性地接受，有选择地扬弃。一见钟情、毫无保留是为"进得去"，批判、扬弃是为"出得来"。

再谈读书之心

一个真正的读者，一定是一个具有悲悯情怀的人。读书至此境界，方为一个真正的读书人。

一个真正的作家，是拒绝那种捉肩谄媚之态的。很难想象出一个捉肩谄笑的人能写出真正的大作品。同样，一个真正的读者，也一定是拒绝那种媚态百端的文字与姿态的。这是向下的原则。然而，在读者，还有一个向上的原则，也不要轻易触碰：那就是，读书的目的，并非是让一个人可以有凌驾众人之意。至于文人相轻、自命清高、孤芳自赏，这类读书人的通病，其实都是没有摆正读书之心。

真正的伟大作品是对人的心灵的抚慰。真正的阅读，也因此应该是对心灵的悲悯的触摸。大千世界，人如蝼蚁；逝者如斯，不舍昼夜。这都是在提醒着人的困境与尴尬。读书的目的，正是对这些永恒真理的追求。所以，在我们论断一个伟大的作品时，其标准为：是否真正写出了人类的文学命题，揭示了人类的问题与困境，并以此推进人类的文明向前发展。因而读书的最为伟大的目的，也应该与此相类，即，为了求是、求真，为了文明的发展与心灵的成长。

读书的目的，其实只是为了培养自己穿透这个世界的能力。你所读之书，只不过是为了佐证你对这个世界的认识。然后，则进一步努力改变这个世界。

所以，所谓悲悯之心，首先表现在对无法准确把握的外部世界的虔诚，其次，则是对万物皆有定数甚至万物皆归寂灭的敬惜与敬畏。所读之书，并没有教我们自命清高、视万物为刍狗。如果读书只为视他人如无物，目无下尘，那么，一个读书人就陷入了最大的困境。

仁者爱人，便是真正的读书之心。

人的进德修业，一如万物生长。上天有好生之德，天生我才必有用。但上天之德，天纵之才，乃是为了回馈社会，造福苍生。这才是读书的根本。因而，我在读到"能力越大，责任越大"（With great power comes great responsibility）时，有一种醍醐灌顶之感。真正的读书，竟然不是为了自己。一个人的能力再大，也是这个社会赋予的。你可以说钟灵毓秀集于你一身。然而，造化的这份钟爱，必是希望一个人能够有所担当，仍然回报造化万物。

所以，从这个角度上讲，我们就看到了读书人的差别。有些读书人，可以臻至大知识分子的境界；有些读书人，一辈子只做了个小知识分子；还有些读书人，终其一生，连知识分子也算不上，充其量只是一个识字分子、知道分子而已。如果再细细辨之，真正的读书人，是所谓大儒，哪怕他述而不作。而只抱着死书，只为一己者，乃谓犬儒或陋儒。

现在的中国社会，犬儒、陋儒者甚众。转型社会在将知识与经济进行转换时，很多读书人将自己的立场、思想尽皆丧失掉了。试想，读书人如此，又何况那些凡夫俗子呢？

爱德华·希尔斯说："每个社会里面，都少不了一小撮人，他们具备超越凡夫俗子的本质才能，喜欢探索比日常生活之具体情境更为普遍、在时空层面更为遥远的符码，并且渴望与这些符码进行频繁交流与沟通。"所以，这就决定了知识分子不光要会在书房里研究知识，还要投身到社会中，用自己的知识去启蒙别人。从柏拉图和孔子开始，社会有了知识分子，也就有了无法独立的知识分子。任何一个读书人，都必然是某一种社会发展的结果或果实。那么，对天下、对苍生、对社会负责，也就是读书人的必然使命。

所以，读书，其实只是为了一种被选择。一个真正的读书人，是必然会被选择作为一种具有担当精神的天使的。

这也是一种读书之心。

读书之姿

作家叶兆言与我说起过祖父叶圣陶对他产生的影响，更多的是在写作的姿态上。"我祖父八十岁时，都坐在书桌前看书写作思考。我觉得这是一个读书人、一个作家应该保持的一种姿态。……当代生活中给人诱惑的东西太多，作家如果挡不住这种诱惑，那他就无法拥有这种姿态。而如果没有这种姿态，那么就很难说是一个出色的作家了。"（参见笔者：《"写作是一种等待"——与叶兆言对话》）

我非常认同叶兆言的看法。在我看来，最好的读书姿态，是应对外界的诱惑所形成的一种体态语言——甚至可以直接地说，就是一种心灵的方式。

古人读书的讲究，近乎一种仪式，端正衣帽，焚香净手。在我看来，这种读书之姿固然有那么点繁琐，但是，那种对书的虔敬却是一道美丽的风景。

真正想读书的人，仪式的存在是必要的。读书的姿态，更多的是一种读书的心态。决定心态的，恰恰是姿态。

笔者至今保持一个习惯，每月之中，必有一夜与书同在。端坐书桌之前，读书通宵达旦。苏霍姆林斯基说过："一个真正的人应当在灵魂深处有一份精神宝藏，这就是他通宵达旦地读过一二百本书。""三更有梦书当枕"，当指这样的读书状态吧！对教育保持一种虔诚，也当有这样的读书之姿吧！

当然，不是所有时候读书都得如此，否则读书便成为一种人生的负担。读书也是一种消遣。不读无聊之书，何以遣有涯之生。鲁迅都有一个"随便翻翻"的读书习惯。但鲁迅还有另一种读书姿态。从治中国小说史一事就可知道。

所以，真正的读书姿态，在于进得去。至于进去了，一些姿态就是非常自然的。因而，我们也就可以理解孙绍振先生在《读书的三种姿势》中说的读《荷塘月色》，"粗粗地读，可以躺着，觉得朱自清的语言挺美的。……如果进一步钻研，就不能躺着，得坐起来，仔细玩味全文。"

其实，有些时候，读到问题之处，人可能会不知不觉地站起来读书。或者读到快意之时，或需要放声诵读时，也情不自禁地站起来且来回走动。这样的读书，当然可以肯定，必在自己的书房无疑。弗吉尼亚·伍尔夫说女性写作首先得有"一间自己的房间"。对于读书人而言，也必得有一间自己的房间，方可有真正的读书。

现在，我有很多时间是在车上度过的。每周必有一趟来往于张家港与南京之间。如果一周之中有采访任务，则又必在出差的途中。此种情境下，也就不再考虑读书之姿势了，从上出租车开始，便打开书，随手摸出水笔，准备记录下读书所得……

就这样我拥有了一间游走的书房。

教师阅读读什么

这么多年来，教师读书的现状，其实还是令人堪忧的。其实，真正令人担忧的，并不是教师们没有怎么读书，而是教师们的读书范围太过狭窄，在于教师们不知道读什么以及为什么需要读这些。

在我看来，教师首先要读点人文著作。

现在的教师，阅读中的功利主义也是非常明显的。而一些报刊的功利导向，一些出版社不负责任的出版导向，则让教师们在功利主义的泥坑里越陷越深。最后，则非常迷茫，不知今天立足何地，明天将去向何方。从而一代教师丧失人文修养与立场，并进而丧失责任感与道德心。最终的结果，导致的是教育的崩溃。

在震惊世界的《两种文化》（三联书店，1994年版）中，英国学者C·P·斯诺提出了"科学文化"和"人文文化"。这种分类意义重大。科学，其目的是认识世界，而人文则提供我们认识世界的意义与价值取向。人文文化的提出，使我们"重新考虑我们的教育"。对现代人而言，已经很少有人会仰望星空歌颂自然了，这不仅仅是人的诗意的消解，而且也意味着人的精神的匮乏。教育的真正意义在于，要培养人学会仰望星空，又要学会省察心灵。

有一本这样好书：《人文之维——文化冲突中的人文科学与人文重建》。这本人文普通性质的书是《新世纪教师必读书系》中的一本。从这本书的出版角度（中国少年儿童出版社2001年版）判断，这其实是一本入门级的书，灿若星辰的人文大师显然是这一本薄薄的书所容纳不下的。然而，它却将百年来哲学、历史、美学、神学、伦理学、语言学等走向脉络作了清晰的描画。对中国 20 世纪 90 年代人文精神大讨论也作了分析。这是一本极有价值的书，一本必须置于教师案头的书。这本书，会让我们发现自己，作为一个教师，如果只读教科书，只做一个普通的教书匠是多么可怜。这本书，还会从一个更为广阔的背景下，使我们认识到自己所处的位置，并能够真切地思考一个教师作为知识分子的使命感。

我每次出去讲座，都会把这一本书推荐给老师们。一个教师，如果不想做庸师与经师，并进而成为真正的人师，真正使教育成为学生生命中重要的奠基，就必须要读一读近百年来重要的人文著作、关注近百年的人文历史，并使之融入我们的课程体系中。

我之所以向老师们推荐这一本书，还因为书中谈到的从科学走向人文的三种方式会对教师的成才、成功有非常大的启示。这里，我不妨与大家再一次分享：

"苏格拉底模式"：科学研究的客观条件尚不具备，智力条件也不那么擅长，尽管做出了主观努力却得不到令人满意的结果，并且也意识到沿着这条道路走下去很可能一事无成，即深感与科学无缘；而人文世界的探究却不受这种条件的限制，它为一心想要探索世界而自知不能解开自然之谜的人开辟了一个全新的天地，也为富有创造力而无法在科学领域里施展的人提供了舞台，这是一种"理性选择"。

"帕斯卡尔模式"：人生的特殊经历可以使在科学研究上极有天赋的人放弃或基本上放弃先前所热衷的事业，转而沉浸于在他看来是更有意义和价值的人文探究。这是一种带有不相容性的选择，或者说是在信念变换的驱使下所作的看似自觉实则不由自主的选择。

"爱因斯坦模式"：对科学的探索使学者的眼光引向形而上的疆域，引向人文关怀的终极问题；而对科学局限性和科学家责任感的双重把握，使科学家有可能走向对科学的人类性效应的深切关注。这种情况下，科学家将继续追求更新的科学成就，另一方面则同时致力于发掘其人文意义，实现其积极的人类性价值。这样，科学事业和人文事业成为可以统一的事业。

　　谈起帕斯卡尔，笔者则又感慨良多。一个不通人文的人，即使是一些所谓名师，也会经常犯一些低级的错误，同时失却应有的教育创造性。譬如，自从某名师引用"人是一棵会思想的芦苇"，教育界一夜之间就插遍了这种"芦苇"，却没有一个人愿意去考究帕斯卡尔是在什么语境下说出这句话的。这实际上是一种可怕的失语与无意识。而如果我们是个清醒的读书人，我们既会对自己作出判断，也会对他人——甚至是我们平时须仰视才能见到的人有清醒的认知。前些年，一位小学语文界一个名师，其"亲情测试"课拙劣地抄袭毕淑敏《我的五样》。如果你是一个真正的读书人，你会发现他至少违背了教育的创造性原则，同时又丧失了教育中的伦理规范。

教师阅读读什么（之二）

——兼论教育原典的意义与价值

　　当代教师的阅读偏向应该到了纠正的时候了。我们不能忽略、漠视教育原典的意义与价值，不能被时下一些浮浅的文本或次生性文本所裹挟。否则，我们永远不能进入真正阅读的境界。

　　对原典或教育原典的阅读，在当下的意义尤其重要。在一个价值观紊乱、学术失范的多元时代，是原典引导着我们去思考教育、思考社会、思考我们和世界的关系。阅读的意义之一，其实与写作是一致的，就是寻求我们与外部世界关系的关结点。有些人寻着了，他便是一个坚定的人；很多人没有寻着，便一直在一种焦躁、焦虑及浮躁中讨生活。

　　那么，何谓原典？

所谓原典，即是指"原初状态"的"经典"，是那些作为文化源头的经典要籍。它们记载着一种文化、思想、流派最开始、最本源的学说，是一种未经修饰、诠释和解读的经典著作。原典的主要特征就是文化源头性、衍生性强，对某种民族文明的产生与发展具有母体作用。如原典儒学应指孔子的学说，而不是现在我们所看到的，经过他人（朱熹等）解读的儒学。当然，诸子百家时代，即便同是儒学，如《孟子》《荀子》，也同样与《老子》《庄子》《墨子》《韩非子》《公孙龙子》《春秋》《战国策》《吕氏春秋》等诸子的作品谱入原典的谱系。这类作品虽然因为自身的佶屈聱牙常常使读者敬而远之，但她们对中华文明无可替代的母体作用必须引起我们的重视与珍惜。

原典的另一重要意义在于，它具有一种历史的选择性，即它是经受了历史的考验，有一种伟大的穿越时空的力量。

对于教育而言，教育原典则是指那些有教育发展之初或具有划时代意义的教育经典著作，如《论语》《孟子》《学记》等重要典籍，皆具有原典意义。而在西方，苏格拉底因为是古希腊"最饶有趣味的人物""精英教育"始作俑者，且提出了"认识你自己""精神助产术""吾爱吾师，但吾更爱真理"等经典性的教育论点而成为最为著名的经典哲学家，其教育思想便可作为教育原典。其后，柏拉图的《理想国》，也是非常重要的原典。正像莎士比亚"为欧洲人考虑了一切问题"一样，"我们今天讨论的一切问题都来自柏拉图"，因而，柏拉图的著作便被奉为原典。此外，亚里士多德、昆体良（正是昆体良提出了"教是为了不教"，而不是我们通常理解的这一论点乃出于叶圣陶）、罗耀拉（"文科学校"的滥觞、《教学大全》的作者、夸美纽斯（班级教学的鼻祖，《大教学论》的作者、教育科学的真正奠基人）、洛克（哲学家式的教育家、《教育漫话》的作者、卢梭、裴斯泰洛齐、赫尔巴特（勤奋的哲学家和优秀的大学教师，将心理学引入教育学，确立了教学论，将伦理学引入教育学，确立了教育目的论）、福禄培尔（"幼儿教育之父"和《人的教育》的作者、开创了学前教育的新纪元）、斯宾塞（被称为"现代的亚里士多德"）、杜威（持论为：教育即生长的过程，本身没有目的。被称为"最后一个伟大的经典式教育家"）、蒙台梭利（真正的早期教育从她开始，"儿童之家"的创始人和"诺贝尔和平奖"候选人）。

我们经常谈所谓"有根的教育"。其实，只有返回原典，从原典出发，我们的教育才真正能被称为"有根的教育"。

我们每一个教育工作者都要怀着建设的心态，重建我们的教育价值体系与教育思想体系，以对应于中国文化的重建，实现伟大的民族复兴。

原典的阅读，会让我们深刻地思考自己有没有在文化发展的流脉中寻准自己的位置。原典的重要价值在于：它会帮助我们在阅读每一本书时，架设起一种穿透力极强的双向望远镜：既看清我们的内心，也能使我们明白，我们究竟所从何来，我们终将所向何去。

阅读中的质疑与警惕

毫无疑问，教育原典是一个庞大的存在。从文化原典的角度看，文化原典是特定时代、特定地域的产物，是可以作为历史文献来看待的。所以，有所谓"六经皆史"之说。同理，教育原典，也可以作为历史来看。教育原典的基本精神同样能观照久远的岁月，反复地被后人所重新演绎，对本民族的价值取向、行为方式、审美情趣、思维定势造成深远而又常新的影响。教育原典的触角同样指向宇宙、社会和人生的普遍性问题和不朽的主题，回答那些始终困扰着人们的教育普遍性问题。

但教育原典提供的是一种哲理式的框架，而并非实证性的结论，它是一种开放式的原型，而并非封闭的教条。

例如《论语》中"学而不思则罔，思而不学则殆"，提供了"学与思"结合的结论。然而，如何结合，结合过程中的学与思的变化等微观或量的变化特点，却没有展开。因为，每个人的"学与思"都可以和其他人不同。

需要指出的是，关于教育原典的当下阅读，我们看到，存在着两种流行病：一种是过度阐释，一种是断章取义。过度阐释与断章取义，一种表现为"过"，一种表现为"不及"，都是对原典的破坏。

其实对教育原典的阅读，是以弄懂为原则。之所以出现这两种阅读方式，完全是由于阅读者企图通过这种方式将原典雕凿成一种新的东西甚至是属于自己的个性化的东西。因而也就有了胡适所谓"历史是任人打扮的小姑娘"之说。从另一个角度讲，这也无可厚非，著名的美学家克罗齐说过："所有的历史都是当代史。"因而，所有的教育原典，都是读者自己的教育原典。

但要看到这两种阅读方式里面包含了可贵的创造因子。当下国内教育书籍蔚为大观，一方面是因为书写的工具与方式发生了根本性的改变，写作已经越来越成为一种简单易行的工作，另一方面则要看到，阅读者向写作者的转化，是为了表达自己对教育原典的理解。然而，唯其如此，少作甚至不作，其实更是一种负责任的行为。创造也是有边界的。创造中须有天马行空式的独立精神与自由思想，然而，创造的品质如果无法抵达经典的境界，那么这些次生性的文本，终究只是一家之言、一孔之见。因此，对次生性文本的阅读，就应该保持警惕与质疑。

所以，阅读不可不慎。尽信书，则不如无书。

当下的教育界，很多所谓的教育流派，其实都是对教育原典的断章取义。对这些教育的浮躁大观，我们要有足够的警惕。如果冷静下来分析，我们就会发现，所谓的流派，都只是揭示了教育规律的某一个侧面甚至只是从某一个角度来言说教育的。

所以，真正的读者，是会舍弃或抛弃它们而直接进入原典的世界。因为这些所谓流派，一方面是能在我们的教育原典上找到其根源，另一方面，它们已形成了对教育原典的遮蔽。譬如《论语》，于丹的"《论语》心得"就可以说是千疮百孔，甚至有人认为朱熹对《论语》误读之处甚多。

其实，所有的阅读史都是误读史。归根结底，读书是一个人的事，是一件私人的事。予取予舍，则完全在于自己了。

在我们的文明史发展进程中，像《论语》这样的教育原典，其实已经具有了文化原典的意义，而这些文化原典早已融入到我们的血液之中，成为我们自身不可分割的一部分了。我们的教育精神，即是由这些教育原典所浇铸。世界范围之内也莫不如此。柏拉图、亚里士多德等希腊先哲的教育典籍，不仅被古代和中世纪的欧洲人奉为圭臬，文艺复兴以降，其科学精神和民主精神经过人们的创造性转换，成为引发近代文化的契机。

所以，对原典的阅读，重要性在于，让我们深刻地思考自己，让我们洞见自己有没有在文化发展的流脉中寻准自己的位置，同时，也会提醒我们所从何来，又将所向何去。

法国著名批评论家阿兰说：每个人都有两面，分别契合历史和小说，一个人身上所有能观察到的东西——亦即他的行为以及通过行为能够推知的精神状况——属于历史的范畴。教育原典会帮助我们架设起一种穿透力极强的双向望远镜：既看清我们的内心，也使我们看清，我们构建了当下的"历史"本体。

问题意识与焦虑情怀

——《朱永新教育文集》阅读札记之一

我已经养成了一种习惯，一种在阅读中伴以对抗的习惯。当更多的人在阅读朱永新产生一种钦敬之时，我则读到了他的焦虑，他的屡遭困扰的问题意识。

因为，一个没有焦虑情怀，没有问题意识的人，是不可能发现他所挚爱的事业中的那么多问题的。

所以，我有充分的理由相信，朱永新先生是遇到很多问题，也是有着诸多困惑的。否则，他的皇皇大著十卷本的《朱永新教育文集》（人民教育出版社 2004 年 8 月第 1 版），便不可能成立。

《朱永新教育文集》卷五的题目就是《困境与超越·教育问题分析》，从这里不难看出一个教育家所面临的问题。而这些问题，可能正是构成中国教育困境的焦点所在。

对于林林总总的教育贫困，也许，聪明的人会绕过去，或装作视而不见；也有很多人，可能也会企图发起勇敢的挑战与冲击，然而，也许是想回避掉可能会遭遇到的唐·吉诃德式的恶谥与尴尬，于是放弃了。现在我们看到的是，朱永新先生，作为一个清醒的教育学者，一个富有学理高度的教育官员（可能，我的这种表述还不尽正确或全面，富有学理是一回事，用清醒的学理观照中国教育的问题并力图寻求到更好更新的解决方法或途径，我觉得可以作为对朱永新先生近几年来教育努力的描绘），一个也许是在进行着无边的挑战的勇敢的甚至带着一种悲壮色彩的教育行走者，他深知，这些问题是绕不过去的。事实上，他没有也不愿回避这些问题，更不愿在这些问题前面放弃自己的努力以及由这种努力可能会带来的美好的前景或者带来的沮丧。

我不知道我的这些想法有没有抵达朱永新先生教育精神的内核，但是，我感到欣慰的是，不仅仅是我一个人感受到了朱永新先生的问题意识与焦虑情怀，在这部文集的《总序》里，许嘉璐这样讲道："中国的教育人人可得而道之。因为教育问题太复杂，中国的教育问题尤甚。……单是中国处于转型期，城乡、东西部间严重的不平衡和几个时代思想观念的相互摩擦、激荡，就可以说是当今世界绝无仅有的了。"

许嘉璐先生不是教育领域的专家，这是许先生自己讲的，然而，伟人的情怀有时候会达到惊人的一致，一个有着忧国忧民情怀的学者，他总能从不同的角度发现中国可能存在的问题——许先生是这么富有直觉地感受到了朱永新先生文字背后的那种问题意识与焦虑情怀。

从世界背景上看，和平仍然遭到挑战，多极化的发展仍然还将面临着霸权，在国内，政治经济、文化发展、物质诱惑与精神困境，也同样一直困扰着人们。很多人都在试图寻求解决这一系列问题的途径。

朱永新先生的书，也许从另一个角度给出了答案：教育可能正在成为一个抓手，通过教育，我们能够解决中国那些相关或不相关的问题。

所以，我们不能仅仅看到朱永新先生在这里只是对教育资源的配置、均衡发展、义务教育、教育科研、民办教育、远程教学，甚至当代学生的细腻的内心情绪如厌学和厌考等问题的探究与质疑……

我们也不能仅仅看到这些问题在现实的世界里要想得到解决可能还遥遥无期……

世间的问题与矛盾，有时候只能永远以问题与矛盾的形态存在在那里，尽管我们想了很多方法力求解决，但是，问题与矛盾依然存在。然而，我们得注意，变了的是我们自身，因思考与寻求，我们一步步提升了——而我们，才是教育的巨大资源啊！有了人的提升，我们便有足够的信心面对那些仍然存在的问题。朱永新先生在这本书里对教育的质疑与发问，可能，意义就在这里。

我多次与朱永新先生进行过接触。从不同的角度、不同的层面、不同的理论视域，我都曾作过试图走近这位当代教育大家的努力。与很多人所感觉到的一样，朱永新先生不是一个纯学者，他穿行在行政官员与教育学者之间。我们很多人可能都曾想努力辨清在理想教育中行走的朱永新，哪种角色在其行为过程中的比例更大。然而，我觉得这种界定是没有多大意义的。世界上可能有很多市长，但真正关心教育，从深层次去发现教育的问题并进而力图解决这些问题的市长，可能太少太少了。同样，世界上可能有很多教育学者，但愿意将自己的理论与研究交付给教育的最前沿和教育的最基层——一个乡村学校的发展状况，甚至一个乡间孩子生存与发展的论证与叙事——的学者可能同样少之又少。在朱永新先生的身上，其实，我们还可以作另一种努力：你能分得清在他的教育世界里，有多少激情的参与和多少理性精神的参与吗？虽然我觉得这种界定同样没有多大的意义，但是，一个关键的问题是，朱永新昭示着人们：教育可以富有理想，教育可以富有激情。

与之相关的是，我已经不敢提出"这世间还有多少教育中人怀揣理想与激情"这一问题，但是我敢说，因为朱永新先生的存在，很多人已经被激发起了教育的理想与教育的激情。在朱永新的身旁与身后，在网络空间《教育在线》，已经有了越来越多的追随者——而这些追随者，大多是以自己的方式来进行教育的思考与教育的努力的，他们有的在富庶的东南沿海，有的在充满文化底蕴的华北平原；有的在漠北，有的在岭南……恕我这里很难——列举出这些优秀教育工作者的姓名了。

当然，这里也许有着朱永新先生的美好愿景：让我们大家都能够从问题意识与焦虑情怀走向理想与激情相伴的教育境界。

读这本书时，我还有一个基本的想法，那就是，这本书，固然可以给那些身在教育行政中的人以启发，给那些能够为教育进行拍板的某些决策人物以理论依据，但对一个普通的教育工作者来说，未尝不是一种引领——走向某种高度，生成某种教育情怀，廓大心胸，然后在此基础上进行自觉的、充满激情激荡理想的教育。这本书让我们纯净，让我们以一种单纯之心真诚地为教育思考，让我们生成一种情怀。

还有，我想起我的一位作家朋友在谈到何清涟、徐友渔、朱学勤时，说这些人是要阅读的，他们可以让我们知道自己身在何处，他们是中国真正的财富。我想借此进行一种类比，读朱永新先生的这本书，尤其会给人这样的感觉，他让你明明白白地感受到教育在哪里，你在教育的哪一个位置，我们如何去为教育殚精竭虑地去做自己应该做的事等这些也许是教育中最最重大的问题。为什么我说这些可能是最最重大的问题呢？因为这些问题连带着教育关怀与人本关怀。

如果还有，我想，则应该是一种批评。朱永新老师在进行着一种无言的却又是非常严肃非常凌厉的批评——即如上文我提到的一些中国的著名学者，我们很多教育工作者的书架上，也陈列着这些当代大师的著作，很多可爱的人们，在言论中，都有可能援引这些当代大师来增加自己的厚重。可是，又有几位先生让那些大师的精神，穿透我们的精神空间，然后带着一种虔诚与使命感，走到社会屏幕前那个他所应该呆着的位置呢？

读书何为？也许，是朱永新先生这本书给我们提出的另一个不得不面对的问题。

享受与幸福：作为教育的起点与终点

——《朱永新教育文集》阅读札记之二

阅读《朱永新教育文集·享受与幸福》（人民教育出版社 2004 年 8 月第 1 版）时，我首先考虑的问题是，朱永新先生一定会在这本书里帮助我们解决两个问题：如何设定享受教育与享受幸福的起点？如何抵达那享受与幸福的终点？

这本书中的大部分内容，曾以《享受教育》为题作为"教育在线文库"出版过单行本。现在收录在文集之中，且由人民教育出版社出版，其影响与意义自然又非寻常可比。

享受与幸福在这里是一种具有精神高度的内容，当然，朱永新先生的教育意义，并不是排斥或拒绝可以从教育里享受到的世俗意义上的幸福。读完这本书，我真切地感受到，享受与幸福是一种优美的教育情怀，而这一教育情怀的生成，一方面固然是作者因沉醉于教育的探索而获得的会心与喜悦，另一方面，则是从朱永新先生的角度而言，享受与幸福，来自于敏锐的教育视角，来自于一个人的教育关怀意识。而这一教育视角与关怀意识的生成，正是我在第一篇文章里所提到的，是问题意识与焦虑情怀的驱动。没有某种焦虑，便不会获得一种快乐与会心；没有问题意识，也就不会对教育的未来有着一种乐观的向往与展望。当前的教育问题其实包含了诸多解决的可能与更多的明天的希望；而当前的焦虑，则会引发内心的对教育真谛的真正的寻求与向往。

朱永新先生把自己定位为一个集学生、教师、教育研究者和教育管理者等角色于一身的人，这是享受教育幸福的重要起点。因为只有这样的角色意识，心底才会真正有教育，教育也就能真正成为心田的沃土。然后，在这片沃土之上，小草生长，鲜花绽放，树木葱茏。这之后，才能真正地让心田享受阳光与雨露。

在这本书中，你会发现，享受与幸福，正像我们所说到的小草、鲜花、树木，它们开始于一粒种子而终止于一颗心灵。而这种子，可能是先生极为称道的教育日记或教育随笔，也可能是深埋于内心的那种追求成功的欲望。

关于成功，我觉得在朱老师的这本书里有着极其重要的论述。而这方面的论述，我以为接近真理的原因，就在于，朱老师揭示了成功中的德性的内涵，而这种德性的内涵，也才是我们享受教育的幸福与成功的真正的起点。

在《成功者本色》一文里，我发现朱老师对新加坡南风有限公司的"生意经"《成功者本色》的诠释非常有眼光，在朱老师看来，一个人成功的原因，大多不是因为他的才华，更主要的原因是其德性以及与之相关的非智力方面的因素。朱永新先生列举了像"成功者律己，失败者任性""成功者彻底地负责，失败者表面地负责""成功者自信，从不妒忌他人；失败者自卑，善于妒忌他人""成功者尊敬、看重自己，失败者轻视、小看自己""成功者，'人'是他最高最大的价值；失败者，'人'是实现他目标的工具"这些条款并加以详细解读，都可以看出在教育的过程中，一个人要看重学生品性的教育，更要看重教育者对自身品德的修炼。

对于成功，朱先生在这本书里讲述得较多，很容易让一些读者误读为幸福与享受的起点在于成功。其实，这样的看法当然有其合理的部分，但是，如果更深入地走进成功的背后去看一看这个问题，我们便可以断定，即便是以成功作为起点，但也仍然应该归结为德性。一种良好的德性与品德，是人生的太阳。德性的高尚可以突破人性与智力的"昏"与"庸"而走向光明的地带。这便是在朱永新先生早期著作《非智力因素与学习》这本书里，他与燕国材、袁振国先生就得出的一个成功公式 $A = f(I, N)$ 的重要内涵。在成功六字诀中，我们看到，排列于前三位的是：信、望、爱。我觉得这同样是构成成功的德性内容。我也于此可以大体认定，朱永新先生所谓教育的幸福与享受，其起点正在这里。

事实上，如果不是这样的所谓幸福与享受，光芒与愉悦便也随之黯淡无光。

享受与幸福的起点还在于关爱与关怀。在这本书里，我体会到了朱永新先生对教育对象也就是对孩子们的关爱。在那份关爱里，洋溢着一种喜悦与兴奋、激情与温暖。

朱永新先生的教育关怀从来都是具体可感的，因而，这种具体可感的爱，在他的儿子朱墨那里存在着，在其他的孩子那里也同样存在着。《老虎拉车我敢坐——一个小学生眼中的缤纷世界》得以成立的深层原因，我觉得便是朱墨——这位已经是南京大学中文系学生——将他父亲的"育儿经"里那种独特的爱作了具体而生动的展现。具体地讲就是：教育如果充满幸福，那么，首先必须充满乐趣，孩子也必须得到他应有的童年与童心！上文已经说及的德性内容，其实重点也在于"人"的成立。而在这里，童年与童心上升到真正的人，渠道只在于坚持与坚守：坚持一份童趣与天真，坚守一份无瑕与纯洁。朱永新先生引德国作家凯斯特纳的话说：

"只有长大成人并保持童心的人，才是真正的人。"

不仅对自己的孩子有着这样的教育期待与教育情怀，我们甚至可以说，少年时代的朱永新就开始享受着教育带来的幸福。在那幻想与激情齐飞的初中时代，在那绮丽多梦的高中岁月，在传承着自己的父亲那种伟大的近乎信徒般的教育情怀时，朱永新其实为教育设定的幸福与享受，以及由设定而至期待，从来都是真切地进入心灵的；这种幸福与享受，也从来都是与劳动、平凡等非常质朴的东西连结得非常紧密的。

这样，我们就能够解释朱永新先生为江阴市环南路小学生日记选《放飞希望》写作序言《与日记为伴》，为苏州市草桥中学初二（3）班学生的作品集《（3）班的故事》撰写序言《为快乐喝彩》的教育行为了。当这些篇章里灌注了更多的教育情怀，写作者是幸福的，那些平凡而普通的作者也同样是幸福的。

正是这一切，充分表现了朱永新先生悦纳他人与善待自己的情怀。而这些教育行为，我觉得都是幸福与享受的重要内容。

除了这样的教育行为以外，眼光的生成也同样基于享受与幸福这两种关于教育的深情诠释。所以，在我们阅读《杏坛时评》《科研漫笔》《名家印象》《网络情怀》及《教育"定律"》时，我们便有了一架望远镜——一架洞透一个教育家精神世界的望远镜。而这样的望远镜，其架设者即是这本大书的作者。

通过这架望远镜，我们看到了一个教育家的胸怀，体会到了生命美育、国家教育基准、民族精神甚至像吴文化及语文学科这一类教育的极其细微的内涵是如何化成一个教育家心中那份凝重的思绪、教育的激情和诗意的憧憬所汇成的精神之流。

通过这架望远镜，我们看到了人格教育诗如何一笔一画地写成，看到了先辈教育者们如何走出独具个性的教育之路，看到了传统文化与现代文明交汇下的大师们的灵魂……

通过这架望远镜，我们生成了某种教育情怀，并将这情怀化为一砖一瓦，堆砌成网络里的无形学校与老师们的进修大学，看到了创造奇迹的青年教师，看到了精神家园的守护者，看到了做梦的老师，看到了远程的美丽与虚拟的无限……

同样，是这架望远镜，让我们发现朱永新先生的理性所凝结成的那么多具有真知灼见的定律是如何昭示着更多的人生成某种教育情怀，生成一种教育期待，然后走进教育，享受教育所带来的无边的幸福……

其实，也许我的这种阅读仍然只是一种误读。幸福只是一种感觉，而且，我同样可以断定的是，朱永新先生所谓的幸福也绝不是狭隘到只有一己快乐的内涵与重量。既然是教育的幸福与享受，那么，其质量的明净与优美可想而知，而被他所感染或给他带来这种明净与优美的人数之众也就可想而知。当这样的明净与优美变成一个个铅字，当一个个铅字成为一本书，一本大书，穿过尘世的纷扰的空间来到你的书案前时，我想，一种明净与优美的幸福也就同样在你的目光下生成，在你的胸臆间生成，在你的手下生成，在你的指间生成；而如果你是一个老师，在四角天空下的三尺讲台前，你便会将你的教育空间构筑为一个美丽的世界，然后，带给你的学生、你的同事，甚至你的校长……

诚如是，在寻求这种幸福与享受的路上，便会熙熙攘攘，幸福也同样会熙熙攘攘，联袂而至——终点：你、我、他的心灵！

人本化的教育　善美真的追求

——《迈向个性的教育》阅读札记之一

　　留英、美学者黄晓星的《迈向个性的教育》是一本能让人发现自己的书，因为书中介绍的华德福教育是一种能让人发现自己的教育，《迈向个性的教育》能让人真正地体悟到华德福教育最根本的特点就是人本化，你会因此而得出一个结论，华德福教育是一种真正的教育。

　　华德福教育不主张极端性的教育方式与教育目标。而是鼓励合作、培养合作精神，培养尊重和接纳每一个有不同性格的人，同时保留人的独特个性。从这个意义上说，华德福教育是一种让人感动的教育。

　　只要一涉及华德福教育，你就会很惊讶地发现，这种教育的创始人鲁道夫·史代纳是在研究人智学的基础上，通过穿透意识发展的五个文化纪元并以此为起点开创了这种代表未来教育典范的教育的。在阅读《迈向个性的教育》时，我们注意到，华德福教育强调"人的精神自由和独立，成为精神发展的首要条件"。（P2）这便决定了华德福教育的高度已远非我们现行的教育可比。现在的教育，正如该书的《序言》作者哥伦比亚大学教育学院历史学和教育学教授、博士生导师道格拉斯·斯朗所说，教育的目标都是着重于培训劳动大军，包括科学家、技术员、专家和社会管理者等高知识层次的劳动者。这样的教育，已忽略了人的心灵需求、人生目标、人生意义和价值观等领域。缺乏人文精神，也没有人道和创造精神可言。也正如黄晓星先生在《前言》中所说的，现在的教育，已经面临着多重的缺失。人们在角逐利益时不受理性、良心、正义和道德的制约而沦为经济动物。但我们的教育却无法对此作出救赎。

而注重身、心、灵和精神整体健康及发展的全人教育的华德福教育，却能进行身、心、灵和精神进行整体的平衡教育并结合儿童独特的个性，协助儿童的智慧生成和健康成长。华德福教育是对现行教育的最良好的矫正。

史代纳认为，现在的人类的意识已经发展到了"第五个文化纪元"。在这"第五个文化纪元"里，个体意识已经觉醒，每一个都可以独立地发展自己的精神生活，并有能力通过自己的修炼而达到精神的最高境界。由此，史代纳对人类的智慧和人的意识发展作了深入研究，从而得出了关于人的身、心、灵和精神发展的独特认识，史代纳发现了人的意识是阶段性地发展的，7年为一个周期。华德福教育就是配合人的意识发展规律，阶段性针对意识来设置教学内容并让人的身体、生命体、灵魂体和精神体都得到发展。这种教育极大地满足了人的自我发展的需求，针对人的深层意识进行教育，让人成长为自己，最终达到具有超越物质、欲望和情感的洞察力与判断力，结合与生俱来的智慧和本质实现自己，找到自我的定位和人生方向。

譬如说，第一个成长阶段，华德福教育认为这是人的处于植物发展阶段的一个时期，儿童好动的天性是来自生命发展的需要。而到了第二个成长阶段也即7岁到14岁，人的意识已从环境中独立出来，开始有了参与生活活动的强烈意志。

因此我们发现，华德福教育在针对第一个成长阶段的儿童进行教育时，便主要是针对现代都市生活的越来越缺乏自然特性的特点，将学校建立在郊外，让孩子们的成长有一个最良好的自然成长环境。在教育上，则注重孩子的健康成长，给予儿童温暖和爱是这一阶段教育的重要内容，而绝不用读、写、算剥夺他们用以建造身体的自然生命力，否则，就会减弱孩子们的生理组织结构的发展。在课程设置上，则是尊重孩子们表达内心的方式，在日常生活中进行学习。我们在《迈向个性的教育》所提供的个案《范例：英国迈克荷尔华德福学校（Micheal Hall Waldorf School）》里也可以看出教师在教育过程中，有目的地为孩子们提供足够的空间以发挥他们丰富的想象力。早餐时的朗读诗歌，让孩子们知道食物从何而来，并从就餐中学会对生活的感激。

在主课安排特点方面，华德福教育仍然着眼于儿童的意识发展过程的特点。在一年级，让儿童从神话故事中学到生活的结构；在二年级，则从各种文化背景下的圣人贤者身上学习做一个完美的人；在三年级，学会探索生活的意义；在四年级，明白人与动物的关系；五年级，则偏重于文化的古代史研究，了解古人的生活方式；六年级，则一方面学习人类的文明史，同时学习物理，挖掘自然规律、人体自然的统一美；到了七年级，则迎合生理和心理在急剧变化的青少年的特点，着重学习文艺复兴文化和中世纪史，让学生以一种"人性复兴"的角度来审视我们所处的真实的世界；而到了八年级，华德福教育则迎合青少年的叛逆和厌世心态，学习世界各地革命家和冒险家的开拓精神，为下一步的高中生活铺路，我们发现，这是一种使受教育者平稳地度过叛逆期而做出的最有意义的课程设置。

正是这样的课程设置，使笔者深深感动。华德福教育是在研究了人生的各个阶段特点的基础上展开的一种教育。华德福教育密切关注着的是学生的人本发展的特点与需要。与华德福教育进行比较，我们至少可以说，到目前为止，我们的教育还没有能深切而入微地关注到受教育者各个生理阶段的不同特点，至于学生在青春叛逆期的特点与需求，也没有人能给予认真而细致的研究。我们甚至可以说，我们的德育是那么的苍白，而华德福的这种课程设置，是多么巧妙而又科学地将人在不同阶段所需要的人生营养糅合在了一起。

华德福教育实在是一种极具人性的人本化教育，而华德福教育基于这一特点所作出的善美真的教育追求，也是极其符合"第五个文化纪元"中人的意识发展规律的。华德福教育解决了很多让人困惑的东西。华德福教育在艺术、科学和信仰等方面的教育平衡地进行，引导学生用不同的视角去认识物质世界，让学生不但发现一个真实的世界，同时也发现了一个美的世界。

让自己成长为自己

——《迈向个性的教育》阅读札记之二

华德福教育的目标是很富有启发意义的。华德福的教育目标用一句话来说，就是让自己成长为自己。让自己成长为自己，也就是成长为不同于其他人的极富个性的自己，这就是华德福教育所追求的教育梦想和教育使命。华德福教育最富魅力的原因可能正在这里，它不但引导学生走向成功，同时，也让教育者本人，甚至家长和相关的成人都可以在儿童教育的整个过程中不断地自我教育和自我发展。

《迈向个性的教育》一书有一个非常好的体例，书中收录了大量的教育个案。在"华德福学校的学生"这一章节里，黄晓星给出了三个学生的个案，一是学生朗纳，二是学生依玛纽，三是学生依森。当然，在对学生的成长目标这一问题进行论述时，《迈向个性的教育》一书的书名就已经将这一目标揭示得非常清楚。书中也有大量的实现个性的成功案例。而在"华德福教师的成长过程"这一部分里，黄晓星则以个人的深切体会向人们传达了华德福教育使一个教师全面成长的生动过程。在这里，我们看到，黄晓星的老师固然可以让他获得某种知识与修养，他的同学、他的学生，还有他的孩子以及他在三元社区里的生活过程都让他领悟到了爱的教育的真谛，成功地进行了一次次最佳的教育实践。

在关于学生的个案里，我们跟随着黄晓星的视角，就会发现华德福教育不主张极端性的教育方式与教育目标。它不鼓励激烈竞争，包括竞争激烈的体育运动。不培养一定要胜过别人的意识，也不以某某同学或英雄为榜样来学习，而是鼓励合作、培养合作精神，培养尊重和接纳每一个有不同性格的人，同时保留人的独特个性。在另一个叫依玛纽的学生那里，黄晓星则通过对他的采访与研究，让依玛纽说出了华德福教育的这一重要特点："华德福教育首先鼓励全面教育，专才教育应在大学里进行。"

可以说，华德福教育实行的是一种全面而深刻的素质教育。

在依玛纽进入朱丽叶音乐学校时，他说，"我觉得那里可怕极了，因为那里学生和老师都有一个共同的目的，为了出名而学习，为了出名而演奏，没有人有朋友，朋友都是竞争对手，每一个人对别人都存有戒备心，好像每一个人都有精神病，我只想离他们远一点。"

这里面给我们的思考是很多的，很多人可能因此而对华德福教育有着误解，认为华德福教育既然不鼓励竞争，不培养学生一定要有胜过别人的意识，也不以某某同学或英雄为榜样来学习，那么这种教育与成功教育是不是有着太远的距离？

实际上，这里显然就存在着一个认识的误区。误区之一就是对成功的理解。其实，华德福教育对成功有着非常独特的认识。家长们的愿望都是望子成龙，但细细一想，这实在是一个非常不切实际的理想。社会对人才的需求是一种金字塔形的结构模式。无论处于高层或是基层，每一个人都非常重要。再有，从客观情形看，实际上只有极少数的人能够达到家长们为他们定的目标。即便是这部分人，黄晓星在书中阐述道："这部分人并非都能找到自己的生活目标和快乐。孩子在不当的教育体制下，孩子的学校和家庭生活都得不到幸福，他们的思考模式是一个模子刻出来的，他们的价值观和生活追求的目标是家庭、老师或社会给予的，生活的目标不是追求快乐，而是完成家庭、老师或社会给予的任务，孩子不能成长为自己。"

误区之二则是，我们需要成功的激励，但更多的人却没有注意到成功教育所带来的一些弊端。这些弊端可能带来的是人性的毁灭。试想，如果这种成功带来的是人与人的防备与戒心，带来的是人与人之间的心灵距离，那么这种成功是不是我们所需要的呢？再有，即便如刘海洋这些青年，能跻身清华这样的学府，可是，因成功教育而带来了精神的荒芜与人性的麻木，而丢失了自我，你能认为这是一种成功吗？

每一个人来到这个世界都有自己的天性和自己的使命，每一个孩子都会有各种各样的梦想。现行的教育，让孩子们都只为完成一个梦想一个目标而苦苦地挣扎着。学习应该是一种完善心灵增长见识的过程，现在却成了一种繁重的任务。

如果我们每一个人都愿意认真考察一下，我们就会发现，华德福教育通过一种非常艺术化的教育手段与方式，让学生在生活过程中完成了学习的使命，使自己成长为自己。

在这里，我很愿意将两个伟大人物的话再次提出来，让我们真切地思考一下我们的教育，然后再对华德福教育进行一番真切的思索。

第一句话是爱因斯坦的。这位伟大的物理哲学家说："负担过重必然导致肤浅。教育应当使所提供的东西让学生作为一种宝贵的礼物来领受，而不是作为一种艰苦的任务要他来负担……做同样的工作，它的出发点，可以是恐怖和强制，可以是追求威信和荣誉的好胜心，也可以是对于对象的诚挚的兴趣和追求真理的愿望，因而也可以是每个健康儿童都具有的好奇心，只不过这种好奇心往往很早就衰退了。"

这句话让我们懂得教育的出发点其实可以有多种，但究竟哪一种出发点才是真正的出发点呢？哪一种出发点才更切合受教育者的生命规律呢？我们注意到，华德福教育在针对第一个成长阶段的儿童进行教育时，注重孩子的健康成长，给予儿童温暖和爱是这一阶段教育的重要内容，绝不用读、写、算剥夺他们用以建造身体的自然生命力。我觉得这才是一种着眼于可持续的终身发展的教育意识。天性受到压抑，势必会出现问题。这些问题，我们的教育者们、家长们甚至包括社会大众，其实都没有这样的承受力去面对。既然如此，为什么我们的教育不顺应孩子的这种成长的要求，好好地适应他们并引导他们呢？至于孩子的好奇心，实质上包含了极大的探求的契机，可是，正是我们的教育，破坏了这种好奇心，使一个孩子过早地显出了小大人般的情形。这真是非常可怕的事。

第二句话是美国著名实证主义哲学家、教育家杜威讲的。杜威说："教育是一个生活过程，而不是为了未来的生活而做的一种准备；现代教育的失败，大多数因为忽略了学校作为一种社会生活形式这一基本准则。现代教育设想学校是这样一个场所：传递某种信息、学习某些课程并养成某些习惯。人们认为，这些东西的价值主要存在遥远的未来，儿童应该做这些事情，是为了他必须做其他的事情，现在的一切仅仅是准备工作，结果它们不能成为儿童生活经验的一部分，因而没有真正的教育作用。"

杜威所讲的"教育是一个生活过程，而不是为了未来的生活而做的一种准备"的情形其实在华德福教育里已经得到了全部体现。当我们意识到教育必须是一种生活过程并切实地将这一教育理念运用在我们的教育过程中时，我们的教育就势必出现一种喜人的情形，真正意义上的有教无类、因材施教、分层教育、成功教育便都能得到实现。黄晓星认为上或者不上大学，或者上什么大学，这只是个人使命中的一部分。现实社会也启发我们，上大学是否就意味着成功，确实已经变成一种很难说的事情了。

黄晓星在书中介绍的那个叫依玛纽的学生，要上纽约著名的朱丽叶音乐学校是他的梦想，在他的梦想达成之后，却发现这不是他的目标。黄晓星认为，这种能清晰地寻找自我，以及生活的轨迹并坦然地对待生活，这才是一个人在接受了华德福教育以后所能明白的成功，而这种成功绝不是指最终进入了朱丽叶音乐学校。黄晓星还向我们介绍了一个叫卢克安（Eckart Loewe）的德国青年的成功之路，卢克安的事也让我们很受启发。这个德国青年在广西农村志愿教书，并对中国教育开始了质疑，引起很多人对他的关注。这位曾在德国汉堡华德福学校学习过后又在大学里学过工业设计的人，1995 年来到中国，在华德福教育的帮助下，自己创造了一种学习中文的独特方法，并能用汉语著书。可以想象，一个外国青年，能在广西一个非常偏僻的农村教书，要克服多少困难。如果以普通人的观点看这个人，可能他并不能算是成功。但是，他的梦想就是要到中国来推广华德福教育。这个梦想已经达到了，他已经做到了力所能及的事。他知道中国教育存在很多问题，靠他一个人的力量是无法改变现状的。但他认为他有了理想并为之付出了行动，这就是成功。

可以这么说，华德福教育就是这样一种激励人为了实现自己的理想而永不放弃的机制，每一个人都可以肯定地能成为自己，这就是华德福教育最现实的教育，让孩子们在中小学基础教育阶段能自我成长，教育者本人也得到了成长，就是华德福教育的最美丽的目标。华德福教育的理念 80 多年来始终一致。

其实只要我们有一点清醒，我们就明明白白地知道，一个人想要取得成功，要的就是华德福教育所倡导的这种精神。这让我们想起中国改革开放以来的教育，特别是语文教育，今天一个模式，明天一个流派，后天一种实验，再后天又是一种思想，教育的成绩没有多大，只是培养了那么些今天我称你是教育家明天我称你为教育明星的所谓成功人士，而语文教学还只是在低水平上运作。相比起华德福教育来，确实太让人失望了。

人文精神与教育情怀

——《高万祥与人文教育》的两个关键词

由中华人民共和国教育部师范教育司组编的《教育家成长丛书·高万祥与人文教育》（北京师范大学出版社出版，2006 年 1 月第 1 版），在出版后第一时间里，高万祥在北京给我打来电话，非常兴奋地告诉我，期盼已久的书终于出版了。高万祥在电话里显得非常兴奋，他称这本书从封面设计到开本设计，从装帧到内容都是非常精美的，可以称得上是"世界上最好的书"。第二天，高万祥飞回苏州，晚上，他便将书送到了我的手里。

捧读这本书时，我的心情是欣喜异常的。我与高万祥曾有过三年同事的时光。在这本书中，《现代教育导报》主编陶继新先生的文章提到过我在张家港高级中学读了三年"研究生"。在《高万祥的教育诗》一文中，我的合作者卞幼平先生着意提到了我化名林楠与《中国教育报》记者王珺女士一同讲述高万祥语文教学改革的重头文章：《把图书馆搬进课堂》。至于高氏著作中所提到的张家港高级中学诸多极具实践意识与创新意识的校本教材，都是在高万祥的亲自指导之下，我与语文组同仁共同参与的。现在想起当时高万祥先生的宏愿——让学生用语文走遍天下时，我的内心还涌动着一种难以言说的感动，高万祥的那种人文情怀与高度，那种着意让全学校成为一个庞大的语文教室的文化努力，是一道多么亮丽的人文景观啊！

所以，我对这本书的热爱，可以说是超乎寻常的。然而，在这一种热爱中，我又有着无限的感慨：我在《现代教育报》上曾撰文《"师兄"高万祥》，我一直视高万祥为我的人生之师和语文教育之师，一直视他如我的长兄，"师兄"之说由此而来。张家港高级中学的三载岁月也见证了高万祥与我手足般的感情，然而，"师兄"现已卓然成家，超越了众多的教育名流，将自己那种融合着人文精神的教育理念与谦虚躬行永不休止的实践情怀，构筑在自己教育人生的高地，使万千学子受益，使众多教育者受惠，而我则还在语文教育之路上苦苦摸索语文的文学教育之路。当然，差可安慰的是，面对高万祥先生，我终于可以在一种高山仰止、景行行止的感奋中，油然而生心向往之之情，并努力以他为榜样，努力打造自己的语文与文学那种合二为一的美丽世界。

对于高万祥先生而言，也许我和众多像我一样的普通教育工作者，纵使努力一生也都无法望其项背，但是，我相信，这本书所凝聚的两个关键词——人文精神与教育情怀——一定会使我们更多的人受到良多启发，而终能使自己在教育的田地里，刻苦自砺，坚守三尺讲台，书写一个普通教师的教育诗篇。

我相信，这就是这本书的意义，也是这本书作为"全国中小学教师继续教育用书"成立的全部理由。

细细地阅读这本书，你会发现，高万祥的人文教育来自于他对教育的宗教般的情怀，来自于他躬行不已的实践精神，来自于他对人格的尊崇与对细节的细腻关注。而这一切，对中小学教师而言，可师而有益，可学而能为。也因此，高万祥的整个教育世界，便完全可以用"人文精神"和"对教育宗教般的情怀"两个短语来指称了。人文精神是他全部教育行为的最高理念，而对教育那种宗教般的情怀，则是他躬行教育的实践精神的写照。

打开这本书，我们在高万祥沉思的照片下，首先读到的是他的一组教育箴言："我的事业观：做中国最好的教师。我的学生观：大匠无弃材。我的人生观：爱出者爱返。我的教育观：教育的目的就在于教育的过程。我的教育观：人就是目的。我的校长观：教育是一种做的哲学，是一种细节文化。"这一组教育格言，仍然可以让"人文精神"和"对教育宗教般的情怀"两个短语来涵盖。特别是"爱出者爱返"，那富有禅意的佛家之言，道破了他对这个世界的爱心。可以说，这是他对"大匠无弃材"的这一教育热忱的最好的诠释。至于"做中国最好的教师"这一信念，高万祥用以说明自己的事业观，而据我所知，在他精心打造的江苏名校张家港高级中学，所有教师的胸卡上，都写着这样的字样。敢于将这样的字样标示在胸前，是需要一种勇气的；敢于以此作为毕生的教育信念，则更需要一种高度与胸襟。"人就是目的""子曰：志于道，居于德，依于仁，游于艺。"当高万祥坚定地将"教育是一种做的哲学，是一种细节文化"当做自己的校长观时，他理所当然地会以"爱"作为他的教育宗教的最核心的关键词了。

这一组箴言是走进这本书的密钥，是通向高万祥人文教育的途径。

《高万祥与人文教育》一共五篇，这五篇的内容分别是：

第一篇　教育，我的宗教。

第二篇　文化关怀：把人看成目的

第三篇　大爱浓缩在细节里

第四篇　颠倒的聪明

第五篇　教育情怀教育诗

细心的读者会发现，第五篇《教育情怀教育诗》收录了由朱永新、于漪等著名教育家为高氏其他著作写的序跋，此外则是有关媒体和友人对高万祥的语文教学和教育管理进行的全方位的描述。除这一篇以外，其他四篇的内容都有一个共同的特色——世间这些美丽的文字，记述了一个教育家的教育日常。这些文字，没有一句灰色的理论，在字里行间，流淌着的是一个教育家的真挚的教育情怀与理性思考，记述的是一位崛起于基础教育领域里的教育家坚实的脚步。甚至可以说，记录的是一些细节——这给人的震撼是巨大的，因为，没有对教育的一种悲悯之爱，便无法让教育成为自己的宗教；没有对教育的一种大爱，就不可能有一个普通中学校长为现代中国培养读书人口的宏愿；没有一种对师生的慈父般的情怀，便不可能有那种跨越时空的漫步和对语文教学的建设性的思考与策略；同样没有一种教育信仰的坚定，便不可能将教育大爱深藏在诸如一个脚印、一封书信甚至一笔一画、一饭一粥之中。教育从吃饭与走路做起。这便是高万祥对教育的理解。笔者曾在张家港高级中学工作三年，就我所知，在高万祥做校长的这些年里，他几乎每天早晨都会站在校门口，面带笑容，看着一个个师生走进校园开始美好的一天。在张家港高级中学的每一条大路旁，都标示着具有文化意义的路名，如普希金路、爱因斯坦路、鲁迅路等，这些标牌，昭示着一个学校的文化努力，也在无声地提醒着每一个行路的人，爱护脚下的绿草与鲜花。

高万祥是一个实实在在做出来的教育家。而这本书，它的巨大的意义与价值，在我看来，便是它没有一句话是空的，它实实在在地指向一个教育家的全部教育行为。

奇迹就是这样创造出来的。

也因此，这本书完全可以称为"世界上最好的书"。印制精美，内容也至真至美。

在高万祥的教育人生中，也应该有这样一本"世界上最好的书"了。这对高万祥而言，固然有一种面对自己杰作的喜悦，但更重要的是，这一本"世界上最好的书"，对他是一种结束，更是一种开始。

这本书是一种结束——在我拿到这本书时，高万祥已经走出张家港，出任苏州维亭学校校长也已经有半年之久。这本书恰到好处地为他此前的教育人生画下了一个句号。

但这本书更是一种开始——在我写作这篇文章时，高万祥则因为他出色的教育管理被苏州市教育局委以重任——出任苏州大学附属中学校长。

相信这本书对更多的人意义更加重大——

高氏的教育生涯所凝聚的教育智慧、教育体验已经通过这本书，以一种独特的文化形式呈现在我们的面前。教育，最终仍然必须以文化的内涵占领精神的制高点，也同样必须以文化的方式传播给更多的人。这样看高万祥的行走，似乎又应了他的关于"我的人生观：爱出者爱返"的箴言。赠人玫瑰，手有余香。高万祥以教育大爱凝铸成这本"世界上最好的书"，我们有理由相信，他会在一个新的起点上，以这样的书去打造另一所名校，也会让更多的教育工作者感受到一种高尚的教育文化和那种宗教般虔诚的教育情怀。

发现儿童:《狼来了》反经典意义阐释的可能

《谁来关心放羊的孩子?》(《教师博览》2006年第12期,作者朱雁雁)对《狼来了》这则经典的道德教育故事进行了解读与分析,第一次以崭新的视角来观照山上那个"那么孤单,那么寂寞"的孩子,并从教育良知的角度提出了一个问题:谁来关心放羊的孩子?

同样是一个古老的故事,在现代语境下,朱雁雁老师第一次从中读出了教育良知的苏醒,挑破了长期以来的道德迷障与秘密,发现了由成人为儿童设立的道德陷阱,以及儿童有意被大人们置于一种孤绝而又恐怖的环境,同时身陷道德困境的尴尬境地。

据说,这200年来最伟大的发现是发现儿童,从某种意义上说,它超过了其余的一切。然而,这则《狼来了》里遭遇谴责的童年秘密直到朱雁雁这里才得到了真正的揭示。《谁来关心放羊的孩子?》一文,挑破了这则经典故事中历来被遮蔽了的教育良知的缺失以及成人叙事中成人为自己设立的道德优越感的强势。

可是,这篇文章却受到了挑战:

《解读经典必须"三尊重"》(见《中国教师报》2007年1月31日,作者朱华贤)对《谁来关心放羊的孩子?》一文进行了批评,认为《谁》文进入了误区,根本不顾阅读的基本前提和原则;谓经典文本的个性化解读,必须建立在以下三个"尊重"的基础之上:尊重文本原作所提供的全部材料,尊重客观现实和普遍的认知规律,尊重作者意图和艺术表现的实效。

两篇文章,我且暂不置评,也姑且不论《谁来关心放羊的孩子》在无意中发现了这则故事实为千古谎言的关键所在，我只想谈谈这一组文章引发的诸多思考。

即便是文章中没有一再出现的"沉闷""寂寞""孤单"等字眼，"大人粗糙的情感"背后教育良知的缺失也是非常明显的。不，甚至不能被看成是"大人粗糙的情感"，而是一种大人的恶意故意：作为成人视角观照下的经典故事《狼来了》一直以来是被当作儿童道德教育的经典来阅读与解释的，然而，可悲的是，很少有人认识到，这则以儿童为主人公的故事，是基于一种对儿童的批判立场。如果我们再细心考究，我们会非常惊奇地发现，这则成人视角下的儿童道德教育故事，其实在很多地方为儿童设立了道德的陷阱，大人们有意将儿童置于一种"山上""狼"这种情境之中。而这样的情境，正是大人们的恶意所在，一下子将孤寂与恐惧这样的不安全元素安排在孩子的身边，可他们却做好了指责孩子的一切准备。

朱雁雁的文章，其实只是挑破了这样的事实，从而从孩子的角度做出了呼喊：谁来关心放羊的孩子？

其实，所有人都可能明白：将成人与儿童置于任何一种语境，所谓成熟与世故可能要让位于成人，而童稚之美、诚信之真从来不会在成人面前鲜活生动，否则就不会存在"赤子之心"的说法。所以，《狼来了》一直以来深藏着的成人的心理暗角少有人去发现，这都是因为成人将话语权掌握在手中，以一种貌似强大的道德谴责让儿童承担起了道德被救赎的角色。

曾经有人从法律视角对这则故事做过解读，很是为那个"说谎者"也亦放羊的孩子鸣不平——即便孩子真的是说谎，作为一种言论，其实是无罪的，谁也无此特权要他以生命相偿几句并无恶意后果的谎言。

其实，如果再细细想一想，这则谴责撒谎的故事背后，隐藏着一个更大恶意的谎言：传播这则故事的成人，真的担心自己的孩子长大后会说谎呢，还是相信故事中寓意的道理？我看都不是，最大的可能倒是大人们讨厌那个孩子在说谎的同时又制造了恐怖的氛围吧。如果那个说谎的孩子说的是"喜鹊来了"或"猪来了"，无论他几次说谎，怕也演变不成一个教育孩子不要说谎的"经典"。然而，现在，我们看到的是，恐怖的氛围，其实是大人们一手制造的。其实这世上真的没有多少狼，之所以有了形形色色的狼，其实是大人们为了制造恐怖的需要，而这种需要，直接导致了孩子以"狼来了"的高声呼喊来为自己的心灵寻求一种平静与安慰。然后，大人们便为此做好了道德博弈的一切准备：就像我们的童年时代，那些给孩子们讲鬼故事的人同样都是成人，他们倒是从不怕鬼，因为鬼故事就是他们自己编造的。凡是自己编造鬼故事吓人的人，巴不得你被吓着，当别人都被他的鬼吓得不敢回家时，他就成了"钟馗"，成了人们心中的英雄。反过来，一个小孩子若也去给大人讲"鬼"的故事，人们就会觉得你天真、可笑了：你怎么有资格制造恐怖吓大人呢？看来说谎也是得有资格的，这个资格就是特权。有了特权，你就可以喊"狼来了"，想什么时候喊"狼来了"就能制造出假设的狼。你若没有特权，狼真的来了，你喊了"狼来了"，那你就成了"说谎者"最后让狼吃掉，大人也不心疼，可能反倒而要送上一句：活该！

我细细读了读《解读经典必须"三尊重"》，最后，我觉得这篇文章似乎倒是在维护那些拥有撒谎特权的故事编造者们。至于尊重这尊重那，无非是不想挑破这里面深藏着的成人的道德优越感，不想使这些具有道德优越感的人一边享受着道德带来的尊荣，一边又享受着撒谎的巨大特权。

从本质上讲，《狼来了》其实是一篇反童话的文本。它不具有任何童话的诗学品质。儿童文学的经典应该是诗意的，童话中缥缈的诗意和精神，是人类的故乡。优秀的童话，经典的童书里的不朽的气息是盖得住你全身的毯子，不仅温暖，还能照应。一个人，离美妙的童话有多远，和优雅就有多远，一个国家和经典童话、童书有多远，和文明就有多远。

所以，从这个角度看，《谁来关心放羊的孩子?》是一篇无可挑剔的佳作。它并没有离开这则所谓"经典"——《狼来了》其实是反经典的经典——的语境，反而挑破了这篇"经典"的反诗学的品质，揭开了这里的千古之谜：这则故事究竟是谁在撒谎？谁在恶意地耍弄可怜的孩子？

而如果让我们回到经典来看这个问题的话，我觉得《谁来关心放羊的孩子?》同样可以在当下语境里成立。

这便是经典的意义，也是经典的力量——虽然，《狼来了》是一则"反经典"的文本。

何谓经典? 经典说穿了就是得以存活之物。要非常严肃地回答这个问题，我们最好求助于当代的伟大古典派诗人波尔·兹比格纽·赫伯特。在赫伯特看来，古典的对立面不是浪漫派，而是野蛮愚昧；甚而，古典和野蛮也不是一种对立关系，而是一种交锋。在赫伯特眼里，不是拥有某种本质的品质使得经典作品抵抗住野蛮的侵扰，相反，历经最糟糕的野蛮攻击而得以劫后余生的作品，因为一代一代的人们都无法舍弃它，因而不惜一切代价紧紧地拽住它，从而得以劫后余生的作品——那才是经典。经典通过顽强存活而给自己挣得经典之名。因此，拷问质疑经典，无论以一种多么敌对的态度，都是经典之历史的一部分，是不可避免的，甚至是很受欢迎的一部分。因为，只要经典娇弱到自己不能抵挡攻击，它就永远不可能证明自己是经典。这样看来，即便《谁来关心放羊的孩子?》没有任何尊重《狼来了》的意图，而只是想以最糟糕的野蛮攻击来对待《狼来了》，也只能说明《狼来了》具有经典的力量。同时，《谁来关心放羊的孩子?》也因此成为《狼来了》这一经典诠释的历史性的部分。这样看来，倒是朱华贤的尊重之论，反而是对经典的弱化、削弱，甚至是一种想以自己的诠释取代《狼来了》经典文本的极不尊重的行为，因而也是一种远离《狼来了》的论调。

再有，经典究竟跟我们有什么关系? 人们为什么重读经典? 解决了这一问题，我觉得也可以将两篇文章的优劣与得失分辨清楚。

经典的意义在于穿透时间的力量，在于任何时候都被人们需要。重读经典，不是单纯的怀旧，发思古之幽情，而是从现实出发，寻找经典和现实的连接点。我们阅读经典，目的还是解决今天的问题。经典对于我们还有意义，也是因为它能够解决我们今天遇到的问题。很显然的是，今天解读《狼来了》，已经远离甚至完全背离了当初这则故事产生时候的全部情境。这就像历史一样，任何时代，任何人，对已逝的时间里发生的事情的叙述，都可能出现迥然不同的文本。克罗齐说：所有的历史其实都是现代史。直言之，所有的历史，都是当下史，都是当下的人们以当下的意识形态对某一事实进行重新叙事或者重新组合。

所以，我认为，《谁来关心放羊的孩子?》有一种最起码的尊重：它尊重了当下的多元话语空间这一现代语境所赋予它的权利，也是"经典"作品"超常"的力量赋予了它这样的权利。

一部经典，就像是一座通向悠久岁月、通往遥远的国度，然而又紧紧绾接着现在、期盼着未来的隧道与桥梁。当然，由于大多数人的浅薄，经典之作在很大程度上，要依靠艺术批评或伦理批评的解释。假如没有批评者把经典之作隐藏的或者关联的额外意义负荷揭示出来，那么经典之作很可能在直观的意义上是相当无聊的。就像《狼来了》一样，一则很无聊的对儿童进行道德讽刺与道德谴责的故事，如果没有《谁来关心放羊的孩子?》的审视，又有谁能挑破这里的迷障？又有谁来告诉我们：发现儿童，让我们的教育良知苏醒！

当然，《解读经典必须"三尊重"》担心经典会因为批评者的"过度阐释"和任意胡说而被挥霍掉。然而，《谁来关心放羊的孩子?》从伦理的角度进行了思考，并无任何"任意挥霍"的过度与故意。它的最重要的价值在于重新思考与理性审视，将盲点刺破，将伪善揭开。如此而已。

如果还要说，我想做这样的表述：其实，任何经典，都能经受得住任何方式的"过度阐释"；相反，没有经典力量的文本或故事，只要一旦"过度"，那么，那种不"尊重"的方式就会显出一种皮相之论的苍白以及因"过度阐释"而产生的疏离。可这一切，却没有发生在《谁来关心放羊的孩子?》和《狼来了》之间。

高考之际，我看《高考 1977》

坦率地说，《高考 1977》可能并不算一部非常优秀的艺术片，但随着时间的流逝，这部影片会写进中国教育史而成为高考这一章节可圈可点的一个细节。

1977 年 12 月高考制度的恢复是"总设计师"邓小平的大手笔，这一历史事件成为日后中国社会变革的重大伏笔。

"今天，1977 年 12 月 10 日，一个老人，一个智者叫醒了我们。他说，孩子们，走，我们读书去！"影片结尾的这句台词，与影片开始的一双双绝望而充满期盼的眼神在关注邓小平复出的镜头，前后相呼应着。《高考 1977》也因此表现了"恢复高考比高考本身更重要"的主题，以及知识改变一个民族的重大意义。

也因此，这部片子，可以理解为从高考角度为当时的中国建立了一个民族和一个国家的教育价值观。而这一教育价值观，同样应该是我们这个时代的基本价值观。今天的青年尽管也通过高考读完了大学，但他们认为高考是读书成长必经的一个环节，是顺理成章的事情。在他们的价值世界里，高考只是为了改变一个人或者一个家庭的命运。

因此，我们不无遗憾地看到，三十多年来，本是基于选拔人才的高考制度，已逐渐赘生出了许多违背教育宗旨的功利性倾向。当年，重新开放的高考为无数人生命转折提供了巨大的历史契机，30 年后的今天，高考却变成了遭人诟病和不满最多的一种国家制度形式。高考在中国社会生活中扮演的角色，经历了一场翻天覆地的变化。

现在的很多中年人，经由高考改变了生活轨迹，今天说起高考一定不会忘掉"感恩"。假如不是邓小平当年当机立断决定在三个月后恢复高考，假如不是邓小平力排众议，决定把印刷毛选五卷的纸张调拨来用于印刷高考试卷，假如不是邓小平从报考须知中删去"组织批准"这四个字，那今天中国千千万万个家庭，将面对另一种截然不同的命运。

"感恩"二字可以代表一代人对于他们那个时代的一种认知态度和价值判断。但有人认为，这种被道德化了的历史意识，很难作为一种普遍性的历史哲学得到其他代际人群的共鸣。然而，笔者认为，在面对历史时，仅有激情都是不够的；然而，没有激情，也显然是不妥当的。每一个人都必须要面对所从何来的问题。即便是现在的高考可能已经成为一代人甚至一个民族、一个国家的重负，但是，它到目前仍然是选拔人才的最好的方式。也许，如果不是邓小平，也极有可能是另外一个重要的历史人物做出恢复高考的决策。但是，历史是无法假设的。一个伟人在历史的关键时刻发挥的作用，是不能被抹煞的。所以，从这个意义上说，影片开头那一幕农场知青从银幕上看到邓小平复出的片断，确确实实就是宣告了一个新时代的来临。特别是中间忽然停电，知青用脚踏车发电继续收看《新闻简报》的段落，这是本片的一处神来之笔。它把一代人内心那种期待变革的饥渴和焦灼，不露痕迹却又淋漓尽致地表现了出来。这是一种真正的电影叙事，也是一种真正的历史叙事。

恢复高考，唤醒了一个沉睡了十一年的民族，也唤醒了很多沉睡的心灵，改写了很多人的命运。譬如陈琼，作为一个从"历史反革命家庭"走出来的知识青年，当她伸出手向父亲要一张可以改变自己的身份证明时，那种扭曲的父女关系，让人体会到了陈琼的绝望。然而，当她以省前五名的成绩考取北大时，一个国家，和一些人，以他们特有的方式，为她插上了飞翔的翅膀。

所以，《高考1977》是一部表达对于中国人个体生命的承认、尊重、歉意和抚慰的影片，是一部检讨和反思在狭窄的意识形态下窘迫且贫困的现实生活的影片。这是一部让那个看似荒谬的历史时代重现，但却又把人性的光辉娓娓道来的影片。特别是片中的老迟，那个农场革委会主任，由阻挠高考，到最后宁愿以父亲的名义"作弊"，显示了一种伟大的人性复苏。

但关于价值观的思考，如果落实到孙海英饰演的"老迟"这个人身上，我们发现，高考，从一开始，或者从恢复高考制度那一天开始，我们便应该以理性的眼光去看取。当一代人可以由高考改变命运的时候，对老迟这个人物是否公平？对向老迟做出过承诺的同为知青身份也一样可以走进考场的潘志友，是否公平？高考制度是一种理想主义的助推器，然而，对那些愿意为一方土地奉献一生的理想主义者是否就是一种残酷呢？在老迟和潘志友身上，我们发现的是一种业已稀缺的高贵精神。高考制度的改革，要不要将这一精神更加发扬光大？现在，可能是到了该给出回答的时候了。

还有，精英主义，城市意识，也许，从一开始就不应该出现在高考制度的文化内涵之中。毕竟在我们这一个有着数千年农业文明的国家，乡村，更需要知识与文化的唤醒与抚慰……

价值追求与意义追问

——刘波《从新手到研究型教师》简评

现今的时代是一个写书与出书都非常容易的年代，粗制滥造的书比比皆是。然而，由宁波出版社出版的《从新手到研究型教师——我的专业成长手记》一书，却非常难得地体现出一种价值追求与意义追问。

也许，如果每一个年轻教师在职业生涯的开头都能有如此的追求与追问，他的教育人生必定会显示出与众不同的特质。这大概就是年轻的刘波出道不久就显示出风头正劲而后续力又非常雄强的原因。

理所当然，这是一本由年轻教师写给他的年轻同行们看的书，这本书会让年轻教师发现自己。当然，这本书还会让年轻人提醒自己，当同龄人具备了相当的实力之后，当其中的某一个同龄人远远地超出自己之后，你应该怎么办？

其实，更多的人明白，这个多元化的时代是一个最好的时代。也因此，这其实是一个没有边缘的时代。在生活中，在工作中，在事业中，除了自己，其他任何人都无法将你挤到边缘地带。即便你是一门边缘学科的教师，如刘波，执教的只是一个在学校学科教学中地位与作用都远远无法与主科相提并论的边缘学科——心理健康教育。然而，只要内心足够强大，找准自己的位置，树立起自己的价值标杆，明确自身的意义追求，那么，同样能做出令人感佩的业绩。

这本书主要提供了一个教师成长的案例，回答了一个普通教师可以走多远、可以得到什么样的成长的问题。

而这本书的七个部分，还有着方法论的意义。

刘波大学毕业后，一直在基层学校工作，至今已有十多年。从默默无闻的普通教师到学校的教科室主任，从一名新手教师到成长为研究型教师。他在这本书里呈现出了自己的教育行走历程，写到了他教育人生中的际遇，交代了这些教育际遇对他的再造与重塑，将自己的成长经历和盘托出，以真诚的交流和丰富、生动的故事，描画出一个青年教师成长的轨迹。我相信，这种带着一个青年教师成长深切体验与成功经验的著作，会给广大青年教师带来更多的启发。

刘波在书中为自己进行了定位：一个草根研究的"践行者"、专业报刊的"博览者"、专家学者的"追随者"、教育热点的"关注者"、网络时代的"弄潮儿"、心怀感恩的"有心人"……在多数人为自己的身份倍感焦虑时，年轻的刘波为自己做出了准确的身份定位。正因如此，刘波迅速地在事业中成长起来，从而很快完成了他作为教师到从事教育科研的领跑者的华丽转身。

这一点其实非常重要。我们常常讲，人要知道自己所从何来，又所向何去。这对学校文化发展、对个人专业成长都是极其重要的。不明了这一点，人就会迷失自己。

所以，刘波的书从这个角度给了我们很多人一种启发：只有这样的坚定与坚守，一个普通的教师才能成长为一个优秀的名师。

也因此，刘波这本书对教师职业的可能性做了描述与展望。

而可能性也是对"教师专业发展可以走多远"的最好的回答。

这里的价值与意义，无须多言，便能让人们深刻地体察到。

不仅如此，刘波的意义还有着更为丰富的内涵。

刘波于 2001 年 7 月毕业于浙江大学教育学院教育学系教育管理专业，2001 年 8 月进入宁波市镇海区仁爱中学工作，一直担任学校心理健康教育方面的教学研究工作。现在，刘波是宁波市镇海区仁爱中学教科室主任，国家二级心理咨询师，浙江省中小学心理健康教育 A 级教师，镇海区教科所兼职教科员。由于科研上的成绩与影响，刘波现在是多家教育媒体的特约撰稿人、通讯员和主持人。他的成长历程，国内几个非常有影响的教育报刊做了专题报道。

笔者从 2007 年开始关注刘波，并在当年的《教师博览》"封二人物"隆重推出"心海导航者刘波"。当年，刘波是 12 位"封二人物"中最为年轻的一位。在那段时间的接触中，我与刘波虽未谋面，但是刘波给我的感觉是，他热爱自己所从事的心理健康教育，他热爱我们的教育事业。

刘波的丰富内涵就在这里得到显示，刘波只是一个刚刚走出大学校门没有多长时间、也绝什么其他背景的年轻后生，身处应试教育甚嚣尘上、当代教育畸形发展的逼仄空间，对年轻教师的成长无疑都构成了极大的不利。然而，这些不利的成长元素，竟然在刘波这里隐遁无形了。刘波从容地超越了这一切。之所以可以形成超越，热爱，是其中可能最为重要的原因。刘波给出了一个非常简单却又非常重要的教育公式：只要热爱，就能成长。

在我看来，这是一本写给学校管理者看的书，会让他们发现，学校的每一位教师都可以成长得非常优秀，而学校的管理其实可以大大地简约，在教师专业成长的路径上管理好教师、引导好教师，教育管理的使命便完成了一大半。

"老牛亦解韶光贵，不用扬鞭自奋蹄。"这是一本写给老教师们看的书，这本书会让老教师们发现年轻的自己，发现指导青年教师的路径。更重要的是，这本书会让老教师发现当年的不足，发现后来者的一路追赶的身影。

应该说，刘波提供的方法论意义还是全方位的。像《在"草根研究"中起航》《五年磨出一篇好文章》《课堂中蕴藏着丰富的研究资源》《变"等米下锅"为"找米下锅"》等文章，为读者的写作与写作的准备提供了很好的参考；至于像《北京"高峰论坛"让我站得更高》《在他人研究的基础上形成新成果》《在"聚焦课堂"中落实科学质量观》则又在写作意识与教育思想的形成上，给我们以启发与思考。无一例外，刘波与很多名家一样，同样强调读书的重要意义，但是，刘波的"新思维"却超越了很多人。在谈到网络的时候，刘波意识到网络是一种教育资源，《把博客作为知识管理的"金管家"》《不妨加入几个专业群》等文章，我们不能仅仅看成是一个作者对网络资源的利用，这是一个青年教师对网络时代的教育思考，是对网络这样一种教育开放系统的前瞻性把控。

网络资源与网络教育凸显了教育的开放性的同时，也显示了另一种背景下的教育公平性与选择性。网络对教育资源的放大，对教育优质资源的整合，一直是人们津津乐道的话题。然而，真正做到与时俱进，让网络真正走进我们的教育，可能并没有多少人有这方面的意识。而刘波利用"超级智慧群""期刊网""博客""贴吧"等网络空间，以自己和一大批教育工作者的网络教育行走，告诉了人们，网络同样可以成为教师专业成长的平台与空间。大而言之，网络也可以是学校，是教师专业成长的学校。毕竟，网络是一个纷繁芜杂之所，当代教师最需要的是培养自身的网络素养与信息素养。刘波在这本书里给出了何谓网络素养、何谓信息素养的最佳答案。

《浙江教育报·教师周刊》吴志翔主编在序言《草根研究亦精彩》一文中说："这本书没有那些炫人耳目的花哨玩意儿，有的只是朴实如泥的诚恳和认真；也不刻意追求所谓的理论高度，它们只是贴着地面在飞。"我深以为然。

也就是说，这是一本接地气的好书。

而教育与教学，只有接通了地气，才是鲜活的教育，才是真正的教育，也才是这个世界上最美丽的教育。

《教育参考》：离我们很远又很近的杂志

我对《教育参考》的喜爱是建立在这本杂志关于"参考"这一定位之上的。她使我们认识到教育究竟是什么，认识到教育自身的问题，也能使我们清醒地认识或者判断出置身教育的我们所在的位置与生存的状态。

然而，也正是这一定位，使我在刚刚获知她创刊并在拿到第一本杂志时，产生了一种想法：这是一本离我们普通教师很远的刊物。面对这样的杂志，我最先想到的是，我们无论作为读者还是作为作者，都还不具备与之相应的教育实力。这样的实力我认为应该包括：很深的教育学修养，对当代中国教育政策的高度领会，敏锐的教育意识，拥有自己的教育话语方式，进而言之，能够建立起价值的或文化的底座，并以此对当代教育进行评价或审视。没有这些能力，我觉得，是很难进入对这本杂志的阅读的。阅读，是需要一种对抗力的。从本质上讲，阅读也仍然是一种对话。因此，对这杂志，我最初认定她的读者群，应该是教育行政高官、从事教育学研究的学者或大学校长、从事基础教育研究及基础教育管理的教育工作者，她的最低层次的读者应该是中小学校长及在学校从事教育科研工作的中层管理者。

我觉得这应该是这本杂志的读者群定位。这样的读者群，是对中国教育的发展及走向有着决定性影响的人物。这本杂志，也正是在这样的定位上，显示出她的高远的办刊方向和教育意图。从她发送出来的最初信息看，她传达着一种及时而又极具高度的政策与理论信息，透析当前教育的走向，为当前的教育改革和发展提供建设性的意见，为教育创新提供最快捷最前沿的信息与文献，为教育行政部门提供最具科学性与前瞻性并可供决策的理论依据与论证。

《教育参考》是在表达着一种宏大话语，是在进行着一种教育的宏大叙事。

因为有了这样的意义认知，我非常自觉地将自己逐出了这本杂志的读者群。同时，我也认为，这本杂志与教育者个体的关系是非常小的。她是一道风景。而恰恰有一句话倒是可标示出我与这本杂志或这本杂志与我的距离——身边是没有风景的，风景都在远处。

所以，我对这本离我很远的杂志，虽然抱着一份幸欣、一种仰慕、一种向往，但我实在无法问津这本杂志。我们所进行的是一些教育的日常，甚至是一些琐屑。而《教育参考》，则是一份远处和高处的刊物。

直到 2000 年，我到了张家港高级中学任职，才开始转变这种看法。在我的朋友也同时是我的直接领导顾逸飞先生那里，我进一步认识了这本杂志，并开始将这本杂志与自己的教育教学联系起来。

《教育参考》由此而成为一本离我很近的刊物。

顾逸飞先生一直是这本杂志的忠实读者，也时常为她撰稿。与很多学者型校长一样，顾逸飞先生的书架上，摆在最显眼位置的，就是这本杂志了。

是顾逸飞先生让我明白了一点，对一个作者而言，《教育参考》有着里程碑式的意义，而对一个像我这样的读者而言，《教育参考》则可为某种境界的标志。

　　我一直持一种这样的观点：作为一个普通教师，如果没有经过系统的教育学理论的学习与研究，仅依靠学科教学实践的努力，当然也是能够抵达相当的教育境界的。但我认为，那种通过学科教学的实践和理论研究而抵达的对教育的认知，始终只可能停留在感性的层面上，而要成为一个自觉而清醒的教育研究者，成为一个具有相当高度的教科工作者，不但需要系统的教育学理论研究，更需要结合当前的教育现实进行具有清醒的价值判断的研究、思考与分析。我同时认为，一个人的教育修养，如果仅仅依靠对一两本教育学理论著作的阅读，是无法修炼出来的。在我们的教育人生中，需要有一两本非常优秀的教育杂志，动态呈现在我们的教育生活中，帮助我们建立起一种宏大的教育视野与敏锐的思维触角，这样才能真正形成一个教育者的深邃的教育修养。

　　我在走进张家港高级中学时，已经完成了教育长篇《重塑生命》（北京出版社 2001 年 1 月第 1 版）的写作。作为一个在传统教育理念引导之下的教育工作者，我觉得这本书的主人公周弘，以他洋溢着生命意识的赏识教育，深刻地改变了我的教育观念，也改变了我在传统教育观念引导下所构建起来的教育理论研究和实践探索的方式，一种全新的洋溢着生命意志与生命力的教育观念已在这段时间根深蒂固地根植在了我的教育生命里，我清楚地感觉到，这一理念将从此改变我一生的教育观念与教育行为。但我明白，我仍然无法将对教育的理解提升到更高层面的理性境界与智性层面。

　　是《教育参考》帮助我完成了这样的转变。

　　我是通过阅读《教育参考》而建立起对教育的理性认知与思考的。委实，《教育参考》对一个阅读者而言，标示着某种境界的呈现，因为她帮助我们建立起某种教育的信心。

而对一个作者而言，我觉得，一旦你的文章能够被《教育参考》刊载，则无疑标示着你得到了这份杂志的认可与青睐。而这也将成为某个教育写作者生涯中的一个重要事件，并会从此改变一个教育研究者的心态、情感，修正其关于教育思考与教育评价的价值坐标体系。

也许，偶尔一次的写作玩票会使你幸运地跻身于这本杂志的作者队伍之列，但随着时间的推移，这本杂志将会启动其独到而高超的筛选体制，将一些个企图以碰运气求得发表的作者排除在外。这样的事情在我身上应该发生了很多次。我曾给这本杂志投去数十篇文章，然而，最终发表出来的，只是那么几篇。这使我不得不佩服编辑家们的遴选眼光与清醒的价值判断。

因而，在我少数几篇文章得以发表后，我的兴奋与喜悦是可以想象的。

最初那篇叫作《关于转制学校的几个问题》，是编辑们从我的一个非常冗长的论文《论转制学校》里摘选出来的。委实，当初写作《论转制学校》时，虽然写作的信心甚至野心，是企图将关于转制学校的所有问题进行全面的罗列与论述，然而，自身的教育修养、理论准备及对国内转制学校类型的抽样分析，显然是非常不充分的。我只是结合了当时所置身的张家港高级中学的事实进行了论述，很多地方都有着显而易见的片面性。然而，问题是，编辑们所看到的事实和我所论述的某种现象，有了相当程度的契合，这样，《关于转制学校的几个问题》所呈现的诸如教师队伍问题、管理体制问题和用人机制，被编辑们选取出来发表，而诸如财务制度、融资特点等这类我个人虽然关心与研究过，但因为个人的专业局限、思维高度不够和理论储备不足，终究只能是比较肤浅的皮相之论，而不足以登大雅之堂。

其后，关于公开课的讨论，关于教育情怀，以及关于校本课程等方面的思考，陆续在该刊上发表了。而我自知，我的这几篇文章，所持的价值立场，虽然不乏意义的揭露，然而都是以批判来支持立论的。因而，写作过程中的清醒，写作过程中有意识的积累和长期思考，给了这几篇文章有力的支撑，编辑们非常敏锐地发现了这一点，因而，几篇很快便发表出来。

正如顾逸飞先生所讲的，《教育参考》是目前国内不多见的杂志，其存在的价值在于，她敢于揭出某种教育背后的东西。我想，这不仅仅是在培养一个作者的研究思维，更是一本杂志烛照当今教育弊端的勇毅和努力，是一种正视现实的担当。难怪连柳斌先生为她的题词是："几句真心话，一个群言堂。"

一本教育杂志，其实也是一所学校。她所倡导的，她所培养的，都在显示着一本杂志的追求。

我热爱这本杂志的理由还可以举出很多。

在我阅读教育行政官员访谈时，我兴奋：这本杂志绝不仅仅是借此来传达官方的声音，她所要做的，差不多可谓是培养教育官员的文化意识，拓宽教育官员的教育视野，在启迪教育官员的教育智慧的同时，也在廓清人们对教育官员的认识上的迷障……

阅读"热点关注""新视界""课改"等栏目的文章时，我同样兴奋：是这些文章告诉我们，中国当今教育的现实，我们在这片教育原野上处于何种位置，我们在教改中有哪些抓手，我们的同行在做什么，我们的领导又在做什么，教育何为，等等。是这些字字珠玑的文章，提示着我们什么是真正的教育，什么是富有良知的教育，什么是对民族负责任的教育。

同样也是这本杂志，在告诉着我们，《教育参考》的作者群，他们在思考着什么，他们在关心着什么。能够体会到这一点，我觉得，对一个读者而言，是一种无边的幸福，也同样是一次真正的教育洗礼与教育培训。美国教育家雅斯贝尔斯说过："教育意味着一棵树摇动另一棵树，一朵云推动另一朵云，一个灵魂唤醒另一个灵魂。"《教育参考》就是这样如泰戈尔所描绘的将教育置于美丽的水塘与树林之间，成为一棵树、一朵云，而让她的作者和读者都成为一棵树和一朵云。

还有语言，这本杂志规范的学术用语，整饬的文章格局，严谨的研究姿态，都在积极地矫正着一个写作者的思维与语言。

　　我擅长于叙事性文学的写作，同时对文学评论的理性魅力非常认同。在《教育参考》这里，我再一次体会到了教育科学的魅力以及教育科学与表述语言在焊接过程中的完整与优美。

　　最近，教育参考的另一个动静是我所非常喜欢的，由复旦大学的周洪林先生主持的《大教育视野》，裹挟着一股强大的文化气息向我们走来。它几乎涵盖了当代生活的各个侧面，经济、文化、学术、政治、军事……我觉得这是这本杂志的宏大愿景：将教育灌注进更多的文化内涵，形成我们这个时代的教育文化，引领我们这个时代的教育走向更高的富有哲学与文化底蕴的境界，试图从另一个角度构建甚至重塑我们的教育精神，为中国的今天与明天培养真正意义上的大写的人。

　　这是一种离我们很远的东西，然而，这又是对我们来说非常重要的东西。

　　这是我所看到的离我很近的杂志。

　　当然，稍觉遗憾的是，她如此关注了我们的精神，但还未必能够抚摸、抱慰我们的教育情感，无法完全呈现出教育者在现行教育中的挣扎、焦虑、被伤害等教育图景。

　　在努力还原或者呈现教育的真实时，有时仍未能够给这种真实以走出的通道。在揭示出教育的诚信危机时，也未能给出更好的抒解或根除的妙方。

　　当然，这可能是所有教育媒体的尴尬。在我们的教育背负着太多沉重的东西的时候，我们能指望一本教育杂志解决所有的问题吗？

2006 年 4 月 28 日

（已发表于百期纪念之《教育参考》）

锁定政治叙事与苦难叙事的偏失

——电影《孔子》简评

胡玫执导的《孔子》颇受各方评议，赞赏有加者有之，冷嘲热讽者有之。

我们认为，这部影片未能充分展示孔子的文化身份与教育意义。

《孔子》这部影片仅仅锁定于政治叙事与苦难叙事，使这部影片在成为一种纯粹的商业片与文艺片之间莫衷一是，无法准确地寻得自己的定位。

孔子的形象经过几千年的文化过滤，被深化、固化乃至神化了。人们关于孔子的认知，有着很为坚定的先入之见，也因此对影片作了预设性的期待。

然而，这种预设与期待，可以理解为是一种对话：《孔子》这部电影应该在教育层面上构成与广大观众的对话。

但影片显然着意于首先锁定政治叙事，将孔子安排在政治漩涡的中心，安排了孔子从51岁到53岁近三年中的政治事件：以"周礼"治理中都；夹谷会盟挫败齐国，为鲁国收复失地；堕三都，削家臣；指挥武子台平叛。

毫无疑问，这里的政治叙事，使影片增加了不少看点。我们固然可以据此论定孔子是春秋时代一位非常重要的政治家、军事家，然而，孔子在教育上所产生的意义，更应该成为影片的看点与亮点。

孔子最重要的人生旅途是周游列国，这既是孔子学术思想形成的重要过程，也是他传播自己学说的重要过程。然而，坦率地说，周游列国过程中许多重要的情节，都被一笔带过，有的甚至暂付阙如。如与弟子坐而论道各言尔志的情景，"浴乎沂，风乎舞雩，咏而归"的理想社会的描绘，以及《论语·微子》篇中与道家和隐者关于出世与入世的争辩，都未能得到充分的表现。影片在周游列国的过程中，刻意以苦难叙事、煽情手段作为表现手法，实在与孔子教育思想的博大精深相去甚远。

至于孔子最为得意的弟子颜回，《论语》中的描写是："一箪食，一瓢饮，在陋巷，人不堪其忧，而回也不改其乐。"颜回在 29 岁夭折实因贫病交加，但电影将颜回之死归因于在黄河的冰水中抢救书简。将颜回之死定格于某一件事情上，显然未能凸显出颜回身上所具有的儒家人格魅力的光辉。

虽然影视作为一种艺术创作，某些符合历史逻辑的推想和虚构是允许的，颜回作为孔子众弟子中一个杰出代表，出于一种需要，表现他用他生命的最后一刻捍卫一种文化追崇，也未为不可。但这种大写意的手法，显然无法得到历史认同与文化认同。

当然，孔子的政治理想是极其伟大的，表现孔子政治家的一面，无可厚非，但要看到，孔子的理想是要实现人与人之间充满仁爱的大同世界。而孔子看得更深的地方是：为了实现大同世界，关键是要把仁爱思想灌输到广大群众中去，为此需要培养一大批有志于弘扬和推行仁道的志士和君子。这类志士和君子既要有弘道和行道的志向，又要有弘道和行道的德才。所以孔子是这样一位教育家。教育家应该是孔子的本体论意义所在。

关于教育的作用，《礼记》中《大学》篇关于"格物、致知、诚意、正心、修身、齐家、治国、平天下"的著名论述既说明了儒家关于教育的过程和步骤，也清楚地表明了儒家对教育作用的看法。"己欲立而立人，己欲达而达人"则是以完善人格为目标，追求和群体和谐一致的个人发展。这是孔子教育思想与西方教育思想很不相同的地方，也是孔子教育思想的伟大之处。孔子主张"有教无类"，这在等级森严的奴隶社会末期和把狄夷看作非我族类的"豺狼"的时代，孔子能对教育对象有如此认识，并能在实践中始终践行，这无疑表明了孔子伟大的民主教育思想。关于教学方法，孔子更有诸多辉煌创造。如：循循善诱、因材施教、学思结合、知行统一、"不愤不启，不悱不发"、温故知新、循序渐进，叩其两端、举一反三等行之有效的方法，千古流传。孔子素以道德教育著称于世，而德育的基础，就是他所谓的"务本""君子务本，本立而道生。""务本"就是要学会做人，学会作一个有仁爱之心，能"泛爱众""博施于民而能济众"，孔子这一关于德育的思想，直接影响了孟子，孟子关于人格内涵的论述，都是直接接受了孔子的影响。

我们认为，《孔子》必须将这些伟大的教育思想何以能够形成的经过进行必要的艺术演绎与加工，在这样的基础上进行创造与想象，那么，一部经典的文艺片，可传十年、二十年乃至百年而不朽，这也才是《孔子》的意义所在。

古人云：天不生仲尼，万古如长夜。时至今日，司马迁对孔子的赞语，仍然作为不刊之论而载入史册。太史公曰：《诗》有之："高山仰止，景行行止。"虽不能至，然心向往之。余读孔氏书，想见其为人。适鲁，观仲尼庙堂，车服礼器，诸生以时习礼其家，余低回留之，不能去云。天下君王，至于贤人，众矣！当时则荣，没则已焉！孔子布衣，传十余世，学者宗之。自天子王侯，中国言六艺者，折中于夫子，可谓至圣矣！

《孔子》的编导们有没有从这样的角度去展示一个中华民族的孔子？是不是在这一点上违背了孔子精神？

一场怎样的豪雨才能滋润我们和我们的教育

——毕飞宇短篇小说《大雨如注》摭论

也许因为出身的原因，毕飞宇时时在作品里间接或直接地表达对教育的思考。

《哥俩好》《地球上的王家庄》《哺乳期的女人》可以说是毕飞宇思考大教育范畴里的作品。直接以教师与学生或校园生活为题材的，则有《好的故事》《玉秧》《家事》《写字》《白夜》。长篇小说《推拿》也有很多教育内涵可以挖掘，诸如生命教育、特殊教育、励志教育及价值观的建立等。

毕飞宇还有一个短篇小说《相爱的日子》也指涉了教育。

而近期发表的短篇小说《大雨如注》直面已经非常"庞大"而"深邃"的教育问题，给出了一个作家负有责任的良知发问与终极思考。

一、"狠"的教育

《大雨如注》给我们呈现的是当下教育之"狠"：

大姚、韩月娇夫妇在女儿姚子涵四岁时便开始让孩子"上'班'"——第一个班就是舞蹈班，是民族舞。下过四年围棋，有段位。写一手明媚的欧体。素描造型准确。会剪纸。"奥数"竞赛得过市级二等奖。擅长演讲与主持。能编程。古筝独奏上过省台的春晚。英语还特别棒，美国腔。

作品还交代了一点："公主（即主人公姚子涵）在小学毕业的那个暑

187

假接受过很好的礼仪训练，她的举止相当好，得体，高贵，只是面无表情……"

你能想象现在的中小学在学校之外有多少课程的压力吗？

姚子涵这样的复合型人才哪里还是"棋琴书画"能够概括得了的呢。最能体现姚子涵实力的还要数学业：她的学业始终稳定在班级前三、年级前十。这是骇人听闻的。……教导主任在图书馆的拐角处拦住画皮，神态像画皮的粉，问："你哪里有那么多时间和精力的呢？"偶像就是偶像，回答得很平常："女人嘛，就应该对自己狠一点。"

请注意"狠"这个字眼。姚子涵对自己无疑是非常"狠"的，但大姚夫妻呢？

姚子涵对自己非常狠，从懂事的那一天起，几乎没有浪费过一天的光阴。和所有的孩子一样，这个狠一开始也是给父母逼出来的。可是，话要分两头说，这年头哪有不狠的父母？都狠，随便拉出来一个都可以胜任副处以上的典狱长。结果呢？绝大部分孩子不行，逼急了能冲着家长操家伙。姚子涵却不一样，她的耐受力就像被鲁迅的铁掌挤干了的那块海绵，再一挤，还能出水。

还没有完。比副处以上的典狱长还狠的父母突然发现，还应该替女儿找一个地道的美国佬培训口语。

正是这个英语口语培训，成了压死骆驼的一根稻草，作品高潮部分是姚子涵在大雨如注中与口语老师米歇尔一场狂欢，疯狂发泄。后果是发高烧，得了脑炎，然后是昏迷一个星期，醒来以后忘记母语，但却用三段非常流利的美式英语，一会儿问候父亲，一会儿感谢老板，一会儿感谢父母，最后感谢评委。莫名其妙，让人匪夷所思。这种典型的精神错乱的征兆，属于一种自恋幻想型精神病类。姚子涵精神失常，吓坏了大姚夫妇。作品在此收笔。

毕飞宇用文学手段为我们呈现了当下我们所面对的"狠"的教育以及这种"狠"的教育所酿成的悲剧。

二、反思"狠"的教育

首先，我们发现，姚子涵的确很优秀，是同龄人中的翘楚。但她为什么又如此脆弱而卑抑？

在姚子涵身上，除了我们非常熟悉的看得见与看不见的那些因素以外，还有很多我们的家长与老师非常陌生的东西。人们见过这些陌生的东西，但却习焉不察，熟视无睹。恰恰是这些陌生元素，一步步导致姚子涵走向悲剧的境地。

独生子女家庭，无休止的课外培训，每天都会有大量的学科作业。这几乎是现在的学生的全部生活。但姚子涵孤独与寂寞的心灵空间，却被家长与老师们忽略了。

姚子涵有一个"爱妃"，"'爱妃'和姚子涵在同一个舞蹈班，'妖怪'级的二十一中男生，挺爷们的。""姚子涵和'爱妃'谈得来倒也不是什么特殊的原因，主要还是两个人在处境上的相似。处境相似的人未必就能说出什么相互安慰的话来，但是，只要一看到对方，自己就轻松一点了。"但就是这样一个处境上相似的朋友，却被父母轻易而粗暴地否决了，也终于导致了两代人之间的冲突，成为最终悲剧上演的前奏。

再譬如，内心没有归宿感，缺少真正的皈依与寄托，也无法形成积极向上的价值追求。这也是父母所无法体谅与体会的。

姚子涵内心的自卑与失落感，父母们从来没有体察到，而一旦体察到时，却偏偏又与"钱"扯上了关系。这一来，倒是精明的父亲大姚觉得委屈，却没有发现，问题绝不仅仅是"钱"能解决的。

在姚子涵的内心深处，没有归宿感和方向感，恰恰就是我们的教育最大的症结所在，教育已经疲软到无法给人以心灵的抚慰的境地。

姚子涵为什么卑抑而脆弱？表面上看，她太令人羡慕了，但是，这对姚子涵来说却并未能产生真正的骄傲与自豪。在她看来，自己练的民族舞蹈，在"国标"面前却显得"过于柔美，过于抒情了，是小家碧玉的款"，而她的乐器古筝则"既不颓废，又不牛掰""视觉上不帅，没电""好孩子"的姚子涵"感觉自己猥琐了，上不了台面"。就更别提钢琴了，在姚子涵看来，"就算买得起，钢琴和姚子涵家的房子也不般配，连放在哪里都是一个大问题"。

还有出身问题，无论精明的父亲是否拥有一大笔因拆迁而获得的巨额回报，在姚子涵幼小的心灵里，父母的卑微出身，只能让她与"爱妃"有共同的诉求："最大的愿望就是发明一种时空机器，在他的时空机器里，所有的孩子都不是他们的父母的，相反，孩子拥有了自主权，可以随意选择他们的爹妈。"

然而，最大的问题恰恰在这里。姚子涵自身的价值谱系与价值标准已经完全被扭曲，而现在的教育者，却不能以真正的价值观诉求来引导姚子涵们。也就是说，我们的教育未能从根本上像这一场大雨一样给姚子涵某种准确而到位的输入，从而让她体认到中国文化与血脉对一个中国未来的优秀公民姚子涵的意义。

因此，拥有那么多让人羡慕的才华的姚子涵表面上高傲、冷峻，却没有骨子里的骄傲与自信，内心深处是无法排遣、无处倾诉的自卑。

而这种自卑，在姚子涵这里是小事，放大了看，则是一种民族文化的很不自信。这样，便产生了一种让人无法承受的生命与文化之轻。这种不能承受的"轻"，是对中国当下教育的最为精当的描述，然而，却又是我们的家长们、老师们所无法体察的。

毕飞宇在这里的设置，显然煞费苦心：用民族舞对应国标舞，用古筝对应西洋的钢琴。这样一来，我们就发现，姚子涵的那么卑抑与脆弱里，竟然是一种文化的自卑或因本土文化缺位而引起的卑抑——而这，恰恰是我们当下教育失却灵魂的根本原因。

最后让姚子涵汉语失语，而英语雄起，便成为神来之笔，其隐喻意义，相信只要稍有一点文学细胞的人都能感到，我们的教育，输了！美国女孩米歇尔同样遭到一场大雨，但人家大声喊道："爱——情——来——了！"而且"——进啦！""——进球啦！"我们的姚子涵也参与了这场"足球赛"，却落得昏睡一个星期，最后连母语都被搞丢了。

因而，毕飞宇作为一个作家的责任感与良知，也就在此得到了充分的表现。一个作家因为有着这样的境界，才是真正意义上的作家。虽然毕飞宇在这部作品里同样有着毕氏出道以来便形成的语风，灵性、高致、内敛而放纵，然而，一场汉语的狂欢，却是以最终让汉语悬置的方式来收场，这种残酷的意味，如果不仔细阅读，是很难发现作家的用心所在的。作家舍弃自己所钟爱的汉语，而用英语收笔，相信，作家本人也自有一种无言的痛苦。

"狠"的教育，说到底，原来是如此疲软。

三、 一种发现或一种教育秘密

作品里有两重极有意味的发现：

"姚子涵就觉得自己亏大发了。她的人生要是能够从头再来多好啊，她自己做主，她自己设定。现在倒好，姚子涵的人生道路明明走岔了，还不能踩刹车，也不能松油门。飙吧。人生的凄凉莫过于此。姚子涵一下子就觉得老了，凭空给自己的眼角想象出一大堆鱼尾纹。"这种超越年龄的沧桑感，是这一代孩子真实的人生；而那种"明明走岔了，还不能踩刹车，也不能松油门"的人生状态，其实正隐喻了中国当代教育本身。

这样的教育与教育过程，责任究竟在谁？

原因是否还在我们的教育本身？责任是否正在于这些孩子们的父母？

因而，在这篇小说里，便隐含着一个非常凝重的话题：谁是教育第一责任人？

　　一般来说，家庭是孩子的第一所学校，父母是孩子的第一任老师。孩子的习惯、教养等非智力元素的品质，基本都是受父母的影响。而社会本身则从价值观、文化浸染、审美熏陶等方方面面构建起一个孩子成长的社会环境。虽然，我们看到的是，当下社会，一边是建构，但同时又是消解。亦即是说，除了父母的影响之外，这个已经让人莫衷一是的社会现实，一方面时时充当着孩子们的导师，另一方面又时时以悖谬的方式、荒诞而消蚀精神的方式存在着。

　　这是一个常识。然而，当孩子进入学校之后，这一常识性的问题便被束之高阁，或者说，是被学校、老师或家长有意无意地遮蔽了。因为对孩子的要求只剩下非常单一的学业考试，所以，孩子一旦出现问题，人们首先想到的是学校和老师，而不是家庭和社会。也就是说，人们习惯将所有的教育责任都推给学校与老师，却从没有发现，自己实在责莫大焉：父母亲，是教育的第一责任人；社会环境对孩子的教育与影响，则作用甚巨。

　　因而，"教育第一责任人"缺失，或"教育第一责任人"的负面影响，应该说是《大雨如注》所想要表达的另一重教育之思。当姚子涵昏倒，当姚子涵精神失常后，教育的第一责任人竟然无法寻找到。

　　另一层的深刻意蕴在于：姚子涵有脱不了的干系！

　　姚子涵悲剧的发生，我们固然可以将责任推给社会，推给学校，推给那些巴望着子女成为"王子"与"公主"的父母，然而，"王子"与"公主"们有没有责任呢？

　　诚然，我们的成人社会所持的价值坐标产生了歪斜，但是，在这样的歪斜的价值坐标系中成长起来的王子与公主，他们的欲望也一步步被点燃，并且，非常享受这一倾斜的坐标系所带来的快感。姚子涵就非常享受自己的"气质好"，享受那种当"画皮"的感觉。而且，她还十分配合地和父母合作。姚子涵的爸爸大姚在家长会上曾这样控诉说："我们也经常提醒姚子涵注意休息，她不肯啊！"姚子涵本人呢，"一般的头疼脑热她哪里肯休息，她一节课都不愿意耽搁。'别人都进步啦！'这是姚子涵最喜欢挂在嘴边的一句话，通常是跺着脚说"。

仅仅一笔，不但写出了姚子涵的要强，更点出了姚子涵甘于配合的心态。

我们一直指责社会与父母，却在很大程度上忽略了这一个层面。

由此，毕飞宇的这篇小说还从教育常识的角度揭示了另一个问题：

教育的第一责任人是父母，另一个重要的责任人，则是姚子涵们自己。

毕飞宇也是从这里出发，来揭示姚子涵的悲剧成因的。

小说中有一个非常重要的细节，在米歇尔第一次家教结束之后，正当大姚夫妇觉得亏大了，感叹"弱国无外交——为什么吃亏的总是我们？"时，"姚子涵却转过身，捣鼓她的电脑和电视机去了。也就是两三分钟，电视屏幕上突然出现了姚子涵与米歇尔的对话场面，既可以快进，也可以快退，还可以重播。——刻苦好学的姚子涵同学已经把她和米歇尔的会话全部录了下来，任何时候都可以拿出来模仿和练习"。

在这一细节里，姚子涵是多么懂事多么甘心地配合着"苦大仇深"的父母，来完成他们自身的文化学习的过程。

既然如此甘于付出，乐于配合，当然，也便同时必须对最后的悲剧负责——虽然，这悲剧恰恰是发生在自己身上。

这样一来，我们便发现，将这样的教育责任同样放在姚子涵们的身上，虽然有点近于残酷，但却是一种残酷的真实：姚子涵担当了制造姚子涵悲剧的"配角"。

而这，竟可以看成是毕飞宇这样的作家所发现的一种教育的秘密。

四、 米歇尔： 教育田园的闯入者或异质文化代码

文学作品中常常会设置一些闯入者，以作为另一种文化符码的隐喻。

闯入者的身份，或异质文化代码，往往会在作品中掀起大的波澜，或者，因闯入者的出现而使情节峰回路转、异军突起。

米歇尔在《大雨如注》里，恰到好处地担当了这一文化符码，并完成了姚子涵的人生逆转。

米歇尔真实、性感、大胆、叛逆，而这些品质，正是姚子涵这些"中国式好孩子"刻意压制的。但这一场毁灭性的大雨，毋宁说是点燃了姚子涵、引爆了姚子涵。而且，极有意味的是，姚子涵在英语里施暴、释放，隐含了最后汉语丢失的由头——这大概可以回答一些读者认为最后的情节显得过于突兀的质疑。

> 姚子涵甚至都没有来得及过脑子，脱口就喊了一声脏话："你他妈真是一个荡妇！"
>
> ……
>
> 她已经被自己吓住了。如果是汉语，打死她她也说不出那样的话的。外语就是奇怪，说了也就说了。然而，姚子涵内心的"翻译"却让她不安了，她都说了些什么呀。或许是为了寻找平衡，姚子涵握紧了两只拳头，仰起脸，对着天空喊道：
>
> "我他妈也是一个荡妇！"

与其说是一场语言施暴，一次释放，毋宁说是一次无法躲避的洗礼与脱胎换骨。但十多年培育出来的"好孩子"，怎么会轻易丢失可能已经溶入血液的温驯、上进与中国式好孩子情结？所以，最后，她必须回到英语的体面上，必须在英语里再一次做一个好孩子。因而，结尾处的神来之笔出现了。煞是精彩，但也煞是心痛。

问题是：假设在一场大雨后，姚子涵没有生病，也从此只会说一口标准的英语，作为父亲的大姚又会如何？还有，如前所述，一个生长在中国的孩子突然失去了母语，只会讲英语，即使没有这场大雨的淋注，这个孩子是否算"生病"抑或说"精神失常"？

因而，小说选择"大雨如注"作为题目，别有深意。它引领我们思考另一个更为重大的问题：在异族文化入侵已经成为不可避免的必然时，我们拿什么与人家抗衡？我们以什么与人家对话？或者，换一种问法，我们的这种教育，可以与人家抗衡吗？我们当下的教育，可以与人家对话吗？

还有另一种提问法：

我们凭什么与人家抗衡？

我们以什么与人家对话？

这样，我们就回到论题上，我们的教育，看来必须回答这样一个问题：

一场怎样的豪雨，才能滋润我们和我们的教育？

走出高原

课程改革呼唤袁隆平和钱学森

——与周德藩对话

[周德藩]：江苏滨海人，原江苏省教育委员会副主任、江苏教育学院院长、国家教育发展中心研究员、国家教育督学、江苏省政协科教文卫副主任、江苏省教育学会会长。现中国陶研会副会长、江苏省陶研会会长。

姜广平（以下简称姜）：最近，我关注到先生经常在一些场合和论坛上谈新课改要呼唤袁隆平和钱学森。这里，我妄自揣度，先生是不是想要说明，新课改需要倡导一种科学精神？

周德藩（以下简称周）：呵，不，我不是从这个角度来言说新课改的。我说课程改革呼唤袁隆平和钱学森，是想提醒人们，在倡导课程改革的时候，要学习袁隆平的实践精神和钱学森系统集成的思想、方法。我的意思并不是想请袁隆平和钱学森来指导课程改革，也并不是要求现在的课程改革专家都达到袁隆平和钱学森这些大师的水平。这做不到，但我们要做到我们能做到的高度。

姜：新一轮的课程改革已经进行了这么多年了。你对这一轮新课改作什么样的基本判断？新课改呼唤袁隆平与钱学森，是不是意味着我们的新课改在某些方面存在着严重的欠缺？

周：当前课改已进入关键时期，其实已经容不得我们再多发议论、空发牢骚了。然而，问题存在着。但审视课改、破解课改中的难题，需要我们付出实际的行动。一项改革，问题不可能没有，矛盾也不可能不存在。关键是我们对待这些问题和矛盾的态度。

姜：这一场自上而下、影响甚大的基础教育课程改革，可以说是新中国成立以来我国规模最大，也是世界上规模最大的基础教育课程改革。新课改到目前为止，已产生了积极的影响，并引起了国内外的广泛关注。这应该是一种基本事实。

周：我也这么认为，教育部先后于 2001 年 12 月、2003 年 3 月和 2004 年 12 月委托专家组三次对新课程实验进行追踪调查，结果显示："教学活动形式更加灵活多样。""教师的教学观念与课堂教学行为发生变化。""基础教育课程改革实验工作正在稳步推进，多年来倡导的素质教育理念已经在切实推进新课程的实验工作中体现了出来。"2006 年，由国务院牵头组织，中宣部、人事部、教育部等多部门联合完成的"素质教育调研报告"中指出："基础教育课程改革作为实施素质教育的主要载体，取得了重要进展，已经为学校教育带来了一些具有本质意义的变化，促使教师的教学方式、学生的学习方式正在发生积极而深刻的改变。"

姜：然而，在"素质教育调研报告"中还发现："许多中小学生作业多、补课多、考试多，睡眠少、体育活动少、社会实践少，因此失去快乐的童年、自由成长的空间和多样性发展的可能。"一些中小学教师也批评课改中出现"家长找老师补课，补旧教材，穿新鞋，走老路"的现象。有教育学资深专家指出："这一场基础教育课程改革从一开始便出现争议。"

周：争议可以存在，但是，现在，主要还应该是要着眼于如何实施这一点上。我从教育行政领导岗位退下来很多年了。这期间，我的主要精力用于对早期教育及幼小衔接方面的研究，通读了除英语之外的全部小学教材，也差不多通读了初中除英语以外的教材，并大致浏览了高中的教材。在这过程中，对幼儿园、小学、初中以及高中的全部课程进行了一些比较系统的思考，我深深地觉得，我们中小学的课程纵向缺乏衔接，横向缺乏联系，就某一门学科来说，其结构和层次也常常是失衡的。

姜：纵向缺乏衔接，横向缺乏联系，就某一门学科来说，其结构和层次也常常是失衡的。这才是课程改革中至为关键的重要问题。

周：发现这个问题并不难，只要能够像袁隆平那样脱下鞋子走进稻田做深入细致的研究，就可以发现这一问题。而如何解决这样的问题，我又想到了我国两弹一星的伟大功臣钱学森，他的系统集成的思想、方法，完全可以解决中小学课程改革中出现的这一系列的问题。

姜：委实，我们的新课改过程中，最缺乏的就是像袁隆平这样脚踏实地的人。

周：我时常感叹，课程改革过程中，如果多一些袁隆平式的人物就好了。袁隆平是脱了鞋子，走进稻田，几十年如一日，坚持杂交水稻的研究，然后才取得巨大成就的。如果课程改革的专家和领导，都能像袁隆平那样，深入教学第一线，认真研究中小学课程里到底有哪些内容，看看学生书包里除了教材还有哪些东西，进而深入课堂，看看学生是如何学的，老师又是如何教的，了解一下师生的生存状态。不是走马观花，而是长期坚持。这样，我们就不难发现课改实施中的问题，也不难找到解决问题的办法，从而使课程改革深入有效地展开。

姜：是啊，课程改革从一开始就不能只靠坐在办公室里做一些经院式的思考，更不能以国外的课程研究成果作为模本，然后设计出中国课程改革方案。否则，这样的课程改革本身就难以植根于现实土壤之中。

周：人不能抓住自己的头发离开地球。同样，在中国这样一个泱泱文化大国，离开中国传统文化和现实背景谈教育和教育改革，显然极容易发生严重的偏差。所以，在感叹课程改革纵向缺乏衔接、横向缺乏联系时，我又觉得，我们的课程改革中，同样缺少像钱学森这样的人物。我在对小学课程进行系统了解与分析后，深深觉得，我们的课程改革本身就是一个巨大的系统工程，需要用钱学森倡导的系统集成的思想和方法，这样才能达到课改预期的目标。

姜：这种系统集成的思想，其实应该用于课程体系吧！

周：是这样的。你看看，小学一年级语文，前 6 周的时间都只教拼音，不教汉字。以国标版第一册语文教科书为例，生字表一共列出 255 个生字，其中一类字 129 个，要求学生既会认，也会写；二类字 126 个，要求学生只会认，不要求会写。其实，课文里出现的生字还不止这 255 个，还有第三类生字 137 个，既不要求认，更不要求写，小学生能够借助于已经掌握的拼音读出来。加上作业里的，一年级第一学期出现的汉字共有 730 个。

再去检索一下数学书中的汉字，除去已经算过的语文中出现的 730 个汉字，又多出了 146 个汉字，《品德与生活》增加了 170 个汉字，《美术》多出 133 个汉字，《音乐》多出 54 个汉字。累计起来，在小学一年级上学期结束的时候，教材上要小孩认读的汉字共有 1233 个。但要注意，仅以《品德与生活》第一册教材为例，在一年级小朋友语文课上一个汉字还没有教的状况下，一开始就给孩子写了一封信——"给小朋友们的一封信"，信中累计出现了 113 个不重复的汉字，你叫学生如何去读？而《品德与生活》的内容，则在幼儿园又大都体验过了，如第一课"手拉手，交朋友"等。其实，这些内容在幼儿园 3 年的学习过程中也大多展开过。至于其他学科的交叉重复则更为普遍。仅就汉字教育而言，到小学二年级结束的时候，五本教科书出现的汉字总量已经达到 2354 个，离小学要掌握的 2500 个只差 146 个，如果我们稍有系统集成的思想，不难发现课程本身需要整合，课程的实施更可以整合。

姜：看来，目前课改中的教材，编者的编写意识与思路，真的让人啼笑皆非。

周：所以，小学生入学到底应该学什么呢？教学的核心任务又该是什么呢？这是我们首先要考虑的，也应该是新课改的根本出发点。我曾跟一个课改设计专家谈起过，我们的课程安排纵向不衔接，横向缺乏相互联系，课程内部的结构与层次失衡。但该专家却认为，作为一个课程论专家，我们要做的只能是针对课程标准进行理论与政策的制定，至于教材问题如何处理，并不在我们的思考范畴里。

这位专家的话，如果从他的角度讲，不无道理。从世界范围内的课改理论与课程实践看，课改理论也是只管课标，不管课程。然而，要看到，课程设计本身就是一个复杂而系统的系统集成工作，特别是在汉语教育背景下的课程改革，更需要注意系统性，更要以系统集成的思想与方法论来指导我们的课改工作。

姜：看来，这还是课程改革专家们对基础教育缺乏理解。

周：其实，只要稍加研究，便不难发现，课程改革涉及如下这几个层面：

第一个层面就是理论层面，也就是观念层面的东西。现在，一些课改教育理论家所倡导的课程改革理论都已经是大家所能接受的了。委实，这是非常重要的，中国的基础教育课程已经到了非改革不可的地步了。

第二个层面就是在观念的基础上，确定课程的结构与标准。按照现有的理论，必须要有什么样的结构与标准，这就是我们必须要认真研究的。在这个层面上，我们要研究的是课程结构的配置和课程的标准的制定。

在此基础上就进入第三个层面，根据课程标准，是编制出一套教材与教法，并对教师有所征询。第四个层面就是实施的问题。

姜：课程改革的最终目的，还是为了实施。

周：是啊，但你发现没有，进入实施层面，所有的问题与任务，都落实到了校长与教师的身上。

姜：是这样的。校长是组织课程实施的，教师则在执行课程时与学生进行对接。

周：好了，这样，我们就发现，课程改革是一个系统集成的网络结构工程。但问题又随之而来，从理念层面与结构层面上看，课程的变革，是一个社会化的过程。然而，在目前的课程结构网络里，光有课改理论家、课程论专家、学科专家以及课程计划的组织者与执行者，缺少了诸如社会学家、教育家这样的人物。这样，课程改革本身，就缺少了从传统文化、社会结构、意识形态等角度的高屋建瓴的引导。而在整个课改过程中，特别是教材的编制过程与实施过程，过分依赖了课程专家与学科专家，没有能体现出课程改革系统集成的特征与属性。

姜：对！社会学家、教育家、课改理论家、课程论专家、学科专家以及课程计划的组织者与执行者，在课程改革中，承担着各不相同的责任，发挥着各自不同的作用，但他们又相互统属，其功能、责任与作用，都指向学生的实际学习。

周：你注意到没有，课程体系的系统集成性除了如前所述的四个层面以外，还必须建立相应的评价体系与服务支撑系统。

姜：这又是一种需要钱学森系统集成思想指导的庞大体系。

周：是这样的。这种评价服务系统中，既有对课程体系本身的静态评价体系，又有课程实施过程中的动态评价系统。此外，还有服务于课程改革的推进与服务系统，如教师的继续教育与相关培训问题、专业发展与标准的研究与评价体系，等等，都是非常重要的。

姜：看来，老师您这些年来虽然已经不在一线，但这些年确实一直在思考新课改的问题。

周：这其实还是老问题啊！其实，早在我任南京市教育局局长期间，就曾系统地对小学课程进行过思考。当时，我就深深地觉得我们的教材与课程严重脱离。教科书的内容交叉重复的甚多，小学为什么要有那么多门类的教科书？这样的课程体系是不是要进一步整合？我们曾试图努力改变这一状况，然而，在当时的情形下，我们无力为之，因为我们基层教育局没有这个权力。然而，现在，在新课程改革的背景下，过去的问题依然存在。也就是说，现在的新课程，依然没有从本质上实现课程体系的改革愿景。

姜：课程改革确实是一项系统集成的工作。

周：课程改革光靠几个课程论专家是不行的。这其中要有社会学家，因为我们的教育是培养社会人的。课程改革中还需要有学科专家、教育家，当然，也得有课程论专家。但现在的新课程改革，非常糟糕的情形是，它撇开了教育家，撇开了社会学家，甚至也撇开了学科专家，只是少数课程论专家从国外舶来一些与国内课程文化无法榫接的理论与理念，然后就由教育行政部门开始了全国性的推进与实施，没有系统地发挥社会学家、教育家和学科专家的作用。在课程改革中，如果有社会学家、教育家和学科专家的参与，那么，课程改革将会因他们的参与而实现对学生学习的宏观把控，我们也就能够设计出符合中小学生知识结构与认知规律的、多元化的课程改革方案。

姜：但新课改已经全面铺开，绝无抽身回避的可能了。

周：目前的课程改革还有另一种令人遗憾的情形：那些从国外归来的理论家提出课程改革的思路与方案后，在编写教材时，他们又大撒把，全面撤退了，将课程改革的任务交给了课程论专家和学科专家。现实中的情形是，课改过分地依赖了学科专家，而学科专家相互之间则又互不联系。因而造成了如我上面所讲的一年级《品德与生活》第一课竟然会出现 113 个生字而无法与语文学习对接的情况。

姜：是这样的，这确实令人遗憾。在课改过程中，该我们的新课改理论家发挥作用的时候，他们没有发挥作用；该他们脚踏实地地实施的时候，他们又无法具有袁隆平那样的实践精神。这种情形下编制的教材，出现课程安排纵向不衔接，横向缺乏相互联系，课程内部的结构与层次失衡，也就不可避免了。

周：课程改革体系，到目前为止，既缺乏一个综合的配套体系，更缺少这样的构架意识。八年来，在课程改革过程中，甚至连实践层面的校长与教师如何发展以及如何长效发展，都未能给出一个具体的解决方案。这就是我们现在课程改革的现状，这就是我反复强调课程改革呼唤袁隆平与钱学森这样的人物的根本原因。

姜：但我们也知道，开弓没有回头箭。

周：是啊！然而我们也要知道，我并不是要求我们的课改专家都达到袁隆平和钱学森这些大师们的水平，我们要学的，是他们的精神和方法论。

姜：委实如此。对于中小学教程这些基础性的内容，其实，只要稍具责任心和基本的教育功力的人，都能对此进行系统集成；具有了袁隆平那样的实践精神与钱学森那样的系统集成的思想与方法，也都能达成系统集成的目的。

周：我们不是为了指责什么人才发出这样的议论，但必须承认，我们是在未经充分论证与试验的情形下实施新一轮课改的。纵观教育史，其实，任何课改，都必须要在经过一轮试验的基础上实施。但我们现在的课改，让那些实践层面的校长与教师，在毫无经验的前提下仓促上阵了，况且当前的应试环境较课程改革之前未有任何变化，就更使得校长与教师在课程改革这一场"战争"中未能充分占据有利地位，未能充分发挥出校长与教师们应有的主动性。

姜：课改既然启动，就必须要向前推进。我们毕竟已经上路，且已经注意到问题所在。亡羊补牢，犹未为晚。我相信，集大家之力，真正地用袁隆平的实践精神和钱学森的系统集成思想、方法重新审视我们的课改工作，在后续的改革实践与研究中，加以认真地补救，我们就一定能解决这一系列问题，从而完美地实现课程改革的愿景。

周：现实的情形是，校长们不能不做了，校长们如果再不有所为，那么，改革就势必会落败。所以，我呼吁所有的校长必须将孩子书包里的教材都要读一遍，这样才能去领导课程改革。这样的事并不难做。只有这样，才能发现语文与数学是什么关系，数学与思品是什么关系，一年级与二年级是什么关系，小学与幼儿园是什么关系。

我时常感叹，有些课程改革的领导与实施者，某种程度上，甚至连厨师都不如。一个厨师在做菜时，他首先要问家里还有多少菜，然后，他才会根据这些菜进行搭配，在分析出这些菜可以做出什么菜系的菜之后，才做出相应菜系里的各道佳肴来。现在的校长，孩子们书包里有什么"菜"，他们知道不知道呢？

姜：现在的一切，确实要看校长们如何抓落实了。

周：是啊，学生是你的，校长们、老师们与学生的结合也是最密切的，也是处在课程改革的最前沿地带的实施者。这种情况下，我们不能再把所有的责任推到课程论专家和什么社会学家、学科专家那里了。怎么做都是自己的事情了。我们的校长、老师，现在只能以积极的姿态与创造性的活动，去实施教育的课程改革，任何牢骚都是没有用的。

姜：我明白你的意思，方法其实非常简单，从袁隆平那里学他的实践精神，从钱学森那里学集成系统的方法。

周：是的，只有这样，实现课程改革的目标，完成历史所赋予我们的责任，就是指日可待的事情了。

当今名校缺什么

—— 名校之思之一

一

时下基础教育领域里名校之多，令人目不暇接。如果我们以新生代名校来命名这批名校的话，我们发现，在全国范围里获得了广泛认可的是以湖北黄冈中学为代表的一批在考试上获得广泛认可与高度评价的学校。

只要你稍加留意，你就会发现，全国各大书店里到处都是"黄冈兵法""黄冈考点""黄冈考霸"之类的教辅用书。不但如此，黄冈中学还以高于国内考试的竞赛如数理化奥赛以及向外输出教师与管理在国内著称。黄冈中学因奥赛与高考成绩，被誉为"孕育英才的基地""培养国手的摇篮"。前黄冈中学校长曹衍清也正是带着这样的骄人的业绩，南下深圳，任深圳市蛇口育才教育集团总校校长、党委书记兼育才中学校长。至于从黄冈中学走出去的名师，或者以高考指导、奥赛教练身份以谋取更大发展的教师，也是不胜枚举的。近年来，黄冈中学借势发展，在首都等地办学，名校进京，横向移植，借优化、整合教育优质资源的名义，实行教育产业化扩张。

像黄冈中学这样的名校，在湖北省还有华中师范大学第一附中等学校。近些年在全国引发广泛影响的这类学校还有河北衡水中学、山东杜郎口中学……

而在江苏，类似于黄冈这样的名校，"横空出世"者也颇多。最著名的莫过于江苏省启东中学，一时间，形成了一股"全国教育学南通，南通教育学启东"的说法。而这种所谓的学习，其实就是如何才能在高考中考得更好。

在这样的背景下，就连南师附中、金陵中学、苏州中学这样的老牌学校也坐不住了，纷纷在高考这面杏黄旗下，摆开阵脚，以南京方言与苏北言"死揪"的方式，开始"把学生往死里揪""把学生揪死"以换得高考大旗下的一所名校的称谓。其影响力之广，已经波及初级中学和小学，甚至部分幼儿园也耐不住寂寞，以考的方式来表明自己的名校原则与立场。如此，迅速诞生了像洋思初级中学、后六中学等名校，以出色的考试成绩而在业内成为翘楚。

这些名校崛起的时间，大多是在恢复高考之后。且这样的名校，在新的历史背景下，大有超越历史上如南开中学、北京四中、苏州中学、扬州中学、石室中学等名校的架势。或者，也可以这样说，恢复高考后崛起的名校，往往令历史名校黯然失色。

昔日的贵族般的名校，就这样在新的历史时期被一些名不见经传的学校所超越。

我们对新生代名校的崛起，当然给以敬佩与服膺。然而，我们也看到，当一批传统名校被超越之后，新一代的名校，在独领风骚上，似乎也并没有更持久的发展力度。很多刚刚崛起的名校，一旦在考试中失势，很快便又沉寂下去，在公众视野中淡出，为另一所新的名校所取代。

我们于是不得不对此给予深刻的思考：名校，何以为名校？成为名校的价值标杆是什么？什么才能成为名校精神？什么样的名校才能走得更远？

二

我们先看春晖中学：

毫无疑问，那是一段教育历史的绝响，至今仍然让人怀想不已，激动不已。当你走进那一段历史与人文中时，你无法不为现时的教育而扼腕：1920 年代的春晖，在理想的教育和教育的理想之中，为我们开启了一道灿烂的人文教育之门。

在由白马湖作家群支撑着的这一块教育圣地，我们首先体会到的是文化。

是文化，创造了一所名校！

无论如何，从文化上对一所学校认同，春晖中学无疑创造了一个文化的时代与文化的神话范本，虽然，现在的春晖中学很可能只是一个应试教育中的矮子——昔日的贵族，无论如何也无法与暴发的新贵们相抗了！

白马湖作家群，现在人们一般认为包括以下人物：朱自清、夏丏尊、李叔同、丰子恺、俞平伯、朱光潜、匡互生、刘薰宇、刘叔琴、叶圣陶、郑振铎、章锡琛、范寿康、巴人。这些作家，都以这样那样的方式和春晖中学有着千丝万缕的联系。像叶圣陶，他没有在春晖中学教过书，但他在春晖中学成立之前和 1925 年上海立达学园时期与白马湖作家交往较多并很快融入到这一群体之中。他也到白马湖访问过，而且是白马湖中坚人物夏丏尊的亲家。又如郑振铎，他和叶圣陶一样，与其他白马湖作家频繁交游，是他第一个将丰子恺的漫画冠以"子恺漫画"的题头不断在《文学周报》上发表的。我们知道，正是从那个时候开始，"子恺漫画"风靡中国。

白马湖作家群中，还应该有黄源和魏风江这两个人物。这两位作家都是当时春晖中学的学生。黄源自不必说，著述甚丰，影响甚巨。他是浙江海盐人，鲁迅的弟子，1924年到春晖中学初中部读书。魏风江则是在春晖中学及后来的立达学园为丰子恺最喜欢的学生。1933年12月，魏风江受蔡元培的选派，到泰戈尔所在的印度国际大学做第一位中国留学生。

　　当然，文学并不是教育，作家与文化人也有着很大差别的。然而无论文学与教育的距离有多大，应该看到，正是这些搞文学的人在那里成就了一种梦幻般的教育。春晖中学也由白马湖畔的一所乡村学校成为与北方南开中学齐名的名校。

　　原浙江省立第一师范学校校长经亨颐，在春晖中学实现了他多年的教育理想。一边是政治，一边是教育，身在两个世界，借教育实现了他政治上未能实现的民主理想，同样，也是借政治，使得他在教育领域里得以非常自由地表达自己的理念。现在的人们在评价经亨颐的时候，主要还是将他视作教育改革的先驱人物。因为在当时，经亨颐先生已经具有了一套全新的教育思想体系。他曾试行了四项教学改革：一、学生自治；二、国文改授国语；三、教员专任；四、学科制。

　　经亨颐在浙江省从教20余年，广采博引国内外先进教育思想，提倡人格教育。认为学校不是"贩卖知识之商店""求学为何？学为人而已"，所以当以陶冶人格为主，强调德智体美全面发展；在教法上，他提倡"自动、自由、自治、自律"，提出"训育之第一要义，须将教师本位之原状，改为学生本位"，因而主张成立学生自治机构，要求教师必须有"高尚之品性"，反对那些"因循敷衍，全无理想，以教育为生计之方便，以学校为栖身之传舍"的庸碌之辈；此外还力主活跃学术空气，丰富课余生活，注意多方面培养和陶冶学生人格。其民主主义教育思想和"与时共进"的改革活动，使浙江省立一师、春晖中学以师资雄厚、设备完善、教育民主和管理有方著称省内外，为国家培养了宣中华、柔石、杨贤江、陈建功、丰子恺、潘天寿等一批优秀人才。经亨颐也因此被称"浙省教育界之巨子，革新运动之领袖""浙江文化运动的先觉者"。

而人格教育、四自思想、学生本位、师德为先、学术自由、民主治校，这些教育思想，就是从新世纪的角度看，也都没有过时，仍然值得我们现在的教育工作者认真总结梳理，值得发扬光大。

也许，这些才是使春晖中学名扬海内外的重要因素。

当然，是以夏丏尊为代表的白马湖作家群的出现，将春晖中学带进了一个无与伦比的辉煌时代，在白马湖形成了一个课余把酒临风、在月白风清的世外桃源写文作画吟诗、过着田园般的文化生活的教育氛围。也正是在白马湖，这些名流创作出了众多令人陶醉的皇皇佳作，形成了文学史和教育史上的一段佳话。这些作家的作品，对白马湖畔的春晖中学产生的影响无疑是巨大的，然而，很多人都非常清醒，这与真正的教育的距离无疑也是非常遥远的。究竟什么是真正的教育，在这些白马湖作家的心中是不太清晰的。那种作画吟诗、田园野趣，毕竟不是真正的教育内容——这一切，放在现在，于教育而言，是显得多么不真实啊！

然而，你又不能不说，它恰恰是一种真正而美丽的教育！

春晖中学校长经亨颐，主张"人格教育"、以"勤、慎、诚、恕"为校训，提倡"德、智、体、美、群"五育并举，为了加强学校艺术教育，他还特地从上海请来了李叔同（弘一法师）来校执教。从此，夏丏尊与经亨颐、李叔同成了挚交，也为后来相聚白马湖形成冠绝一时的教育景观结下了前缘。

值得注意的这只是一所乡村学校。然而，我们在夏丏尊先生所倡导的"新村运动"中，看到了那一代教育家的社会努力。这样的高度，对现在的教育家和教育工作者来说，是很难企及的。当我们看到现在很多所谓名家名师，依托教育自肥的时候，不禁感慨不已。教育向社会的努力，或者让社会更深切地关注教育的关怀意识，现在的教育家又有几人能有？新村思想可以说是白马湖作家最基础的教育理念。在这基础之上，白马湖作家们所追求的具体的培养目标便是学生的"德、智、体、美、群、劳"的全面发展。

所以，在白马湖作家貌似吟风弄月的表象背后，我们要看到这些作家的社会责任感与对教育的虔诚。社会责任感与教育虔诚甫一结合，便产生了伟大的效应。这一点，可能是此前或此后的教育工作者都难以达到的高度，至少在这两点上，无法再有文学的基础与平台。文学，一方面可以完美地阐释教育，一方面又可以作为放飞教育的平台。白马湖作家群张扬艺术、提倡美育，有着鲜明的教育教学理念，并将这些理念付诸到了教育实践中。这些，如果没有文学作为基础，教育又何能达成这样的美丽？

这恐怕同样是春晖中学之所以成为名校的根本原因吧？

现在的名校，是否能达到这样的高度，恐怕也是不言自明的。

但是，春晖的内涵还不止这些，春晖所给出的名校的标准或者尺度还有更为重要的内容。

经亨颐早在1919年2月制作的《春晖中学计划书》中就讲过："余为倡人格教育、英才教育、动的教育之一，即主张中学毕业生宜多式而不宜一式也。"德、智二育，各校并重。春晖中学能够同时大力倡导体、美、群、劳，实属罕见。而这数育之中，体育是得到经亨颐校长的大力提倡的。在《秋季运动会开会辞》里，经亨颐甚至将话讲到了某种极致："本校其他各科学但求平均注重，不愿本校或以美的环境，特别造成什么文学的人才。不过本校如能以体育著闻，却是深所盼望的事！因为所谓健全精神宿于健全身体，诸位将来立身行事，皆基于此。所以把体育成绩佳良，立为学校考成唯一标准亦无不可！"

"把体育成绩佳良，立为学校考成唯一标准亦无不可！"这就是经亨颐的气魄！

经亨颐为什么特别强调体育？这是不是对那帮可爱的文人的排斥。答案当然是否定的。我们推测，经亨颐目睹华夏民族的积贫积弱，想借教育振民族之衰，这可能是最根本的原因。

这正是一位教育家的社会责任感与使命感。现在的教育管理者们是否还能有这样的情怀与这样的气魄呢?

不唯是体育,就是劳育,在现在的教育体系中又占据什么位置呢?

然而,这两点在春晖中学却是最具特色的。劳育与白马湖作家们的新村教育理念是密不可分的。据魏风江在《从春晖中学到立达学园的匡互生先生》一文中说,匡互生本打算在春晖中学创办一个农场,开设农科的。培养学生劳动生产的能力,是匡互生教育理想的主要内容。但这样的理想在春晖中学没有实现,直到后来在立达学园才终于实现了。在白马湖作家群那里,劳育意识是非常强烈的。在这一点上,作家们的意识是难能可贵的。当然,追溯这里的精神背景,我们可能会从像雨果、萧伯纳等杰出的作家那里寻找到根源。也因此,新村理念,劳育教育,可以说是春晖留给教育的最重要的遗产。

三

春晖中学的短暂辉煌,留给人们的思索是深刻的。历史已经整整向前推进了八十年(须知,整个中国近代史的历程,也不过只有六十多年的时间),我们在对名校何以为名校作出深思时,不由得想到:当这些清醒的文人,提倡新村教育的时候,当这些文人在五四大潮的涌动中,怀着一腔真诚的教育救国之心,甚至放下架子走向民间,真切地以劳动教育去培养学生,以求达到一种教育的高度的时候,这其实又哪里算是什么教育理想?这些,本来就应该是教育的内容。

可是不知道什么时候,这些教育内容都从我们的教育中消失了。我们的教育到现在都没有能以一种真正的教育去教育我们的学生,让我们的下一代真正做到以天下为己任,为国为民,做一个有益于国有益于民有益于己的人。

面对中国教育的真实现状,面对当今的所谓名校,我们只有长叹:名校之为名,重在境界,重在文化,重在参与社会,重在历史责任感与民族使命感。

而这些，恰恰是当今名校所严重缺失的。

悲壮的教育行为背后

——名校之思之二

我们无意于将 1920 年代的春晖中学当作今天现代化背景下基础教育的标本式学校，然而，春晖中学不以考试作为唯一价值标杆的多元办学模式及文化发展之路，不能不给今天的办学者以深思。

看看现在的名校，它们的教育是何种形态。

一

让我们把目光首先聚焦于江苏省泰兴市洋思中学。

洋思中学的校门口标语牌上写着"让每个学生合格""没有教不好的学生""没有差生，只有差异"。校长蔡林森从自己的三个子女身上悟出，学习要扎扎实实打基础，学知识要做到"日日清""周周清""月月清"——这就是著名的"三清原则"。他要求每位老师充分相信学生，放手让学生自学。

"教好每一个学生，不让每一个学生落伍"成为洋思人追求的目标。学校连续多年入学率、毕业率、合格率均达到 100%，优秀率为泰兴市之首。有专家说："洋思初中能真正面向全体学生，这是它的一大特色，他们的经验可以解决基础教育中的一大难题。"洋思中学注重从起始年级抓起，从新生进校第一天抓起，从最后一名后进生抓起，力争使每一个学生会学习、能学习。

洋思初中把奋力拼搏作为提高教学质量必不可少的重要手段。在洋思初中，行动是军事化的，管理是企业化的。每个教师、每个学生都在为完成既定目标而奋力拼搏，每时每刻都不敢有丝毫的懈怠与马虎。从他们对时间的利用可见一斑。有一份作息时间表表明，洋思的师生，起床时间为5：40，午间休息75分钟，晚间至9：00（9：30）结束。

学生的时间非常紧张，教师的时间更紧张。当人们问起教师什么时间读书学习时，他们的回答是：向深夜进军。

向深夜进军！

这是何等响亮的口号，又是何等悲壮的教育行为。这一口号与行为的背后，其实是教师以透支生命为代价，在从事着现代中国的教育事业。

与洋思中学极为相似的还有信奉成功教育的闸北八中，校长刘京海有"三个相信"：相信每个学生都有成功的愿望，相信每个学生都有成功的潜能，相信每个学生都可以获得多方面的成功。

刘京海是中学特级教师，华东师大兼职教授。闸北八中处城乡结合部，生源质量参差不齐，教育质量滞后不前。刘京海经过长期研究，试行了为学生创造机会，科学提出期望值为主的试验，在成功教育的理念下，积极实践、推广和宣传成功教育。在他的教学改革创新中，调整教学要求，调整教学进度，低起点、小步子、多活动、快反馈。使学生成功大于失败、更多尝试成功、正确认识失败，教育质量在原有的基础上大面积提高，成为国内外有一定知名度的学校。他和大家一起搜集对国内外学习困难学生的研究案例，创造性地运用成功教育思想，提出改变学习困难学生的主要对策，取得了显著的成效。

这是两所性质相近的学校，但是，我们要看到，它们的成功大多是基于对学生智育水平发展的考评，以此作为学校成功的标杆与尺度。而作为名校，这两所学校某些极端化的教育行为，正在受到越来越多的人的质疑。事实上，从后续能力的发展看，有材料研究显示，这两所学校的学生，在长足发展方面，显然难以为继。

二

让我们详细看看山东乡村中学杜郎口中学的过去和现在吧！

山东杜郎口中学是一所极为普通的农村中学，很多年前是被划入撤并行列的薄弱学校，全校一年升入重点高中的学生仅是个位数，学生辍学率接近三分之二。但就是这样一所学校，依靠其扎根课堂教学实践创造的一整套开放式课堂教学模式，几年间发生了惊人的变化，产生了极为壮观的教改效益。山东杜郎口中学课堂教学改革的巨大成功，带给杜郎口中学最为明显的"效益"显然就是学校教学质量的惊人提高和学校考评成绩的巨大改观。杜郎口中学这个曾连续 10 年考核全县倒数的学校，自 2002 年始，每年综合考评竟然都跨进全县前 3 名。

改革以后学校一跃成为茌平县初中教育的"东方明珠"，连年被评为市县"教书育人"先进单位，聊城市把杜郎口中学树为初中教学改革的样板校，省教科所先后四次来校调研，省教育学院、聊城大学多次前来进行交流。

杜郎口中学首先改变课堂评价标准：从学生的活动方面看，主要包括课堂气氛是否活跃、课堂活动形式是否多样、学生活动人次是否多。从教师层面上看，就是让优秀教师上示范课，一般教师上达标课，较差教师上过关课，很差教师上整改课。定期举行杜郎口中学骨干教师、学科带头人评选，学校发津贴。

从这一点，我们已经看出，杜郎口的成功，差不多是将教师先分成三六九等。而在保障措施方面，取消讲台，从形式上消除教与学的界限，板书全部由学生写，教师几乎不写板书，一个教师不按学校规定上课实行捆绑式处罚，从该教师到备课组组长、到教导主任等相关责任人一并处罚等等。

同样，让人觉得残酷的就是除了将教师分成了三六九等，教师还不得发挥自己的个性与风格。教学方式与教学成绩没有达到学校规定的，则课以重罚。很难想象这种情形下的教师，是一种什么样的心态，也很难想象这种情形下的课堂教学模式的创新还能体现什么样的教育文化。

我们承认，杜郎口中学教学改革，寻找到了自己的模式体系，即：

时间模式：10＋35（老师10分钟，学生35分钟）；组织形式：师生合作，学生小组合作；教学方式（"三三六"）：课堂教学三项要求、课堂展示六环节。程式化的教学过程，是否还能培养出具有创造精神与创新品质的学生，显然也是让人不得不表示怀疑的。而据说崔其升校长的法宝是："一谈二警三停"，第一次课堂不达标者，崔其升先与其个别谈话，谈课堂要求，谈教师角色，谈学生表现，谈课堂程序，谈教改意图等，指出问题所在，点明改革方向。第二次再不达标者，要在学科组会上予以警告。如果第三次还不达标，让该教师停课一周，专门听优秀老师的课，研读教改理论，学习组织发动学生的方法，由业务主任作专题辅导等。

杜郎口中学首先把话语权还给了学生，无论是"10＋35"模式还是"0＋45"模式，说到底都是一个话语权的问题，就是为了让学生在课堂上有说话的权利，让学生想说就说，想唱就唱，想动就动，"我的课堂我主宰"，主人的体验本来就该是这样的。杜郎口中学坚定地、毫无保留地把话语权还给了学生，这是确立学生课堂主人地位的关键一步。二是确立了"教服从于学"的教学原则，坚定地、毫无保留地把话语权还给了学生，确立学生的课堂主人地位。这一来，就必得重新定位教师在课堂教学中的作用，调整师生在课堂中的关系。杜郎口中学的教学改革则颠覆了这种以教师为主的做法，突出了以学为主、"教服从于学"的基本原则。

那么，这种情形下，教师的主导地位何存？课堂文化的主体价值观如何体现？一个学校对学生的文化引导又如何体现呢？

杜郎口中学的课堂改革无疑是值得称道的，教室三面墙壁都是大大的黑板，按几何顺序排列的课桌变换了模样，课桌分列两排，学生面对面交流，这就是杜郎口中学的小组合作学习的场面。此外，确立了预习在教学模式中的重要地位，预习、展示、反馈是杜郎口中学"三三六"自主学习模式的三个模块，与其他教学模式相比，"三三六"的模式的一个突出特点就是把预习提高到了前所未有的重要地位，由辅助性环节演变为整个教学模式之本的独立的教学环节。在"三三六"的模式中，预习不是由单个学生独立完成的，而是在小组合作中实施的，这就保证了预习的良好效果。因此，完全可以这样说，预习是"三三六"模式成败攸关的一个模块，没有预习就没有展示，没有预习就谈不到反馈，预习是"三三六"模式之本；甚至也可以这样说，预习模块的设置，在教学论上是一个重要的理论建树。

然而，我们认为，预习毕竟还只是预习。预习代替不了课堂学习，更代替不了在教师指导下的自主学习。然而，遗憾的是，曾让教师无限留恋的三尺讲台，在杜郎口中学不见了，杜郎口中学认为一节好课就是教师少讲甚至不讲。

从这一个极端走向另一个极端的方式还有：杜郎口中学确立了"零作业"的教学管理制度。

我们承认，在杜郎口中学，学生是自主的，快乐的，成长的。学校是他们的乐园，课堂是他们的舞台，他们在享受学习，享受友谊，享受成长，享受快乐。然而，认为这是杜郎口地区学生不再辍学的理由，则恐怕是一种只见树木不见森林的说法。理由很简单，一、杜郎口中学现在的学生，已经出现因其学校暂时获得的名气而吸引过来的学生，二、当经济与文化发展再度成为杜郎口中学发展瓶颈的时候，学生是否辍学，则可能是教育所无法掌控的。

当然，我们仍然心悦诚服地承认，杜郎口中学切切实实地走出了一条"科研兴校"的路子，杜郎口中学的教学改革首先来自生存和发展的需要。学校要生存下去，这是杜郎口中学和新校长崔其升面临的最大的问题。他们没有走"等、靠、要"的老路，而是另辟蹊径，从课堂教学改革入手，从解决"学生不爱学、学不懂"这一具体问题开始，通过推行"10＋35"

课堂模式，开展教师论坛等一系列措施，远离了"最危急的时刻"，拓宽了学校发展的康庄大道，探索出了独具特色的"三三六"学习模式，开辟了学校教育的新纪元，并确立了素质教育与应试教育的最佳接口，使素质教育落实到了课堂教学上。这是杜郎口中学的一个最重要的贡献。

成绩好固然是硬道理。杜郎口中学的中考成绩从全县倒数第一，到一举跨越为全县中考的前列的事实，充分证明他们昂首通过了应试这一关，素质教育已经同课堂教学浑然地融为一体。但是，问题却仍然很多，最重要的一点是，在杜郎口中学，教师的主体价值何在？教师的教育尊严何存？谁赋予了校长对教师"一谈二警三停"的权利？教师的教育幸福感又从何而生？

这些，其实是非常重要的教育内容。忽略了这一些内容，教育将是不完整的教育。

三

细细推究起来，洋思初中、闸北八中和杜郎口中学，在学生观上，是极为相近的，它们都强调了学生的发展，不是靠教师教出来、逼出来的，而是靠他们自己学出来的。可是，在确立了这样的学生观的时候，一个学校为什么不确立起它的优秀的、极具人文意识与人性关怀的教师观呢？

当我们现在很多人都呼吁学习山东的时候，为什么同是山东人，教育家李希贵的呼声竟然就无法冲破一些迷障而走进其实也仍然是教师身份的教育管理者的心里呢？

李希贵在他的教育著作《学生第二》里，这样讲道：

> 当强调学生主体、学生中心的时候，我们应当把教师放在更重要的位置，因为用幸福才能塑造幸福，用美好才能塑造美好，"亲其师"才能"信其道"。

"没有压力不行，仅有压力不够"对一个从事着塑造人这一崇高职业的教师来说，如果他的动力不是来自于热爱，而仅仅是来自于压力，这样的塑造，结果肯定是可怕的。

松下幸之助为松下公司定位：松下公司主要是制造人才，兼而制造电器。

我们认为，这才是一种真正的教育清醒与教育良知。

教育，只有在这样的清醒与良知支配下，才能真正塑造出世纪之交的中国名校。这样的名校，不但能在海内产生影响，也一定能以自己的文化立场、文化价值走向世界，代表着真正的中国当代教育的形象，成为中国走向世界的教育文化名片！

打造真正的教育文化

——名校之思之三

只有具有真正的教育文化，一个学校才能走上内涵发展之路，也才能真正走上名校之路。

我们此前讨论过的春晖中学就是这样的学校。

如果我们回顾历史，像南开中学、北京四中、扬州中学、苏州中学等名校都无不因为重文化发展，依托本地的文化历史，挖掘可能成为校本文化发展的教育资源，重点培植本校文化名人，打造真正的教育文化工程并在此基础上，建立起多元化的文化发展标准，并积几十年乃至上百年的发展内涵，这才能成为真正的名校。

历数我们现在的所谓名校，都只是以一种价值标准建立起来的：高考或高考的辐射力，成就了一些学校成为名校。然而，尴尬的情形也因此而生，如果我们戏仿古诗来描述现在的名校情况，则是：江山代有名校出，各领风骚没几年。道理其实很简单，在高考分数的交椅上，谁也甭想永远成为老大！真实的情形只能如《红楼梦》里所讲的，乱哄哄，你方唱罢我登场……

真正的名校，应该是在文化发展中永远保有自身特色并能永续经营的学校。

所以，我们看到，一些历史名校固然因为各种原因衰落了，而真正具有深厚文化底蕴的学校，则站稳了脚跟，即便是在以高考作为唯一评价标准的时候，这些名校也仍然处于一种强势地位。

我们现在不妨以上世纪二十年代末的"江南第一名校"苏州中学为例，来探讨真正一流的"名牌高中"应该具有什么样的文化底蕴与教育追求。

江苏省苏州中学是一所有着千年办学渊源、百年办学历史的中国江南名校。其前身可上溯至北宋景祐二年（1035），名相范仲淹在此创建苏州府学，聘请有声望的教育家胡瑗等名师掌教。他们言教身传，奠定了优良的校风，府学遂声名鹊起。其后，历南宋、元、明、清各朝，均有发展。至清代康熙五十二年（1713），府学内增设紫阳书院。光绪三十年（1904），扩建为江苏师范学堂。1928年，学校更名为江苏省立苏州中学。1933年，全省实行高中毕业会考，苏州中学学生获得总分一、二、三名，备受各方重视。这一时期祖国灾难深重，苏中学生以实际行动奋起抗日，写下了苏州学生运动史上光辉的一页。在八年抗战中，苏中七迁校址，二易校名。初迁宜兴亳阳，苏南沦陷后，迁校上海租界复学。教学同时，积极开展抗日救亡运动，发展进步力量。建立了中共苏中沪校学生支部。太平洋战争爆发后，沪校迁至宜兴、常州。在宜兴，校名为"私立弘毅中学"；在常州，校名为"私立青云中学"。在炮火声中，弦歌不辍，继续为国家培育人才，直至抗战胜利。1945 年 10 月，苏中在原址复校。学校规模仍为苏州各中学之冠。

新中国成立后，1952 年秋，苏州中学改称为江苏省苏州高级中学。1953 年，被确定为江苏省重点高级中学，1959 年被评为全国先进学校，成为全国文教群英会的先进单位。1978 年正名为江苏省苏州中学，再次被定为江苏省的重点中学。自 1984 年至今，苏州中学崇尚校本管理，倡导"诚、信、思、勇"四字校训，"基础扎实、素质全面、特长明显、能力较强、人格健全、社会适应性强"的培养目标在历届学生中得到充分体现。这段时间，苏州中学为各类高等院校输送高质量毕业生近万人，其中获"李政道奖学金"的学生达 37 人。

苏州中学在其悠久的历史上素以名师众多、人才辈出而著称。一百年来，先后在此执教的名师有：国学大师罗振玉、王国维、钱穆，史学家吕思勉，文学家吴梅，语言学家吕叔湘，美术家颜文梁，人口地理学家胡焕庸等。"桃李门墙多俊彦"，先后在此就读的有：教育家叶圣陶，史学家胡绳、顾颉刚，版本目录学家顾廷龙，科学家钱伟长，作家陆文夫，还有中共早期领导人博古（秦邦宪）、美籍华人物理学家李政道等。在五六十年代毕业的校友中，金人庆（前财政部部长）、袁伟民（前国家体育总局局长）两人在党的十六大上都当选为中央委员。据不完全统计，担任省部级领导的有 70 多名，担任大学校长的有 40 多名，当选为中国科学院院士或中国工程院院士的有 30 多名。

学生的高考成绩等等应该是在浓厚的学术氛围中自然产生的结果，而不应该成为学校全力以赴、刻意追求的东西。我们不妨列举苏州中学几个细节，来说明这一道理。

1927 年，苏州中学校长汪懋祖广延名师，不仅在重点学科（像国文聘请了钱穆等大师），而且在一些被常人视为副科的学科也聘请国内一流名师，美术由著名画家颜文梁任教，音乐由陆修堂（著名演奏家，解放后任上海音乐学院教授）任教，而且每月至少请一位学术文化界名流来苏州中学演讲，像蔡元培、胡适、顾颉刚、吴梅等四十几位学界名流都曾来苏州中学演讲，使学生在中学就与大师亲密接触，接受潜移默化的教育。

更重要的是汪校长特别重视教师队伍建设，鼓励教师学术研究、著书立说。你很难相信，这位新文化运动中的旧文化的捍卫者，这位在北京女子师范大学杨荫榆做校长时的哲学系代主任，这位曾经被鲁迅批驳过的"反动知识分子"，恰恰是一个教育上的非比寻常的专家，他与胡适一样，同是杜威的学生。在汪懋祖的倡导下，苏州中学教师研究学术，著书立说，成果蔚为大观：沈同洽、吴元涤、汪畏之、顾元、陈其可、吕叔湘、沈佩弦、张绳祖等著译不断，形成了苏州中学罕见的文化高峰期。

正因为当时的苏高中汇集了那么多顶级一流的学者任教，使苏高中成为江南第一名校，声名远扬于国内外，直到今天，在江苏省内说中学的"四大名旦"或"五朵金花"，别的学校各有出入，但苏州中学一定是榜上有名。这正在于它的文化影响力，尽管在高考方面，苏州中学一向考不过张家港的梁丰中学，更考不过苏北的一些如启东中学这类"名校"，但谁也不否认苏高中是一所真正的名校，因为她的教师为她打造的文化传统，到现在都让苏州中学享受余荫。

所以，到此为止，我们还能再得出一个结论：名校之名在于教师。

而这样的教师，绝不是靠应试教育而"长大"的，甚至不是靠教育"自肥"的所谓"名师""名教师"。

我们仍然以苏州中学为例，来谈名师建设的问题。

在校长里，苏州中学两位名气最大的校长是首任汪懋祖和继任胡焕庸。当年的苏州中学不仅有大力培育国学研究的校长，而且拥有一群国学造诣深厚的国学教师，有的甚至可以让胡适、顾颉刚等国内顶级名牌大学的国学教授欣赏乃至自叹不如，可见苏州中学在中国文化教育领域的强劲实力。这可以看成是汪懋祖的文化立场所决定的学校立场。然而，恰恰是这一点，为苏州中学的文脉点燃了足可流传千古的香火。而如果要点明俞樾以及罗振玉、王国维等人创造的文教传统，这一传统便是：必须由学术底蕴深厚的学者来办学，才能使矗立在三元坊这块土地上的学堂创造出一流的学术与人才教育成就。这正是三元坊的历史人文力量遗留给苏州中学的光辉文教传统。换言之，在三元坊办学、教学的人都将感受到一种压力（当然也可以是动力），他们至少必须成为学术底蕴深厚的学者，然后拿出一流的学术与教育来续写辉煌的办学事业。这也就使得苏州中学的后来者，不得不面对这份厚重的文化遗存。

汪懋祖公开提出："一所优良学校的成绩，不仅在毕业生能多数考取大学，或中学会考能得到锦标。而在入学后能独立研究学术，崇高人格，出大学后复能发展其能力，以各得其用。"只要有真学问，汪懋祖都会努力通过物色一流的师资把他们引入苏州中学，让"苏中"学子感受各种学问的乐趣。

当然，这里面有办学机制的问题。然而，要看到，这种办学机制，正是培养名师和延纳名师的机制。可惜，我们现在谈教育改革开放，这一点，却无法实现。我们现在的名师机制，其标准也早已异化成分数第一，文化则沦落为分数的可怜的婢女。

我们注意到，苏州中学的名师行列里，有著名的语言学家吕叔湘。苏州中学到现在都引为自豪的是吕叔湘先生于1928年到1935年，任苏州中学高中英文教员兼图书馆馆长。吕叔湘在业余时间细心经营"苏中"图书馆，定期在"苏中"校刊上公布新书消息，撰写新书评介等文字，引导学生们的阅读兴趣。在汪懋祖的心目中，苏州中学不仅是学子刻苦求学考入名牌大学的成长摇篮，而且是教师努力治学直到水平堪与大学教授相比的学术园地。试问现在有几家学校的校长，有这样的气魄？又能有几个中学教师，敢与大学教授一比身手的？难得的是汪懋祖的继任者胡焕庸校长，也有着同样的教师观和学生观，他公开声明：学校乃教师学生研习之所，以学术相切磋，以气节相砥砺。

三元坊这块土地上陆续诞生的学校历来都不仅仅只是一所教学机构，而更是一所真正的学者在其中治学的学府。苏州中学及其前身紫阳书院，总是与一流学者有缘，尤其在国学领域，更是如此。民国史学"四大家"中，就有两位与苏州中学有缘（另两位是陈寅恪、陈垣），而且他们还是师生关系。

钱穆在汪懋祖时代便来到了苏州中学担任首席国文教师。14年后，钱穆的中学恩师、时龄57岁的史学大师吕思勉又在抗战时期来到了位于常州的苏中分校青云中学任教高二年级，一人承担了国文、本国历史、国学概论和文化史四门课程的教学工作。当时"苏中"因战乱正处于建校以来最为艰难的时期，但史学大师的加盟却使得苏州中学又得以收获一份品质上佳、风格独特的国学教学资产。虽然吕思勉来苏州中学时，早已是学有所成的一代学术大师，"苏中"学子无缘看到其在校园里辛勤治学、成果迭出的学术成长历程，但毕竟，吕思勉的到来，再一次接续了苏州中学人文的灿烂。

可以将汪懋祖、钱穆的离去看成是苏州中学办学史上的一大转折点，自此苏州中学的国学实力开始变得衰弱起来，无论就国学研究而言，还是论及学术界的影响力，均无法达到钱穆在时的高度。不过，苏州中学的国学氛围并没有因为钱穆的离去而消失殆尽，相反，在很长一段时期内，至少直到"抗战"爆发，苏州中学的校园都保持着浓郁的国学气息。著名画家黄永玉，也因此"生平第一次遇到好老师"吕思勉，"真正"将他"引进学问之门"。

笔者不厌其烦引述这段历史，只不过想再一次说明，名校之名，在于教师，在于高水准的教师所营造的那份文化。而那些靠招生政策荫庇而招得好生源的所谓"名校"，如果只有分数可以炫耀，那实在算不上什么名校，因为你的老师只有"技"，没有"术"（学术）。因为好的学生都在你那里，考得好是应该的，考得不好就愧对江东父老了。因而，培养教师的学术能力是从根本上提高学校核心竞争力的做法，也是使学校得以声名鹊起的唯一途径。

相比之下，洋思初中的校长蔡林森，是否是那种具有文化内涵的名师，便一望而知了。他将一所三流的镇办初中，办成了一所名校。但应该看到，其所付出的，可能太多太多。蔡林森以狼性管理乃至狮性管理之法经营学校，有悖教育的本质，也不符合现代人文教育精神。也许，短时间内看不到这一做法的危害，然而，放眼长远，这种"死揪"之风，势必会让教育付出惨重代价。

现代教育背景之下，也是可以诞生真正现代化的名校的。

笔者曾采访过无锡市滨湖区教育局局长钱江。在回答笔者的有关问题时，钱江局长曾感叹地说过这样一段话：我们江苏这样一个教育文化大省，不能只推出地处农村的传统学校，甚至只推那些准备关、停、并、转或背水一战的学校。江苏必须从教育现代化进程的角度给出学校发展的成功案例。

钱江局长的话里，暗指了像东庐中学、后六中学等所谓的名校。也直指人们盲目学习杜郎口中学的一些做法。

而令人欣慰的是，在培育现代化名校方面，滨湖区给出了独特而成功的经验：以蠡园中学为代表的一批名校，其成功经验与办学模式，与本省东庐中学、洋思初中、后六中学等在农村发展中的名校有着本质的差别，"蠡中教育"被原江苏省教育委员会副主任、江苏省教育学会会长周德藩同志称许为"现代学校教育的一道曙光"。

行文至此，我们将蠡园中学放在本文的最后部分，以作为现代化背景下名校发展的一种类型。也许，何谓真正的名校，蠡园中学作为新世纪名校中的一个典型案例，会引发人深刻而独到的思考。

蠡园中学作为滨湖区着力培植的一所名校，是滨湖区一所普通公办初中，在生源、师资和办学条件等方面没有特别的优势，但是，蠡园中学坚持以学生发展为本的现代教育观念，以民主、协同、高效的管理机制，致力于培养学习型团队，坚持打造理想教育品牌，不断提升学校的核心发展力。通过近十年的孕育，初步形成了"蠡中教育"的品牌，办学经验受到各方面专家和同行的广泛关注，办学成果得到社会和学生家长的充分肯定。蠡园中学的发展之路，体现了面向全体、全面发展的素质教育方针，体现了义务教育优质均衡的发展方向，体现了办好人民满意教育的根本要求。蠡园中学打出的学校文化口号是：蠡中教育——追寻理想中的教育。蠡园中学的具体做法是：通过对学生半年时间的考察与分析，根据学生的不同特点，选派适合不同学生的教师进行教学，以期达到让一些不想学的学生成为想学的学生，让不喜欢学的学生发展成为乐学好学的学生。这种选择是按学生情态与成长态来进行划分的。对教师而言，也同样尊重教师的选择，教师选择学生而教，充分尊重了教师的教学个性。这样就消除了快慢班的嫌疑，也克服了因分快慢班而带来的弊端。

钱江局长说，我定位蠡园中学是一所城市中学，是因为蠡园中学在尊重了教育的选择性时，更充分体现了教育现代化背景下的教育民主，实现了从教育家陶行知而下的几代教育家的梦想。钱江认为，中国的优秀公民，其重要标志，就是具有独立的民主意识和独立的人格。基于教育现代化背景的内涵发展之路，应该以培养中国的优秀公民作为终极目标。

名校之名，在于教师。那么，基于教育现代化背景的内涵发展之路，以培养中国的优秀公民作为终极目标，同样也应该成为一个真正名校的标准。

我们相信，在教育现代化的进程中，将会有更多的像蠡园中学这样的学校，续写现代教育打造真正名校的教育篇章。

走出“高原”

——答记者问

记者（以下简称记）：姜老师您好！您是从教 30 年以上的中学语文教师，且在业内成长得非常好。我想，您对教师专业成长中的“高原现象”这个话题一定有自己的见解和想法。

姜广平（以下简称姜）：教师成长的“高原现象”是客观存在的，很多人敏锐地意识到了，很多身在高原的人，却未必注意到自己已经发展到高原期。这都是因为身处高原期的人，其实在之前的成长过程中，存在着一种假性成长。

记：您是如何理解“假性成长”的呢？

姜：假性成长的情形比较多。一种情形是：某一个教师的成长并非出于一种自发的成长需求，而是在教育过程中，因为某种教育行政的需要，必须赋予某一些人以相关的职务、职称和荣誉称号。当然，这样的对象也确实是真正经过了相关的考验。其二，晋升职称与评定相关学科带头人或学科名教师的需要，使得一些具有副高级职称的人或高学历的中学教师，从表面上看俨然已经成长了，其实，实际情况未必如此。职称相应于某些教师的内在修养是不一致的，高学历，譬如教育硕士或博士学历，有些人虽然也获得了，然而，却未必能算得上是真正的教育学者。这样的情形其实也是一种假性成长。

记：您说的很对，真正的成长是自己的成长，是出于自己的内在需要。您上面所说的两种情形的确是现在大部分某些教师真实的工作状态。

姜：是这样的。就像继续教育问题，其实也应该是出于一种内心的需要。所以，"高原现象"的存在，可以说源于大部分已经成长起来的教师，在目的性上存在着犹疑，我们可以称之为目的性恍惚或者目的性迷茫。

记：这样说来，"高原现象"的发生必将是专业知识和技能上都比较优秀的教师，和普通教师没有关系了？

姜：是这样的。"高原现象"是与普通教师没有关系。这与普通教师的定位相关。而且我这里的普通教师，是指那些胸无大志、得过且过、没有理想与激情、没有梦想与教育情怀的教师。可以这样说，这样的教师，一辈子都将与教育的高峰体验绝缘。

记：你理解中的"高原期"是什么呢？

姜："高原期"如果换一种说法，其实也可以称之为沉闷期。不过这种沉闷与戏曲乏味的那"瘟"不相同，与普通教师缺乏高峰体验的庸常状态也不相同。这种情形类似于写作中那种井喷状态之前的沉闷期，是火山爆发之前的一种酝酿期。因而，教师成长"高原期"可以理解为一个教师走向真正的名师之前的那种状态。这种状态下，大部分教师对自己将要成为什么样的人有一种预设，但苦于没有寻到路径。处于"高原期"以及一辈子都未能走出"高原期"的人，其可悲性在于，他没有更为清醒的价值定位，没有更为坚定的学术操守，没有更为高尚的教育理想。很多人在"高原期"因为没有爱惜自己的羽毛，没有把握好自己与他人的关系，没有保持一种教育的清醒，更没有把握好自己，而令人非常痛心地丢失了。丢失了自己，也丢失了方向。更可悲的是，因他本人的丢失，而使教育界产生了重大损失。上天有好生之德，真正能成长起来的大师级人物并没有多少，其原因正在于此。

记：据我了解，邱学华、李吉林这样的教育大家也曾处于"高原期"。那么，您在"高原期"是不是也曾经迷惘过，如何渡过"高原期"的？

姜：说及李吉林，如果用挑剔的眼光看，她确实存在着很多欠缺。譬如其情境教育理论的有限性，她就没有清醒的判断。一切理论都是有限的，情境教育理论同样如此，它不可以既用于语文，又同时可用于不同文化背景中的英语教育，更不可能同时运用于纯粹科学背景的数学教育。然而，李吉林没有意识到这一点。还有于漪老师，虽然人们尊敬她，我也非常敬仰她，然而，她始终未能建立起语文教学的文化审美的价值坐标，也是人所共知的事实。邱学华的情形应该与她们不同，邱学华毕竟是从华东师范大学这样的高校以大学教师的身份走出来的，其高度显然是诸多教育名流所无法比拟的。虽然有人指责他在价值取向上与世俗的一些东西采取了媾和的姿态。但我觉得邱学华这一点其实无可指责。教育家也要吃饭，教育家也需要经济基础的支撑。生存与发展，是绕不开的问题。

记：您还没有说你自己的高原期呢？

姜：我其实以另一种方式，或者像人们常常评价我的以"剑走偏锋"的方式走过了高原期。我的"野心"并不大，我只想做一个既教语文又会文学写作的老师，就像上个世纪二三十年代的叶圣陶、朱自清那样。人不会完美，人与世界发生关系也总是那一个侧面或者是那一个对接的线。但我们现在的一些名师，在这方面，显然过高地估计了自己，因而最后反而丢失了自己。我定位于做一个优秀的作家或教育作家，显然只是为了做好一个语文教师服务。我与文学保持半步距离，我与教育同样保持半步距离。这半步距离，使我获得了对文学与教育的双重冷静与清醒。我今后要做什么，我也非常清楚：将教育与文学结合好，力争结合得水乳交融般美丽。

记：我知道，您是从最初的教师开始做起的，我想知道的是，您在做教师时期有没有遇到"高原期"？

姜：刚刚说的情形，也就是在做教师期间所遭遇到的啊！坦率地说，我在作为一个乡村教师时，就已经是一个不错的作家与文学评论家了。至于后来能在教育方面成长为一个教育学者，也大都源于以一个基础教育领域里的教师视角来看待当代中国教育的。当然，我知道你是问我方法。方法的问题，我觉得一人一法，也确实是没有定法的。我采取的是一种类似于乾坤大挪移的法子。古语云，他山之石，可以攻玉。这话人人会说，人人都懂。但是真正做起来的，很少。我们的老师，恰恰就是这一点做得不到位。教语文的，永远在教育理论与语文论著中讨生活，这样，是无法成长为大师的。我到现在都觉得，一个语文教师，与他最近的东西应该是文学。他应该学会打通文学与语文教育之间的关系。如果能做到这一点，一个语文教师是能成长为一个非常优秀的语文教师的。

记：您觉得真正意义上的大师应该是怎样的？

姜：真正的大师是这样的人：具有高深的学术涵养，具有高尚的学术操守，不趋时，不趋名，不趋利，也同样不趋势。在某一个领域里有着绝对的话语权而又能够容忍异见者，没有门户之见，也不搞唯我独尊。

记：是啊，这又回到了原来的问题。教师专业成长中的"高原现象"是存在的，但是怎么样去解决这个问题？

姜：我刚才说了，一个语文教师，与他最近的东西应该是文学。所以，如果我举语文教师的例子的话，我觉得一个真正的语文名师，他同时应该是一个作家型与学者型的教师。而这种学者型，绝不仅仅是指对教育或语文教育有独到的研究。解决"高原期"问题，首先应该是名师本身先让自己成为这个行当里的专家。以自己对学科教学的学术建设，立足于圈内。摒除浮躁与功利之心，不为获得某种利益，只是纯粹地追求教育的理想境界。

记：很多老师清楚地知道自己面临着的问题，就是不知道如何着手去解决。

姜：当然，最要紧的方法仍然是得学会读书。所以，回到读书方面来，我觉得很多"高原期"的人们，其实不会读书。博览群书是一种读，博约结合，也是一种读。贪多务得，显然不是最好的读书方法。前人关于读书之法论述较多，我这里就不再多说了。

记：正是这个问题，还记得一个老师的来信讲了他的困惑，其中有一点就是不会读书，不知道读什么样的书。

姜：对，读什么书怎么读书，是目前很多教师存在的最大的问题。

记：您能提供一些建议吗？

姜：我觉得可以先读一些所谓的杂书，多读一些其他领域的书。会对我们的教育有好处。

记：有些教师，是有功利性地读书，我觉得这样的心态不对。

姜：其实，这里有一个本质性的问题，为什么呢？只有在其他领域建立了自己的世界，你方可从这个新建立的领域里架设一个回望的望远镜，才能看清自己真正缺少什么。因为在"高原期"的人，别人是无法给予你什么经验的。功利性地读书，更是要不得的。同样，也只有在其他领域里有一架回望自己的望远镜，也才能建立起自己在这个领域里牢不可破的价值域。

记：那学校这个层面上呢？学校可以做些什么？

姜：学校在这个层面上要做的是，海纳百川，有容乃大。管理者要有大的胸怀，要能够接受、容纳这些已经远远超过自己的人。武大郎开店的现象，在中国还是非常严重的。这可能是很多教师无法走出高原期的一个根本原因。中学校长在这一点上，与大学校长的差距实在遥不可及。你从很多所谓的名师、特级教师，大部分都是学校管理层人物就可以看出这一点。所以，又回到普通教师这个角度。为什么很多教师一辈子都只是一个庸常的普通教师？这与管理者相关。一方面，管理者希望有名师涌现，但真正的名师出现之后，管理者又会以另一种方式来进行所谓的管理。而管理者本人，既要作为一个出色的管理者，同时又不希望自己放弃名师的称号。

记：这个问题我也有所了解，是确实存在的。但是，有些教师根本就没有自我成长的冲动，这总不能怪罪于管理吧？

姜：对，这是一个非常可怕的现象。关于这一点，我早就援引过作家格非的"35 岁死亡"这一论点来描述这一现象了。特别是物质社会里，人们的心态也变了。人们追求物质的东西多一点，而对精神的追求却不是太渴求。此外，很多人愿意在物质世界里做一个知足常乐的人，而不愿意以生命的奉献方式参与到教育。

记：这让我想起来一位家长的一句话："今天早晨，我交给你们一个活泼、聪颖的孩子，以后，你将还我一个怎样的青年？"现在家长对教师的要求越来越高了，试想，教师如果停滞不前，在专业上不想有进步。那么，孩子怎么办？教育怎么办？而这样的教师群体在中国并不是少数。

姜：我曾说过一句话，教育是培养巨人的事业，我们教师自己却不能成为矮子。然而，情形的可怕在于：现在大多数教师，都只是矮子。甚至一些所谓的名师，其实只是一种虚高。这样的老师，会不会培养出真正的巨人来，是很难说的。当然，从学生这一方面来说，有些时候，学会自我教育，可能比接受学校教育或名师教育来得实惠些。

记：现今这个社会，受到功利性思潮的冲击，真正存在着教育理想的教师越来越少了。那么，价值观的问题就成了一个需要重点解决的问题，您是如何看的呢？

姜：是这样的。你如果细致地研究那些处于"高原期"的人们，以及那些看上去已经走过"高原期"的人们，都存在着理想是否纯粹与虔诚的问题。至于价值观的飘忽，可能是绝大多数教师都存在的毛病。当然，更有甚者，多数教师嘴上讲价值观的问题，然而，什么是价值观？自己应该如何建立价值观？竟然是一笔糊涂账。这也就难怪为什么很多老师是无法成长得非常好的原因了。他无法知道自己想要得到什么，也无法明白自己究竟要成为什么样的人。很多教师对自己所从事的职业，既没有规划，更没有考虑到一生所从事的这一职业，需要他在从业之初做好哪些准备。

记：我觉得真正走到"高原期"的人都在现实和理想当中找到了平衡点，能够很好地处理两者之间的关系。但是，我相信这个思考后达到释然的过程是一个痛苦的经历。

姜：理想与现实是必然存在矛盾的。很多人都没能处理好。其实，这里的问题，仍然是一个人内心的力量的问题。

记：也就是说，真正想跨越高原期这个坎，必定要将自己的内心变得很强大，很宽广。

姜：是这样的。走过这一段时期，其实是没有人能帮你的。你说到管理层问题，当然是一个问题，但实质上，管理层无论支持与干扰，其实都是很次要的。真正的成长，是一个人自己的成长。

记：关于"高原现象"的问题，姜老师还有什么想说的吗？

姜：想说的可能还有很多。最后我只想再强调一点，走过"高原期"，还必须要坚守一些值得我们坚守甚至需要我们一生守望的东西。爱心，责任感，国家意识，教育情怀，都是必须要具有的。否则，一个人是不能真正走出"高原期"的。有机会的话，我们不妨就这些问题再作探讨。

教育作为一种崇高、完美的艺术

——阅读《大教学论》撷拾

一、 引领我们重建教育精神

原典，我们可以这样认为：它就是圆点，是中心，一切都指向于它，一切都以它为中心；它还是出发点，它替我们考虑一切问题，是我们进行思考与实践的出发点；它还是终点，我们所做的一切思考，我们所付出的努力，都将以它为终点，我们努力抵达它，并以它为最终的目的。

我们这样看《大教学论》，它就是这样一部既是中心、出发点又是终点与目的的教育原典。

说及这一点，笔者想要表明的一个看法就是，当下，我们基础教育工作者，有一个如何理性地看待并如何充分、有效地利用教育理论著作的问题。

当下，关于教育方面的著作可谓铺天盖地，而在这些铺天盖地的著作中，教师们大多青睐那些实践性强、操作性强的著作，这样，一些创造了所谓奇迹、课堂教学案例、班主任兵法、我们怎么做教师之类的著作，便充斥了教师们的视野。更夸张的是，其实只是一些心灵鸡汤类的伪教育著作，也成为不具有辨别力的教师们的案头之书。

而像《大教学论》这样的从原点与中心考虑教育问题并切实给予了具体措施的著作，反而受到很多教师的冷落。

这种本末倒置的教育现象，实在值得我们深思并加以改正。

应该看到，《大教学论》为我们考虑了教育上的一切问题，正因此，我们看到，它在讨论我们教育的出发点，也在研究我们所有教育行为的目的与终点。

我们没有必要回避这是一本宗教性质还是非常浓郁的教育理论巨著。然而，正是这种宗教的氛围在暗示我们这些从事教育工作的人，应该将教育当作我们的宗教。教育之路，就是我们的朝圣之路。

也就是说，我们从事教育的人，应该有着一种宗教般的虔诚。事实上，教育关乎着所有教育者与教育对象的生命状态，因而敬畏生命，恰恰也应该是我们应有的教育姿态。

也可以进而表述，对教育，对中国教育，我们确信——我们进而能在这样的教育中，得到确证，证得我们自身的存在感，证得我们自身存在的价值与意义，同时，也证得我们能在我们的国度里寻求到我们教育人士的救赎之道与信仰之路。虽然，在某一天，我们的偶像坍塌了，但是，我们可以尝试着在心灵的一方空间里，安放我们灵魂皈依的伟大人物，安放使我们泪流满面灵魂沉寂的教育原典。当我们更多的人在嚷着重建中国文化之时，我们似乎更应该以这样的方式培育我们的灵魂，构建我们的信仰。

另一方面，当下价值多元所引发的人的各种生存困境在引发人们价值焦虑的同时，也在刺激着人们在一种茫然无措的困境中寻找着自身的价值坐标。这一大的人文背景下，教育所担当的任务，便显得非常重大。所以，在应试教育以牺牲人文教育为代价绑架着所有人的时候，我们其实更需要有一本这样的书，提醒着我们，教育，其实是在培养人的精神。

人是要有一点精神的。

这样，我们便寻得了教育的意义。

也就是说，在我们，首先要确定教育的意义，确定我们在教育过程中的存在价值及主体价值，寻得并确定我们在教育过程中的本体地位。

否则，我们的教育将无法得到根系性的培育，教育也将因此出现精神根系缺失、灵魂缺失的重大遗憾。

这样看《大教学论》，我们不妨这样认定：本书引领我们重建一种教育精神。

二、 人是教育理念的核心

我们是不是还可以这样认定，正是宗教——这种带有心灵寄托的特殊的意识形态——在引发我们对未知世界的探索时，让我们对教育产生一种特别的敬畏与崇敬。

《大教学论》似乎就是这样在意识形态逼仄的缝隙中，从有限的通道中，抵达我们，便促使我们形成这样的认知与思考，并进而思考我们当下的教育。

我们于是发现，当下，我们最先要做的，是要寻得自己的内心，知道自己心灵的位置，知道自己心灵的归宿。

这其实就是教育的最终目的与终极追求。

现在，我们如果于某一个时间静下来思考，便会发现，我们当下的教育，恰恰缺失了对自己心灵的抚慰与触摸。

这样看为我们考虑了一切问题的《大教学论》，我们便首先发现，它正是在这个基础上展开的。它开宗明义地宣告：阐明把一切事物教给一切人们的全部艺术。

　　教育面向一切人们，这应该就是我们所理解的教育民主与教育公平。在夸美纽斯看来，每个人都应该有接受教育的机会，并在这过程中学习一切最重要的知识。也就是说，在这部伟大的教育原典里，当人们津津乐道于这体现了夸美纽斯的"泛智"教育思想，而我则认为，这里体现的是一种教育民主与教育公平的情怀、追求和教育理想。

　　这是教育的最高原则，是一种可以抵达与宗教相颉颃的高度。

　　然而，更应该理解为，教育工作者应该有一颗包罗万象的心，以悦纳一切的人们。这才是教育。

　　这是一种理论，但是是更具有方法论意义的实践性的理论。可惜，现在很多人都忽略了这一点。

　　我们基于这一点来理解它的开头在《致意读者》前安排一首类似于赞美诗的诗篇，且毫不回避地在篇末引用了第六十七篇《诗篇》（从语文学的角度讲，这也构成了《诗篇》与本书序诗的对应关系）的原因了。我们就仿佛可以想见，当夸美纽斯伏案开始写作这本巨著时，是一种怎样的宗教意识与情怀在内心激荡着；我们同样能想象，当夸美纽斯想象着自己和他的同道们进行着伟大的教育时，内心又是一种什么样的神圣感充盈着。

　　坦率说，当越来越多的教育工作者们，仅仅将教育当作一项职业时，或者，即便是将教育当作一种事业时，最初经由夸美纽斯论证过的，类似于孟子论证义的那种神圣的体验、庄严的使命感，可能已经剥离。

　　这样来看，我们今天读这部伟大的教育巨著，是否在思考着教育的神圣性的时候，并将这种神圣感与使命感植入我们的教育神经元，植入到我们的恒久的教育过程之中呢？

　　夸美纽斯将教学与教育概括为"艺术"——把一切事物教给一切人的全部艺术。教育而能是一种艺术，似乎，正因为《大教学论》有着这样的纯粹，才使教育这一行为抵达至艺术的境界。宗教与艺术，它们共同的品质恰恰也就在于——纯粹。

也就是说，对于当下阅读这部伟大著作的人们来说，其实，首先要做到的，仅仅是像夸美纽斯那样，在自己的心中，盛放下"人"——他人，还有自己。

也就是说，教育工作者们在内心树立起来的最为重要的教育理念，就是：人。

这是我们必须要从《大教学论》这一本书读到的一个字，并将之时时镌刻于内心深处。

三、 教育何以成为一种艺术

我们发现，《大教学论》给予教育的第一个最重要的关键词，竟然是——艺术。

当下，当人们被绑架在应试教育的战车上时，教育也因此成为这个浮躁社会里的另一种浮躁大观。

因而，在这时候，我们如果重温《大教学论》这样的著作，明了教育其实作为一种艺术的存在时，我们才能渐渐矫正自身的教育行为，从而真正使我们的教育拨乱反正。

"艺术"一词一般来说，是指有效地从事某种活动的"富有创造性的方式方法"；另一种含义是指"含美的价值之活动或其活动之产物"，相当于英语中的"art"，诸如电影、戏剧等。

除了在序诗里给出艺术作为教育的性质定位以外，在《致意读者》的第一条里，就指出"教学论（didactic）是指教学的艺术"。在第五条里，夸美纽斯又援引格累哥利·那齐恩曾（Gregory Nazinanzen）的说法："教育人是艺术中的艺术，因为人是一切生物之中最复杂和最神秘的。"

在《致意读者》的第三条里，夸美纽斯这样引导我们理解教育作为艺术：

我们敢于应许一种"大教学论"，就是一种把一切事物教给一切人们的全部艺术，这是一种教起来准有把握，因而准有结果的艺术；并且它又是一种教起来使人感到愉快的艺术，就是说，它不会使教员感到烦恼，使学生感到厌恶，它能使教员和学生全都得到最大的快乐以外，它又是一种教得彻底、不肤浅、不铺张，却能使人获得真实的知识、高尚的行谊和最深刻的虔信的艺术。

而艺术之所以成为艺术，艺术之所以能够成立，其实皆在于艺术的一个重要的品质：艺术直抵心灵。如果不能直抵心灵，所谓艺术大厦终将会坍塌。

《大教学论》一书总共有 33 章，围绕着人生的目的和人的价值，讨论了教育的目的和教育、学校在人的发展中的作用，并重点讨论了教学理论、详细论证了教学原则。而这一切，夸美纽斯都是首先基于将教育作为一种艺术的界定，并将这一点作为逻辑起点，进而讨论了基于教育作为艺术的教学原则和教学方法。

在这本著作里，夸美纽斯讨论了如何使教学变得容易、彻底和迅速，如何使教学变成一件快乐的事情。

这就是方法论的问题，也就是说在教学手段上运用怎样的教学方法技巧，可以使教学简便、合理、高效，并能使学生愉快地去学习、教员能不再疲惫不堪地去履行自己的责任。

我们看到了，在夸美纽斯的时代，在教育以班级教学模式发生与开始的时代，夸美纽斯预见到了学生如何真正进行快乐学习、教师如何应对职业倦怠的问题，并提出了有效的原则与方法，比如在教学过程中，夸美纽斯不但提出了教师应遵循自然适应性原则、直观性原则、便易性原则等，并对教与学的一般要求提出了以下原则：

原则一：选择适当的时机

原则二：做好教学准备

原则三：排出干扰因素

原则四：有序教学

原则五：培养悟性

原则六：由普通到特殊，由易到难

原则七：循序渐进

原则八：普及教育

原则九：正面引导

对教与学的便易性原则，夸美纽斯也提出十条原则：

原则一：在心灵没有腐化以前就开始

原则二：在心灵有了接受教育的适当准备

原则三：教育内容从一般到特殊

原则四：教育内容从较易到较难

原则五：学科不要过多

原则六：进展不要过快

原则七：不超越学生年龄特点

原则八：充分调动学生的感官

原则九：对所教的事情的用途不断在望

原则十：每件事都用同一种方法去教

关于教与学的彻底性原则，夸美纽斯指出：

原则一：只教真正有用的学科

原则二：这些学科不离题也不中断

原则三：在教学细节之前，彻底打好底子

原则四：这种底子是小心打好的

原则五：后教的一切全都根据这种底子

原则六：一个学科的各部分尽可能联系起来

原则七：一切后教的都以先教的为依据

原则八：极力注意相似学科之间的相似之点

原则九：学科的排列顾到学生的智力和记忆以及语言的性质

原则十：经常通过实践把知识固定在记忆里

笔者之所以不厌其烦地将以上各点一一罗列出来，其实只有一个目的——如果你因为工作的忙碌而无暇阅读全本《大教学论》，那么，以上29条教育教学原则，不妨作为你切入教育的29个角度，你从这29个角度走向教育，思考教育，并渐渐抵达教育的最高境界。

每一点，都足以使我们流连忘返。

譬如，夸美纽斯强调教学过程的自然适应性原则，这里的与"自然"相适应实际包含了两个方面的含义：一是教学要适应自然界；二是指教学必须适应儿童本身的身心特点，即考虑人的身心发展规律。

我们在这样的原则指引下，自然也会思考我们的教育对象，也即我们的孩子们，他们在思考着什么，他们在关心着什么。

美国教育家雅斯贝尔斯说过："教育意味着一棵树摇动另一棵树，一朵云推动另一朵云，一个灵魂唤醒另一个灵魂。"这是对教育自然适应性原则最美好的描述。而在泰戈尔那里，则是将教育置于美丽的水塘与树林之间，成为一棵树、一朵云，从而让这些树、这些美丽的云霞，长成美丽的大森林，幻成满天绚烂的霞光。

这也是教育的自然适应性。

夸美纽斯一定是从这一自然适应性原则出发，将学习者的全部时期分为幼儿期、儿童期、少年期和青年期四个阶段的。

因而，我们看到，夸美纽斯这部巨著顺其自然地将教育提升到人性的高度进行阐述：

人属于自然界的一部分，有其自身的法则。"人是造物中最完美、最崇高的，每一个人都是有一定天赋的，都是能领悟万物的。"教学要遵循儿童的天性和年龄特征，按学生的能力顺序进行教学。"我们不必从外面去拿什么东西给一个人，我们只需要他的原有的、藏在身内的东西显露出来，并去注意个别因素就够了。"

笔者之所以特别点出夸美纽斯所强调的自然适应性原则，既是因为所有的艺术都在师法自然，而自然适应性原则，也是当下中国的基础教育最为缺失的教育元素。

这，不得不引发我们的深刻思考。

四、 像夸美纽斯那样去思考与发现

也正是基于教育作为一种艺术的界定，我们才得以发现，宗教其实只是夸美纽斯这部巨著的外衣，其核心恰恰是人。

夸美纽斯说："人若真受过教育，他就是个最温良、最神圣的生物；但是他若没有受过教育，或者受到了错误的教育，他就是一个世间最难驾驭的家伙。"

夸美纽斯还说："假如要形成一个人，就必须由教育去形成。"

《大教学论》就这样在全面地论述了改革中世纪的旧教育、建立资本主义新教育的主张后，提出了一套完整的教育理论体系，第一次把教育学从哲学中独立出来，完成了教育理论上有史以来的重大变革。它开创了近代教育理论的先河，成为划时代的巨著。

而它对"最崇高""最完美"的界定，竟然与艺术一样，同是这本书的出发点与起点，也是教育之所以为教育的最终目的与终点。

在第八章、第九章进一步讨论了教育的目的和教育、学校在人的发展中的作用，其后所展开的关于教学理论、教学原则、各科具体教学法和道德、宗教教育方法等，无不是围绕着人这一终极性的目的。

虽然，人们现在能从《大教学论》中寻出很多因时代性造成的局限，然而，我们发现，夸美纽斯始终以"把一切事物教给一切人们的全部艺术"作为一条贯穿整部著作的非常明晰的主线。

这样，我们现在来反观扬·阿姆斯·夸美纽斯 Comenius，Johann Amos（1592～1670）这位西方近代教育理论的奠基者时，我们应该看到，这位有着兄弟会背景的教育家，一直在尖锐地抨击中世纪的学校教育，从而号召"把一切知识教给一切人"。

在他读大学期间，夸美纽斯系统学习了古代思想家的著作，研究了人文主义者的思想，接触了新兴的自然科学知识，了解了宗教改革以来各国的教育发展动向，探讨了当时德国著名教育家的教育革新主张。他所生活的 17 世纪，是一个介于文艺复兴、宗教改革与启蒙运动之间的时代，也就是欧洲的封建社会开始解体、资本主义社会逐渐形成的时代，这是一个需要巨人产生而又产生了伟大巨人的时代，这样的巨人，诚如恩格斯所指出的，是那种在思想能力和性格上都伟大的、多才多艺、学识广博的伟大人物。而夸美纽斯正是这样的一类伟人，他为教育的革新而奋斗，为捷克的复国而奋斗，为改革社会而奋斗，为世界和平和国际合作而奋斗。他继承了捷克人民的自文艺复兴以来的进步文化教育传统，尤其是他所属的教派的民主教育传统，吸收了当时以及前代的教育智慧与财富，并在此基础上提出了自己的教育主张，建立了自己的教育学体系。他的教育主张启迪了现代世界各国的教育革新运动，他的教育学体系为现代的系统的教育学奠定了逻辑学基础与社会学基础，他也因此荣膺"现代教育之父"的称号。

所以，我们必须要说的是，当我们将这本伟大的著作合上时，我们应该能够心悦诚服地说，让我们也像夸美纽斯那样去思考与发现人的意义、人的价值，并始终将人作为教育的核心与目的。

现在，我们甚至可以论定《大教学论》有着浓厚的宗教色彩，然而，我们也因此发现了艺术，我们也因此发现了人。正因为"把一切事物教给一切人们的全部艺术"的《大教学论》的出现，我们看见了有缺点的亚当，看见了为着人本身、为使人的未完成性走向人的形成的惊世骇俗的发现与论断。

这一切，都是《大教学论》这部作品的人的光辉。即使是《圣经》般的宗教色彩也无法掩盖的。

我们论定《大教学论》作为教育的圣经，也正是基于这一点思考。

更深刻的意义在于，《大教学论》仍然从道德的层面上思考了教育。

夸美纽斯说："凡是在知识上有进展而在道德上没有进展的人，就不是进步而是退步。"

由此可见，即便是在今天，在德育、信仰、爱国、民族、人的价值与意义、人的目的等到现在都未能在教育过程中完全得到解决的今天，我们是多么需要抛开当下可谓汗牛充栋的所谓教育著作，而虔诚地拿起这本夸美纽斯的《大教学论》来聆听"今生只是永生的准备"的哲理，来思考学问、德行、虔信三者的关系，来推敲夸氏这本书中的教育内涵、实用价值，而不仅仅是被所谓"班主任兵法""名师精彩课例"蒙住我们的双眼与教育的慧心。

因为，还是那句话，夸美纽斯为我们考虑了教育上的一切问题，《大教学论》在过去有着强烈的人文主义的光辉，同样仍然还有着强烈的现实意义，并将在已经诞生了三百多年影响了教育三百多年之后，仍然会影响着未来的教育与从事教育的人们。

教育之作为艺术，有着"最崇高""最完美"的艺术品质之外，有着艺术的穿透力与永恒性。

《大教学论》也有着崇高与完美的一切品质，因为，它是为着一切人的。

一个伟大思想家赢在起点的启迪

——卢梭的《忏悔录》阅读札记

卢梭，一个钟表匠的儿子，从民主政体的日内瓦走到封建专制主义之都巴黎，从下层人民中走进法兰西思想界，成为一个激进的平民思想家。

他的重要作品《忏悔录》致力于发掘平民的精神境界中一切有价值的东西，柳鸣九先生将这些有价值的内涵概括为："……自然淳朴的人性、值得赞美的道德情操、出色的聪明才智和健康的生活趣味等等。另一方面，卢梭又以不加掩饰的厌恶和鄙视追述了他所遇见的统治阶级和上流社会中的各种人物。"

卢梭自传中那种强烈的平民精神，使他在文学史上获得了他所独有的特色，法国人自己说得好："没有一个作家像卢梭这样善于把穷人表现得卓越不凡。"

也正是在这一系列闪光的精神里，卢梭表现出了对教育的卓越的理解；而卢梭成长的历程，因此也极具教育的个案意义与典型意义。

我们的社会不可能要求所有人都成长为卢梭，我们也不可能每一个人都需要成为卢梭，甚至，也并不是每一个人都需要卢梭，然而卢梭的成长经历，仍然对中国当下的教育有着重要的启示意义。

一、 卢梭的第一笔教育资源与财富

卢梭所接受的早期教育与家庭教育中，第一笔财富是感恩教育、亲情教育和生命教育。

卢梭的出生，使母亲付出了生命，卢梭这样说起这件事："我的出生也是我无数不幸中的第一个不幸。"然而，正是在这样的不幸中，卢梭获得了非同一般的家庭教育。

卢梭父亲的丧偶悲痛一直没有减轻。他觉得在儿子卢梭身上可以重新看到自己妻子的音容笑貌，同时他又不能忘记是卢梭害得他失去了她的。每当他拥抱卢梭的时候，卢梭总能在父亲的叹息与他那痉挛的紧紧拥抱中，感到他的抚爱夹杂着一种辛酸的遗恨。但也惟其如此，卢梭感受到父亲的抚爱就更为深挚。

卢梭的父亲死在第二个妻子的怀抱里，但是嘴里却始终叫着前妻的名字，心里留着前妻的形象。

可以这样说，这种亲情的疼痛，在不知不觉中给了卢梭以一种深刻的情感教育。在这种情感教育里，卢梭体会到了感恩的意义。

他因此称父亲是"赐给我生命"的人。

卢梭的出生因母亲的付出生命而充满了灾难，卢梭生下来的时候几乎是个死孩子，能否养活，希望很小。这时候，是卢梭的姑母对他照顾备至，终于把他救活了。那位亲爱的老乳母雅克琳娜，在他出生时给他扒开眼睛。卢梭在写作《忏悔录》时，在作品开头，就详细记述了她们对他的生命挽救。

显然，此后长期的生命历程中，卢梭就是怀着这种感恩的心态对待赐予他生命的亲人的。

卢梭在书中这样描写他的父亲：

> 每次他对我说："让－雅克，我们谈谈你妈妈吧"，我便跟他说："好吧，爸爸，我们又要哭一场了。"这一句话就使他流下泪来。接着他便哽咽着说："唉！你把她还给我吧！安慰安慰我，让我能够减轻失掉她的痛苦吧！你把她在我心里留下的空虚填补上吧！孩子！若不是因为你是你那死去的妈妈生的孩子，我能这样疼你吗？"

可以这样说，正是在这样的生命日常中，卢梭从父亲那里感受到了生命的意义，感受到了亲情的疼痛，也感受到了生命的馈赠与传承的意义、价值。

卢梭生命中的第一次灾难，就这样成为他的第一笔教育资源与财富。

教育的悖论，就是这样残酷地存在着。

然而，这却是一种教育的规律。

由此，我们不禁想到一点，当下的教育生态中，生命教育、挫折教育的缺失，可能是非常严重的教育问题。

从最根本的意义来说，生命教育乃是一种全人教育，它涵盖了人从出生到死亡的整个过程和这一过程中所涉及的各个方面。生命教育既关乎人的生存与生活，也关乎人的成长与发展，更关乎人的本性与价值。既然如此，生命中所历经的种种顺境、逆境，都会成为一个人一生中重要的教育资源，缺失哪一样，都将无法领会与其相对的那一部分。也就是，没有痛苦，无法领略快乐与愉悦；没有坎坷与不幸，无法领会平坦与幸福的欢畅；没有风险的人生，将无法激发出巨大的生命潜能；没有大悲大痛，也就无法有宏阔的人生巅峰体验。

从这种意义上讲，当下我们所缺失的教育内涵，是不是过于庞大？而缺失了疼痛的神经元的教育过程，是不是又过于轻忽、飘浮。

教育之轻，何以承受生命之重？

无法承受生命之重的教育，又如何培养大写的人？

与此相关的是，我们的教育过程中缺失挫折教育和苦难教育。挫折教育，让受教育者在受教育的过程中遭受挫折，但更重要的是激发受教育者的潜能（绝非潜力），以达到使受教育者切实掌握知识并增强抗挫折能力、培养生命意志的目的。

生命教育、挫折教育，其实都不是着眼于智力的教育。事实上，当下的教育中，对智力的训练有余，对非智力因素的培养不足。教育中太多的聪明人，都在训练学生进行着智力与潜力的开发，而忽略了一个非常重要的方面，即，在漫长的历史长河中，那些为人类做出杰出贡献的人们，往往不是那些最聪明的人，而是那些饱受挫折打击、遭遇艰难险阻的人。

在阅读卢梭的《忏悔录》时，我最先想到的是我们中国一个著名的成语：艰难困苦，玉汝于成。

二、 卢梭童年时代的读书经历给我们的启发

在卢梭接受启蒙教育的时期，卢梭培养起了优良的读书习惯。

这无疑是一件非常重要的事情。卢梭的成功，我们大体上可以断定，是源于五六岁后学会阅读这一点的。

卢梭说：

我不知道五六岁以前都做了些什么，也不知道是怎样学会阅读的，我只记得我最初读过的书，以及这些书对我的影响：我连续不断地记录下对自己的认识就是从这时候开始的。我母亲留下了一些小说，吃过晚饭我就和父亲读这些小说。起初，父亲不过是想利用这些有趣的读物叫我练习阅读，但是不久以后，我们就兴致勃勃地两个人轮流读，没完没了，往往通宵达旦。一本书到手，不一口气读完是决不罢休的。有时父亲听到早晨的燕子叫了，才很难为情地说："我们去睡吧，我简直比你还孩子气呢。"

卢梭称这种读书的方法是："危险的方法。"但是，我们发现，这种所谓的危险的方法，不久便使卢梭"获得了极端娴熟的阅读能力和理解能力"。

卢梭的阅读经历，应该能够使我们发现很多关于优良的读书习惯方面的规律，得到相关方面的诸多启示：

首先，连续不断地记录，是培养优良读书习惯最重要的方法之一。

第二，阅读小说或有趣的读物，是培养优良读书习惯最重要的途径之一。

第三，有交流地阅读，连续性地阅读，则是培养优良读书习惯的最重要的保证。

有交流地阅读，意味着读书必须要有同伴，这非常符合我国古代教育学著作中所说的"独学而无友，则孤陋而寡闻"的教育思想。同时，这里的交流阅读，在起始阶段，往往是以亲子共读的方式出现的，这一点也非常重要。

第四，在一个孩子的成长初期，培养一个具有读书氛围的家庭环境尤其重要。我们看到，卢梭的父亲在培养卢梭阅读的过程中，自己也是非常投入的，投入到比卢梭"还孩子气"。

这里，我们还需要注意三点：

第一，自然地、主动地阅读非常重要。也就是说，这种阅读，不是一种强制、强迫，而是被激发、被引导出的那种自愿、向往、喜悦。

第二，通宵达旦地阅读非常重要。通宵达旦，在这里再不是一种不良的生活习惯，而是一种投入读书的必须，一种经历，一种体验，一种激情方式。倘没有这样的经历与体验，一个人，不但不能被称为真正的读书人，甚至不能被看作曾经有过读书的经历。这与良好的生活习惯无关，这更与所谓不健康的生活方式无关。伟大的教育家苏霍姆林斯基也非常认同这样的方法，他说："一个真正的人应当在灵魂深处有一份精神宝藏，这就是他通宵达旦地读过一二百本书。"

当下的孩子，其实内心也是可以被点燃的，也一定有某种"通宵达旦"地读书的欲望与可能，然而，是什么原因掐断了这种可能，这是值得我们深思的。

第三，开阔的读书视野，博览群书的经历与过程，是使一个孩子得到真正成长的重要保证。

据卢梭自己的说法：

到了一七一九年夏季的末尾（卢梭生于 1712 年），我们读完了所有的那些小说。当年冬天又换了别的。母亲的藏书看完了，我们就拿外祖父留给我母亲的图书来读。真幸运，里面有不少好书；这原是不足为奇的，因为这些图书是一位牧师收藏的，按照当时的风尚，牧师往往是博学之士，而他又是一个有鉴赏力、有才能的人。勒苏厄尔著的《教会与帝国历史》、包许埃的《世界通史讲话》、普鲁塔克的《名人传》、那尼的《威尼斯历史》、奥维德的《变形记》、拉勃吕耶的著作、封得奈尔的《宇宙万象解说》和《死人对话录》，还有莫里哀的几部著作，一齐搬到我父亲的工作室里来了。每天父亲工作的时候，我就读这些书给他听。我对这些书有一种罕有的兴趣，在我这个年纪便有这样一种兴趣，恐怕只我一人。

苏霍姆林斯基之所以成功，与伟大的卢梭相似，也是源于他广泛地阅读。苏霍姆林斯基曾这样说起过自己的读书生活："我私人的图书馆里，在几间房子和走廊里，从地板直到天花板都摆上了书架，有成千上万册书，我每天不读上几页，有时不读上几行，我是无法活下去的。"这与卢梭也非常相似。

反观当下中国儿童的读书状况，则是令人担忧的。

据最近一次的中国童书博览会期间公布的《中国城市儿童阅读情况调查报告》显示，中国出版协会、北京市委宣传部、北京市新闻出版广电局等联合相关出版机构进行的城市儿童阅读情况调查。调查范围为北京、上海、广东、四川、湖北和山西6个重点省市，调查对象为3岁至14岁儿童的家长。通过线上线下并举的方式，共抽取2257份有效样本，对儿童阅读习惯、阅读资源等进行了较为全面的了解。《报告》显示，在阅读习惯上，孩子的阅读"开蒙"时机集中在1岁至2岁。除教科书外，孩子平均年读书量主要在11本至30本之间，日均阅读时长主要集中在30分钟至2小时之间。尽管数字化阅读已成为普遍的阅读方式，但纸质阅读依然受家长、孩子青睐。此外，童话故事类、动漫卡通类、益智游戏类图书是儿童喜欢的读物，而这些读物也多以绘本的形式呈现。在阅读影响方面，父母、老师、同伴是对孩子阅读习惯养成的最重要的三类人，其中父母以34.8％居于首位。

另一份调查研究则表明：城市幼儿的图书拥有量已十分丰富。人均50本以上的占19.8％，人均20～40本的占75.3％，没有图书的幼儿不存在。但问题是，尽管现在市面上书籍量丰富，但大多流行的书目都是教育、识字、儿童绘本类，至于智力开发类、道德情感类、英雄故事类的图书，则显得相对不足。调查中还发现，儿童阅读的环境和习惯不好，家长购买图书往往出于自己的喜爱与判断，更多家长选择图书似乎毫无目的。更为严重的是，调查发现，儿童的阅读兴趣不高，"喜欢阅读"的儿童仅占被调查总数的 30.1%，而"一般"的要占 59.8%。且大多数的儿童更喜欢家长讲故事。这也同时表明，家长指导孩子的阅读方式欠佳。

中国儿童还有一个普遍现象，那就是超前识字。超前识字的问题其实非常严重，过度开发、提前开发，都将是对孩子心智的折磨与伤害。

我们非常赞赏卢梭父亲引领卢梭的这种天然阅读方式，至少须在五六岁时开始引导孩子阅读，不宜提前与加压。很多家长往往是拿自己的孩子与其他的孩子作比较。谁家孩子识字多，谁家孩子会数数？用其他孩子的"成绩"来比照自己孩子的状况，这会让儿童产生自卑心理，同时产生不必要的压力。

我们时常发出这样的议论，表明我们的担忧，然而，真正改变的，可能要从家庭做起。父母是孩子的第一任老师，父母的修养与读书行为，直接影响着孩子的一生。可以这样说，如果没有这样一个伟大的父亲在卢梭幼年时与他一起进行阅读交流，那么，日后也就不可能成就其伟大。

三、 在阅读中寻找榜样、 建立价值标杆

卢梭儿童时代的读书经历还表明一点，儿童在阅读过程中，是可以形成自己的思想的。在阅读过程中，儿童还可以寻找到自己人生的导师、榜样，建立起自己评判世界与他人的价值标杆体系。

我们曾引述到一些书，像勒苏厄尔著的《教会与帝国历史》、包许埃的《世界通史讲话》、普鲁塔克的《名人传》、那尼的《威尼斯历史》、奥维德的《变形记》、拉勃吕耶的著作、封得奈尔的《宇宙万象解说》和《死人对话录》，还有莫里哀的几部著作，卢梭说：

　　　　我对这些书有一种罕有的兴趣，在我这个年纪便有这样一种兴

趣，恐怕只我一人。特别是普鲁塔克，他成了我最心爱的作者，我一遍又一遍，手不释卷地读他的作品，其中的乐趣总算稍稍扭转了我对小说的兴趣；不久，我爱阿格西拉斯、布鲁图斯、阿里斯提德更甚于爱欧隆达特、阿泰门和攸巴了。由于这些有趣的读物，由于这些书所引起的我和父亲之间的谈话，我的爱自由爱共和的思想便形成了；倔强高傲以及不肯受束缚和奴役的性格也形成了；在我一生之中，每逢这种性格处在不能发挥的情况下，便使我感到苦恼。我不断想着罗马与雅典，可以说我是同罗马和希腊的伟人在一起生活了。加上我自己生来就是一个共和国的公民，我父亲又是个最热爱祖国的人，我便以他为榜样而热爱起祖国来。我竟自以为是希腊人或罗马人了，每逢读到一位英雄的传记，我就变成传记中的那个人物。读到那些使我深受感动的忠贞不贰、威武不屈的形象，就使我两眼闪光，声高气壮。

在这些叙述中，我们看到，卢梭在很小的时候，就形成了爱自由爱共和的思想，养成了倔强高傲以及不肯受束缚和奴役的性格，他还自觉地拿罗马与希腊的伟人和热爱祖国的父亲作为自己的榜样，这些英雄人物在他心中刻下了非常深刻的印象，形成了他对外部世界的判断与认知，并由此形成了坚定的价值观。

如果我们从这个角度来考察儿童早期教育的意义，我想，我们便会发现当下我们的缺失了。

《光明日报》最近发表了一篇《小学生阅读现状堪忧》（2016年11月8日15版）的署名文章，很多观点，我认为不但要引起重视，而且要着手纠偏。

作者认为，学生阅读内容比较碎片化，阅读的最高层次——主题阅读比较缺少；在阅读内容上，知识科普类居多，情感体验、熏陶为主的文学阅读缺失；而以思想思辨为主的哲学阅读更少。作者还谈到一些课外辅导机构开始涉足阅读教学，但这些儿童业余时间里的阅读与教学，完全变成了书籍的知识点梳理，理性分析代替学生的感性认知，什么名著中的人物关系图、人物品格思想分析，吞没了学生的阅读兴趣，以讲读代替学生阅读，是一件饮鸩止渴的事情。

真正能够形成高尚的思想、养成那种具有大写的人的气质与个性，是必须通过真正的阅读这一条途径来达成的。

而卢梭儿童时代的经历、教育过程，应该给我们这种深刻的启迪，并以此来矫正我们的教育行为与教育方式——无论你是充任着家长的角色，还是承担着教师职责。

卢梭儿童时代所接受的教育，从个案意义与典型意义上讲，让我们真正体会到了教育要怎么样做才是真正地赢在起点。